大 学 之 水

秦绍德　著

商务印书馆
2013年·北京

图书在版编目(CIP)数据

大学之水 / 秦绍德著. —北京：商务印书馆，2013
ISBN 978 – 7 – 100 – 10340 – 4

I.①大… II.①秦… III.①高等学校－办学经验－中国 ②高等教育－研究－中国 IV.①G649.2

中国版本图书馆 CIP 数据核字(2013)第 242756 号

所有权利保留。
未经许可，不得以任何方式使用。

大学之水

秦绍德 著

商 务 印 书 馆 出 版
（北京王府井大街36号 邮政编码 100710）
商 务 印 书 馆 发 行
北 京 瑞 古 冠 中 印 刷 厂 印 刷
ISBN 978 – 7 – 100 – 10340 – 4

2013 年 11 月第 1 版　　开本 787×960　1/16
2013 年 11 月北京第 1 次印刷　印张 22

定价：45.00 元

博学而笃志
切问而近思
李登辉题

复旦大学校徽、校训

（李登辉，著名教育家，1913—1936年任复旦大学校长。）

自 序

大学是什么？

　　大学是什么？这是一个无法简单回答的复杂问题，也是一个永远可以探究的有趣问题。

　　七年前，也就是2006年6月的一个下午，许智宏院士、陈希教授和我，应上海解放日报报业集团的邀请，参加"文化讲坛"，主题就是"大学精神的文化力量"。许智宏和陈希都是我尊敬的同行，也是交往多年的老朋友。一见面，他们都戏称是被我"拽"来的。事实确实如此，因为我曾担任过《解放日报》总编辑，这两位嘉宾也是文化讲坛负责人"拽"着我去请的。他们认为，北大、清华、复旦都是国内知名大学，谈论大学文化更有代表性；而我们三个，当时正担任这三所学校的领导。由于谈的话题很有意思，而且包容性大，还没上论坛，在准备会上，在饭桌上，议论就展开了。

　　在讲坛上，我们都作了演讲。我演讲的题目是《文化的角度：大学是什么？》。我从四个方面作了发散性的阐述，分别是——大学是天空，是海洋；大学是深深的水，静静地流；大学是传统的，也是创新的；大学是世界的，更是民族的。这实际上是从大学的包容性、学术性、历史性、开放性等几个角度来探寻大学的特征和品格，许多内容吸纳了前辈们精彩的思想，并非是我的创新。演讲反响很好。意想不到的是，其中"大学是深深的水，静静地流"的阐述，激起了许多人的共鸣。

"大学是深深的水,静静地流",首先是对大学追求真理、崇尚学术的精神的形象描绘。大学是创造知识、探索规律的地方。知识在这里得到总结、传承;规律在这里得到发现、把握,上升为科学。大学崇尚的,就是对知识的无止境的追求,对规律的不懈的探寻。大学不喜好张扬,因为知识需要积累,而真理的发现更要经过无数次探寻的失败以及实践的检验。科学研究不在乎社会是否关注你。匆匆宣布"创新发现"的,一定是没有结果的研究。大学不盲从任何外在的力量——金钱或是权力,只服膺真理。因为唯有真理,才能永恒;唯有真理,才能传人。"吾爱吾师,吾更爱真理",学生对老师尚且如此,何论其他。大学不轻言放弃,无论是困难,还是压力,都改变不了对真理的矢志不渝的追求。在上述意义上,用"深深的水、静静地流"比喻大学,是再确切不过的。这深深的水,是知识的海洋,是容得下科学探索遨游的大洋,是容得下各种学术流派、各种文化交流交锋的大洋。大洋并不总是掀起滔天大浪,更常规的是底下潜流涌动,表面上风平浪静。静静流,是充满生命力的活流,是冲刷山河、侵蚀岁月的最能持久的涓流。

"大学是深深地水,静静地流",更广阔意义上拓展为对大学应有特征和品格的表述。以往,社会对大学都有一些敬语——科学殿堂、人文渊薮……这既是对大学的敬重,也是对大学的期许。大学确实应该是一个体现有深厚底蕴的地方,一代又一代的学子在这里接受科学的训练和人文的熏陶;大学也确实应该是一个远离喧闹的地方,改变世界的科学实验,在这里悄然进行;改造社会的方案蓝图,在这里潜心设计。大学如若保持深水静流的状态,坚守自己的品格,一定能为社会作出长远而且巨大的贡献。

然而,遗憾的是,我现在觉得,总有一股浮躁之气笼罩在大学的上空。有人说笑话,"当今大学,容不下一张安静的书桌。"形成浮躁之气,是各种原因综合造成的,有政府的原因,有社会的原因,也有大学自身的原因。

政府总是把过多的职能赋予大学。过去常说，大学是两个中心，即教学中心和科研中心。后来又说大学有服务社会的功能，要尽快把科研成果转化为生产力，于是全国大学一窝蜂地办起了许多公司。再后来又说大学要担负起文化辐射的功能。最近，又听说大学要办一些政府的"智库"。政府过于青睐大学！大学是担负不起这么多社会职能的。如果大学要完成这么多社会职责，那么大学肯定是"静"不下来的。大学的根本任务其实只有一条，那就是育人，同时，为了用最新的科学成果教育学生，要开展科学研究。

社会上一部分人简单地把大学看成是职业养成所。上大学是为了谋求可靠的职业，上名牌大学是为未来就业增加资本。对每个学生及其背后的家庭而言，你不能说这样的人生设计有什么错。但是，大学一旦和就业、职业功利地挂钩，社会对大学的要求、期望就扭曲了。大学排名榜到处风行，其实它不是为促进大学办学质量服务的，而是为考生及其家长提供选择的一种商业行为罢了。要求大学的专业设置紧密和职场挂钩，也是这种社会要求的反映。

就大学自身而言，也有谋求快速发展的急躁症。迫于争取政府和社会资源的压力，迫于相互激烈竞争的形势，许多大学始终不能进入持续健康发展的常态。大学被各种评价体系搞得心神不宁。在大学内，急躁症也会相互传染——从争着兴办新学科新专业到没完没了的教学科研评估，从人才培养到学术职称评定，无不表现出这种症状。其实，大学的教学和科研都是有其自身发展规律的。一门成熟的经典课程，不经过一二十年的锤炼，成不了经典。一项原创性科研成果，更需要"十年磨一剑"。舍弃了执着的追求，扎实的工作，不懈的奋斗，提高大学质量只能成为一句空话。

针对急躁浮华的风气，大学要倡导踏实求进、持之以恒。养成"深深的水，静静地流"的品格岂不是很好？这就是我将本书定名为《大学之水》的主要原因。期待所有的大学，在自己的办学道路上如涓涓溪水，百折不回，永远向前；如千支万流，汇入大海，任凭鸟飞，任凭鱼跃！

本书其实不是一本论大学文化的书,只是把作者十余年在大学领导岗位上的实践和思考奉献给大家。或许,读者会从中体会到:哦,这就是大学。

　　任何比喻总是有缺陷的,"大学之水"也一样。而个人的实践和体会往往有很大的局限性,远不能描出大学的整体面貌。本书若能给正在大学工作的同行提供一点教训与借鉴,足矣。

秦绍德
2013年教师节

目 录

大 学 文 化 编

文化的角度:大学是什么? ………………………………………… 3
大学的软环境建设 ………………………………………………… 12
什么是复旦精神? ………………………………………………… 16
  大学文化的三个层面 ………………………………………… 16
  如何总结复旦精神? ………………………………………… 17
  什么是复旦精神? …………………………………………… 19
修史:大学文化建设的重要工程 ………………………………… 26
老校门:复旦的精神象征 ………………………………………… 28
"复旦孝子"于右任 ………………………………………………… 30
师者,传道授业解惑 ……………………………………………… 32
师德师风引领学风校风 …………………………………………… 34
好老师自己就是一门课 …………………………………………… 38
寂寞出学问 ………………………………………………………… 41
  甘坐冷板凳 …………………………………………………… 41
  "炒"热的,不是学问 ………………………………………… 42
  坚守学术价值,才耐得住寂寞 ……………………………… 42
  学术没有冷门和热门之分 …………………………………… 43
  学问无法"百度化" …………………………………………… 44
  学术不能娱乐化 ……………………………………………… 45
  大师是历史筛选出来的 ……………………………………… 46
  制度缺陷伤害了学术生态 …………………………………… 47
加强学术道德建设 ………………………………………………… 49

把学术的种子撒向社会 ……………………………………… 52
校友是复旦的宝贵财富 …………………………………… 54

发展改革编

我们是如何成为高等教育大国的? ……………………… 61
大学强则国力强 …………………………………………… 69
建设高等教育强国面临的问题 …………………………… 75
我们离世界一流大学有多远? …………………………… 87
坚持走内涵发展之路 ……………………………………… 88
坚持深化改革 ……………………………………………… 93
正确处理发展中的若干关系 ……………………………… 95
    传统与新兴 …………………………………………… 95
    核心与外延 …………………………………………… 96
    规划与建设 …………………………………………… 97
    规范管理与体制创新 ………………………………… 98
质量,大学的生命 ………………………………………… 99
    大学质量的核心是人才培养的质量 ……………… 100
    在人的培养上,"德"是第一质量 ………………… 101
    特色就是质量 ………………………………………… 101
    办大学也要讲"生物多样性" ……………………… 102
    提高大学教育质量,关键在教师 …………………… 103
    检验大学教育质量的唯一标准是社会 …………… 103
    抓质量,是大学自己的事 …………………………… 104
    提高大学教育质量是"慢工程" …………………… 105
大学排行榜的是是非非 ………………………………… 107
    排行是一种进步 ……………………………………… 107
    排行榜不是指挥棒 …………………………………… 107
    搞排行榜并非"国际惯例" ………………………… 110
    家长学生非要依靠排行榜吗? ……………………… 110
    有了排行榜,大学怎么办? ………………………… 111

教育创新必先更新观念 …………………………………………… 112
全社会都来促进素质教育 …………………………………………… 115
复旦的五大发展战略 ………………………………………………… 119
构建和谐校园 ………………………………………………………… 123
发展要以学科建设为龙头 …………………………………………… 125
学科布局体现办学特色 ……………………………………………… 128
人文社会科学发展的若干问题 ……………………………………… 131
融通人文学科 ………………………………………………………… 138
缺少艺术教育的人文教育是不完全的 ……………………………… 140
全面推行学分制是一项重要改革 …………………………………… 141
推进通识教育 ………………………………………………………… 145
  中国大学本科教育面临的挑战 ………………………………… 145
  何谓通识教育？ ………………………………………………… 146
  通识教育的核心课程建设 ……………………………………… 149
  书院：通识教育的体制探索 …………………………………… 150
  一项系统改革 …………………………………………………… 151
  实施通识教育面临三大问题 …………………………………… 152
大学招生必须改革 …………………………………………………… 155
  为什么要强调自主选拔？ ……………………………………… 155
  选拔如何体现科学性？ ………………………………………… 156
  改革需要宽松的环境 …………………………………………… 158
高校人才队伍建设的两大问题 ……………………………………… 160
科研体制的重大改革 ………………………………………………… 164
大学是国际交流的窗口 ……………………………………………… 167

学生教育编

学生工作要以素质教育为核心内容 ………………………………… 173

大力呼吁人文素质教育 …………………………………… 176
培养学生要以学生为本 …………………………………… 178
号准学生的脉搏 …………………………………………… 181
我们该怎样对待学生？ …………………………………… 185
构筑全员育人的工作格局 ………………………………… 189
寓教于管 …………………………………………………… 191
德育工作贵在落实 ………………………………………… 193
共青团的舞台更大了 ……………………………………… 197
和毕业班党员谈理想 ……………………………………… 200
光荣,属于支教队员 ……………………………………… 205
爱家乡,才会爱祖国 ……………………………………… 209
多读些文化底蕴深厚的书 ………………………………… 211
练好思维体操 ……………………………………………… 213
办好学生媒体 ……………………………………………… 215
维护好校园网 ……………………………………………… 217
反思马加爵案 ……………………………………………… 219
大学青睐什么样的学生？ ………………………………… 222

大 学 管 理 编

坚持和完善党委领导下的校长负责制 …………………… 229
  为什么要坚持和完善党委领导下的校长负责制？ …… 229
  党委领导下的校长负责制的核心内容 ………………… 233
当前中国大学管理中遇到的几个问题 …………………… 241
大学的制度建设 …………………………………………… 246
发挥教师在学术管理中的主体作用 ……………………… 249
院系是自主发展、自我管理的办学实体 ………………… 251
大学校部机关的职责定位 ………………………………… 253

机关职能转变的目标和任务 …………………………… 256
窗口的形象 …………………………………………… 258
如何完善多校区管理？ ………………………………… 261
民主办学的重要载体 …………………………………… 262
联系教职工的纽带 ……………………………………… 264
谈谈大学捐赠工作 ……………………………………… 266

大学党建编

加强党的建设是高校发展稳定的根本保证 …………… 271
党的执政能力在高校的体现 …………………………… 276
党的先进性和创一流大学 ……………………………… 280
推进马克思主义理论研究 ……………………………… 284
加强大学意识形态工作的几点思考 …………………… 287
正确的党史教育不可少 ………………………………… 293
加强和改进思想政治工作 ……………………………… 297
加强基层党组织建设 …………………………………… 299
  党的全部战斗力的基础 …………………………… 299
  发挥基层党组织的政治核心作用 ………………… 300
青年干部要在意识、能力、作风、品德上锤炼自己 …… 307
  增强责任意识，树立正确的名利观、荣辱观 ……… 307
  增强群众意识，学会在组织中发挥个人的作用 …… 311
  经过锤炼，才能成为好钢 ………………………… 312
健全党委工作体制机制，充分发挥领导核心作用 …… 314
健全院系党政联席会议制度 …………………………… 321
作风正 人心齐 事业兴 ……………………………… 323
从源头上做好反腐倡廉工作 …………………………… 326
团结党外人士，做好统一战线工作 …………………… 329

领导意识和领导方法 …………………………………… 333
　为"官"一任,造福一方 ………………………………… 333
　要有事业心,不要有虚荣心 …………………………… 334
　心中一定要有群众 ……………………………………… 335
　要有正确的得失观 ……………………………………… 335
　抓班子 抓方向 ………………………………………… 336
　出主意 出思路 ………………………………………… 337
　学会经营 ………………………………………………… 337
　"抓事"和"抓人" ………………………………………… 338

大学文化编

　　大学对学术和真理的追求是永恒的,这种追求表现在始终坚定地前行,始终不懈地努力,表现在不盲从,不轻弃,不屈服,不张扬。这种追求就像深深的水,静静地流。虽然默默无语,但静默之中却蕴含着巨大的决心、执著和勇毅。这种追求是大学最令人钦佩的特质。

文化的角度：大学是什么？

大学文化是一个很大的题目。这方面的文章很多，很多人在探讨。它主要包含三层：一是大学的物质文化，如大学的校园、建筑，这些确实各校都不一样；二是大学的制度文化，指它的体制、机制等；三是大学的精神文化。大学文化的核心是精神文化，也就是大学的精神。

世界上的大学究竟有多少？没人统计过。中国有2000多所，美国有6000多所。各国的大学形形色色，不同的规模、不同的层次、不同的特色。要探讨那么多大学共同的大学文化，很难。所以，我们能讲出来的，都是自己所在大学的视野里面的大学精神和文化。比如，北大讲出来的是北大文化，清华讲出来的是清华文化，那么我作为复旦的管理者讲出来的很多思考，很可能就是复旦的文化。但是，世界上许多很优秀的大学，或者用一句很时髦的话叫做"顶层的大学"，也有很多共同的大学文化和精神。我今天主要想探讨一下，一些比较优秀的综合性大学的文化精神里面共同的东西。或者说，从文化的角度看，大学究竟是什么？

一、大学是天空和海洋

这里说的是大学文化的包容性。"海纳百川，有容乃大"，大概是所有大学都想追求的一种境界。韩正市长去年在复旦大学举行的"上海论坛"上说得好，他说："大学的内涵在于'大'，这不是面积上的大，而是精神上的大。"

大学从创立起就体现这种精神。大学创立于中世纪，大学（University)来自拉丁文名词"universitas",意思是"整体"、"社会"、"世界"、"宇宙"。因此,大学从词源上就已经蕴含了包容万象的特性。这种包容性在大学数百年历史中不断发展丰富,使大学成了一块包容不同学派、观点、人才,能够自由开展各种学术研究和探讨的领地。这种包容性已经成为大学精神的重要组成部分。

中国的大学在创办之初就秉承了这种精神。20世纪初,马相伯老人在创办复旦公学的时候,提出12个字,叫"囊括大典,网罗众学,兼容并收"。此时的马相伯已经67岁,但是老人一点也不守旧。在复旦创办之初,就吸纳了十几个留洋的学有专长的教师,使开设的课程令人耳目一新。今天我们鼓励从国外引进,其实在100多年前,老祖宗早就做了。

这个时期还发生了一件有趣的事情。1902年,34岁的蔡元培为进一步研究欧洲文化,登门拜马相伯为师,再三恳求年长自己30岁的马相伯,像当年初教梁启超那样教自己拉丁文。马相伯被蔡元培执著的求知精神所打动,同意收他为弟子。从此,蔡元培每日清晨步行五里,从任教的南洋公学赶至徐家汇天文台马相伯住地学习,风雨无阻。南洋公学也就是交大的前身,看来这几所大学在创建时都有点关系。

15年后,蔡元培当了北大校长,他提出了"兼容并包、学术自由"的办学思想,北大不仅包容了旧学代表和拖长辫、着异服的前清遗老,更包容了接受传播新文化、新思想的进步青年教授。从马相伯的"兼容并收"到蔡元培的"兼容并包",这不是偶然的,它反映出这些教育先贤们对大学办学思想的共同理解。

外国的大学也是这种思想。大家知道,韩国人说,他们有三所最好的大学:首尔大学(Seoul University)、高丽大学(Korea University)、延世大学(Yonsei University)。他们把这三所大学的英文第一个字母连起来,叫做"SKY",也就是天空,寓意无比辽阔,包容天下。今天,我要做一个小小的文字游戏。我把演讲台上的三所学校——复旦、清华和北大(Fudan、Tsinghua、Peking)——的首个英文字母连起来,就是

"FTP"。(全场笑)对不起,把复旦放在第一位,纯粹是为了游戏需要。(全场大笑)"FTP"是IT专用术语,指一种目前使用较广泛的文件传输协议。只要你按照一定的规则,你就可以获得各种丰富的电子资源,同样也可以贡献资源。所以我们也可以说,大学就像"FTP"一样,它超越了时空,有着更大的包容性。

我们把大学比作天空、海洋是非常贴切的。大学胸怀宽广,包罗万象,求真、求善、求美。对学术而言,有不受约束的天地;对学子而言,有广阔的发展空间;对学校本身而言,百川汇入大海,拥有丰富的资源。大学的影响、吸引力即在于此。

二、大学是深深的水,静静地流

这里比喻大学追求学术和真理的一种精神。大学对学术和真理的追求是永恒的,这种追求表现在始终坚定地前行,始终不懈地努力,表现在不盲从,不轻弃,不屈服,不张扬。这种追求就像深深的水,静静地流。虽然默默无语,但静默之中却蕴含着巨大的决心、执著和勇毅。这种追求是大学里最令人钦佩的特质。

有这样一个故事。我们公共卫生学院有个血吸虫病防治专家,叫苏德隆。1957年初夏,毛主席到上海,接见文艺界和学术界的专家时,特意走到他面前请他谈谈对"三年预防、五年根除"的目标的看法。毛主席问:"三年能否预防血吸虫病?"苏德隆教授说:"不能。"毛主席又问:"五年呢?"苏教授说:"也不能。"毛主席此时面色有些紧张,又问道:"那七八年呢?"旁边的同志见毛主席脸色已经有些不对,就杵了杵教授,苏教授也察觉到了毛主席情绪变化,就缓了缓语气说:"试试看吧!"他汇报了当前血吸虫病疫情的现状,向毛主席提出预防和消灭血吸虫病不是一件简单的事,依靠中国当时的人力和物力,短期内不可能见效,《农业发展纲要》中规定五年消灭血吸虫病是没有根据的。毛主席大为震惊,后来采纳了苏德隆的意见。在外人看来,这个教授有点迂。

是的，大学里有许多教授就是这样迂，在科学的问题上不趋炎附势，不说假话，不肯让步。这种精神是十分可贵的。唯有如此，学术才能繁荣，科学才能进步。

　　大学对学术的追求，特别表现在对学术自由的追求。大家都知道复旦有个中英文造诣深湛的陆谷孙教授。当年他可是个"白专典型"。陆教授1959年被下放到农村去劳动，舍不得丢下学术，就在田埂上背诵普希金的诗。被人发现以后，就禁止他背。禁止背，他就在心里背，从普希金到莎士比亚，从中文到英文。他后来自嘲为"田埂上的小布尔乔亚"，也就是田埂上的小资产阶级。但正因为有了"田埂上的小布尔乔亚"坚持学术研究，才有了后来得了大奖的《英汉大词典》。这本词典被列为联合国翻译文件的指定工具书。

　　有的时候，教授们对学术的追求，到了如痴如醉的地步。即使环境不容许，他们也不是那么在意。"文革"期间，学术研究饱经摧残，我们的一批教授饱经风霜。有一次，批斗复旦党委的王零书记，谷超豪教授、章培恒教授和后来任复旦校长的华中一教授作为"白专道路"的标兵被勒令陪斗。王零书记站中间，谷超豪、华中一、章培恒三人分立两厢。后来谷先生和章先生相遇，回忆当时的情景。章培恒教授说，他当时想的是，"再有一个人陪斗就颇有旧戏舞台上的架势了，中间一个主帅，旁边四员大将。"谷超豪先生说他当时在想："中国的重理轻文真是到了无孔不入、无可救药的地步，连分配白专道路的代表名额，也是理科两个，文科只有一个。"你瞧，在遭批斗的场合，文学教授想的是戏剧，数学大师关注文理平衡，他们的思想已自由地驰骋于禁锢的天地之外。

三、大学是传统的，也是创新的

　　现在出现了一种尊重传统的倾向。房子是老的好，被列为保护性建筑；物品是老的好，叫古董，叫文物；人也是老的好，"姜还是老的辣"。这对于文化建设未见得是坏事。大学也是一种老事物，寿命远超过一般的机构。有人做过统计，自从1530年以来，西方世界只有85个机构存活至今，其中就有70所大学。

　　大学也是老的好。中国的大学诞生也就一百多年，与欧洲的大学相比只能算是后辈。但各校都在挖掘历史，筹备百年、八十年、六十年校庆。因为大家都懂得，一所大学的历史底蕴对学校发展，对提高社会声誉，对凝聚人心影响都很大。最近几年，很多大学建了新校区。搬迁中最大的难题不是交通的不便、办学成本的提高，而是无法将老校区的历史文化氛围整体搬迁到新校区去，没法克隆。

　　大学为什么能够长久生存，永葆活力呢？

　　传统是大学发展的基础，文化底蕴是大学的土壤。一代又一代新人就根植在这块肥沃的土地上。大学是传统的守护者。大家都知道清华国学院的著名学者陈寅恪。他是复旦早年的毕业生，中文系著名的教授蒋天枢是他的学生。陈寅恪教授晚年十分凄凉，临终时是蒋天枢一直守护着他。陈先生去世的时候，蒋先生自己也已是晚年。他整理好陈先生所有的著作，交给上海古籍出版社出版；编了陈寅恪年谱，年谱编完以后，他连自己的名字都不列上去；出版社给他稿费，被悉数退回。他说："学生给老师整理遗稿，怎么可以收钱呢？"学生继承老师，学生守护老师，守护大学的传统，这就是大学的传统精神。

　　如果把历史悠久的大学比作一棵老树的话，那么老树枝繁叶茂，是因为它的根深深地扎到社会的土壤里，吸收水分养料。大学的传统基础学科就是老根，文史哲、数理化，新芽几乎都是在老根上长出来的。老根是不能受到伤害的。

　　时代在前进，老枝也要长出新芽。大学之所以具有活力，还因为它在本质上是创新的。鲁迅先生曾说："北大是常新的。"我们也可以说："大学是常新的。"大学具有不断创新的内在动力，这是由大学对于知识无止境的探索所决定的，也是由大学需要不断培养青年学生决定的。大学文化的这种创新性，对社会文化有引领的作用，使大学成为社会的思想高原和文化的辐射源。我们的大学应该担负起这样的责任。

大家都知道，北大是新文化运动的发祥地，对于推动马克思主义在中国的传播、发动五四运动、促进中国共产党诞生，起了很大的作用。我们斗胆说一句，呼应在复旦。在上海，复旦是呼应新文化、新思想的阵地。复旦的青年教员邵力子，在民国日报社获悉北平学生游行的消息，深夜返回复旦，敲响了上海五四运动的第一钟。复旦的老校长、当时的国文教员陈望道，翻译了我国出版的《共产党宣言》第一种中译本。

大学的创新不仅在社会思潮，在科学研究方面也始终走在社会的前列。创新需要积累，创新需要勇气，甚至牺牲。有一个例子大家都很熟悉，就是关于中国遗传学的问题。20世纪50年代，生物学界照搬苏联的米丘林学说，错误地把遗传学批判为资产阶级的科学，各大学停止基因遗传方面的课程，停止遗传课题研究，甚至要有关科学家检讨。复旦的谈家桢教授是摩尔根的弟子。他顶住这些批判，继续广泛介绍遗传学说，带领师生进行多方面研究，取得丰硕成果。他是第一个将分子生物学介绍到中国的科学家，他所领导的遗传研究所成为中国基因遗传研究的重要基地。毛泽东主席四次单独接见他，鼓励他大胆将遗传学搞上去。倘若没有当年谈家桢教授的坚定、执著，就不会有今天生命科学界的多样化和繁荣，中国人就不可能参与人类基因图谱的测试工作。

大学成为创新的发源地，还因为大学里面提倡创新思维的路径和方法。有辅导员曾经给我讲过一个故事。他说有位同学在毕业的时候跟他讲，读了四年书，老是把复旦校训反过来念。复旦的校训是"博学而笃志，切问而近思"。而那位同学老是反着读，叫"思近而问切，志笃而学博"。（全场笑）这个学生说，虽然他现在知道他读得不对，但他认为他一样从中感受到了复旦的文化和精神，并且更因此认识到复旦的自由，那就是："不强调认同他人而否定自己，不努力否定他人而标新立异，只是把握好自己，认同自己。"

这个故事很有意思，大学里流行的就是求异思维，或者是逆向思维;大学里欣赏的就是标新立异、与众不同,不欣赏从众行为,赞赏批判精神。正是在这样的氛围里,创新才有可能。

四、大学是世界的,更是民族的

改革开放以来,和我们国家一样,大学也日益开放。国际学术交流频繁,中国学生出国留学和外国学生来华学习人数剧增,中外大学合作交流方兴未艾。以复旦为例,每年举行的国际学术会议有80到100个,派遣出国交流学习的学生有800多人,在校的各国留学生有5000多人,占全校学生总数17%左右。国内很多大学也纷纷将国际化定为自己的奋斗目标和战略决策,而世界上有许多一流大学更是以全球性的大学自居。

为什么大学都要追求全球性、国际化呢?各类学校的目的是不一样的。发达国家的一流大学在"全球化"的旗帜下,要网罗各国的优秀人才;而包括中国在内的发展中国家的大学则要通过国际交流和学习,实现跨越式发展。

撇开这些不谈,从大学文化的角度看,恐怕所有教育者都看到,多元文化的交融有利于国际化人才的培养。当不同肤色、不同语言、不同文化背景的年轻人在同一个校园里学习交往的时候,观念的碰撞、思想的交流、文化的相互影响,会产生令人意想不到的结果。

如此说来,世界各国的大学会走趋同化的道路吗?有人确实有这样的担心,并且提了一个很有意思的问题:经过若干年的努力之后,北大成为哈佛了,清华成为 MIT 了,复旦成为耶鲁了,那北大还是北大?清华还是清华?复旦还是复旦么?

是的,北大还是北大,清华还是清华,复旦还是复旦。因为大学是民族的,大学深深扎根于民族文化的土壤。中国的大学不仅根植于具有五千年的华夏文明之中,而且从中国大学的发展史来看,大学的命运和民族的命运紧紧相连,民族危亡则大学艰难,国运昌盛则大学兴旺。

一个有力的见证是,北大、清华、复旦都分别诞生在中国近代一个重要的历史时刻。北大创建于1898年。这一年,"戊戌变法"失败,意味着中国封建王朝的自改革运动不可行,要寻找新学之路。复旦创建于1905年。这一年,延续了1000多年之久的科举制度被宣告废除,中国教育乃至中国文化,从此开始了新旧分野。清华诞生于1911年。这一年,辛亥革命爆发,清王朝正式退出历史舞台,中国由此进入新民主主义革命的新阶段。

因此,北大、清华、复旦从创校起就背负着民族兴旺的历史重任,由此也就形成了爱国荣校的共同文化传统。在民族危亡的历史关头,在争取民族独立、人民解放的队伍里,在建设繁荣祖国的重要岗位上,到处都有北大人、清华人、复旦人的身影。

民族性和世界性并不是完全对立、相互排斥的。越是民族的,就越是世界的。复旦有个著名的历史学家花了三十年,做了一件功在千秋的事情。他带领二三十位教师,从黑发工作到白发,编纂了《中国历史地图集》。他就是谭其骧。这项成果不仅在我国外交、国防、边界边疆问题中发挥了重要作用,而且迄今为止,延伸到为人口环境、规划建设、灾害气候、行政改革等多领域的工作提供了重要依据。这项成果在国内被誉为新中国社会科学最重要的两项成果,也被国际学术界公认是在中国历史地理领域最权威的成就,哈佛大学因此和我校合作开发"中国历史地理信息系统"。

由此可见,民族的瑰宝一定也是世界优秀文化的共同财富。大学作为传承文化的机构,也一定要成为民族文化的守护者。民族文化的宝库在这里得到挖掘,民族文化的传统、道德在这里得到扬弃,民族文化的最新成果在这里播撒社会,走向世界。

大学文化对学子的影响是永生的。母校这个神圣的名字总是学子们魂牵梦绕的所在。学子回到母校,到生活过、学习过的地方去看一下,实际上是感受一下内心的召唤,感受一下曾经孕育过自己的文化。

复旦新闻系有位老校友马克任先生,在北美办了一家有影响的报纸——《世界日报》。1948年,他离开母校,2004年时隔56年后,终于再次回到母校。他在《世界周刊》上写了一篇题为《复旦大学一百年校庆前夕做梦般再踏上新闻馆的台阶》的长篇文章。在文章最后,他说:"在这样的长时间流逝与空间转换中,全靠复旦大学新闻系孕育了我坚毅的奋斗精神,培育了我专业智慧和敏锐的新闻嗅觉和触角,得以在顺境时游刃自如,在逆境中永不绝望,也从来不对恶势力低头或对压力屈服。"

2005年9月24日,复旦大学举行建校100周年庆典。早晨7点左右,在物理系前面,一位1957届物理系的学长拿着大大的毛笔,蘸水写下自己对母校的祝福。用水写下的字,很快就会消失,但留在我们心中的印象却是永远也不会消失。这就是真正的复旦人。

我想大学文化的魅力,大概也就在这里。

(在解放日报报业集团第五届文化讲坛上的演讲,
原载《解放日报》2006年6月17日)

大学的软环境建设

　　什么是大学的软环境？软环境的含义非常广泛，没有严格的表述。这里我简单罗列几种。第一种说法，大学的软环境就是"大学的整体精神风貌"，是积极向上，精神昂扬的还是萎靡不振的？第二种说法，大学的软环境就是"大学的精神品位"，是一进大学就感受到的一种氛围，比如有的学校一进去就感到一种浓厚的学术气息，有的学校一进去则有一种商业气息，等等。外校的人进入一所大学，从大学的门卫，从师生的着装、神态，乃至学校的建筑，都可以体会到这所大学的品位。第三种说法，大学的软环境就是"大学的境界和追求"，如有的学校是追求卓越，有的学校则追求学生的报考率等。第四种说法，大学的软环境就是"大学的人文氛围"，或者说是一所大学的文化。文化，从心理学上讲，是对社会生活的反映。

　　我认为，除了物质硬环境以外，精神的东西都应该看做是"软环境"。这是从排他法的角度来定义的。这里面包含了两个要素。

　　第一个要素，软环境虽然看不见、摸不着，但肯定是一所大学的有机组成部分。也就是说，没有软环境，它就不称其为大学。大学光有硬环境是不行的。我们把远在山下的硬环境建设得再怎么好，也不能形成一所大学；我们把上海市中心黄埔区的三十幢楼拨给一所大学，也不行。一所大学的软环境建设要经历好多年，虽然它看不见、摸不着，但肯定存在。

　　第二个要素，软环境对大学里的人起着潜移默化的作用。所谓"大学里的人"主要是学生、教师，当然也包括管理者、职工，甚至包括附属中学和小学。软环境对大学里的人起着潜移默化的影响，每个学校的人受到的是他自己学校氛围的影响,各个学校的人都是有差别的。以复旦人为例子,他和清华人、交大人都有区别。社会上对复旦人的评价是:复旦人比较严谨。学校或教师,谁也没有用强硬的方式教导学生,但一届一届培养出来的学生就是这样的。还有的同志反映,复旦的学生能力确实很强,很聪明,适应性很好,但就是有时候比较傲,太过自信,看不起别人。这些东西,学校也没有教过,照样形成了。我在不少单位工作过,我经常对复旦的毕业生说,相比清华人来说,我们复旦人还缺一些东西,缺清华人的大气和眼光。和清华的人谈起来,一谈就是国家兴亡;和复旦人一谈起来,就是上海的就业形势、金融行情怎么样。复旦人和清华人都追求卓越,但层次好像不一样。复旦人和交大人也不一样,交大人感觉比较灵活。

软环境对大学里的人,甚至在语言上都有影响。外地新来上海的同志会发现,在复旦通行普通话,不允许用上海话教学,一旦发现用上海话教学的,我们校长、书记肯定会批评。复旦校园流行的普通话不是非常标准的普通话,而是带有苏北腔的普通话,叫做"复旦普通话",这种普通话在北方普通话中绝对找不到。很奇怪,这种普通话从复旦小学开始,到复旦二附中,到复旦附中就这么培养上来的。我的孩子也是上这些学校长大的,没人刻意去教他,但他形成的语言就是"复旦普通话"。

所以,软环境是大学的有机组成部分,软环境对人起着潜移默化的作用。这两个要素有助于我们加强对软环境的理解。

近年来,大学硬环境建设突飞猛进,呈跨越式发展。硬环境建设,有钱就不难。但软环境建设要跟上就不是一年两年的事情了,精神的东西,观念的东西,人文氛围的东西,是需要建设的,也是需要时间的。当前大学的软环境建设碰到了许多新情况、新问题。

一是进入WTO后,文化层面对高校软环境建设提出了新挑战。这种挑战无处不在。有的是通过商品进来,比如可口可乐文化、肯德基文化,销售商品的同时输出了文化。有的是通过文化产品的商品化销售,比如好莱坞电影。好莱坞厉害就厉害在输出文化商品,通过文化商品输出价值观念。更加开放不等于不设防。这一点,欧洲比我们的认识要深刻。

二是在建设社会主义市场经济体制的过程中,我们取得了很大的成就和效益,但其奉行的规则和价值判断必然影响到大学的软环境建设。当前高校都在谈论"学术领域的不正之风",网上争论,媒体争论,大家对学术界的不正之风有很大看法,觉得大学怎么也这样。其实,冷静下来看,可以发现现在的学术界比较浮躁,急于求成,是一种普遍的心态。过去讲"20年成名、30年成名",现在的年轻教师讲"我等不及了,等到20年成名,我就跳槽了。5年没花头,我就跳槽了"。其实大学领导在管理上也有片面性,也有浮躁。像复旦大学,如果今年评不上一两个院士,向教育部怎么交代?浮躁的背后是利益驱动,利益驱动是市场经济赤裸裸的表现。学术界的不正之风是值得高度重视的。

三是网络普及以后的文化变迁,对学校软环境的影响很大。从全社会讲,网络发展最快的是校园。过去我们对网络的认识很浅显,只认为它会传播一些与传统价值观念不符的东西,影响安定团结,因此要限制它。同时我们也要看到,网络已经成为广大学生、教师交流思想、沟通信息的工具。这个工具替代了许多人际交流,变成了"人机交流"。复旦的BBS很热闹,大家一度争论要不要关掉。我们主张不关掉,关掉了,学生会到其他地方上。有思想、高智商的人,就是要交流思想,关键是疏导,不能堵。这里就引出了网络道德和规则问题,我们现在没有《网络法》。网络有很多服务的功能。有的人说,我要租个房间,我要看个教材,都可以上网查。我们也不断根据网上的信息,修正自己的工作。

目前,网络变成了一些学生虚拟的精神世界。这是一个更深的问题。网络是一个虚拟世界,大学生的理想、梦想甚至幻想都寄托在这里。一些年龄稍大的同志对网络世界的这一点还很不理解。为什么有网络交友,为什么会在网络上述说苦闷,为什么有人认为网络世界比现实世界更纯洁?上网的很多人心态都是不设防的,认为网络上的东西都是真实的,特别是不经世事的学生。现在的家长也面临两难选择,不买电脑,怕孩子跟不上形势,买了又怕学坏。这些问题值得研究。

实际上,新出现的网络文化,是校园文化的一部分,但与传统校园文化不一样,产生了文化变迁,涉及价值、道德、法律、心理问题,以及跨地域、跨文化的问题,自由与责任的问题,现实与虚拟的问题等等,我们都应加以积极研究。

总之,大学的软环境建设的三大制约因素,一个也回避不了。建设大学软环境的要求日益迫切。我们要密切关注这个宏观背景。

(2002年11月26日为上海市教卫系统第九届青干班所作的讲座)

什么是复旦精神？

大学文化的三个层面

　　大学文化第一个层面是历史传统，每个学校都很重视。现在校庆何其多！有形的建筑，无形的文化。各个大学的文化都是长期积累形成的。北大"提倡新学，思想自由，兼容并包"。当年北大蔡元培校长聘请了一批新学的教师，也留住了一批旧学的教师，新旧杂居，相安无事。清华"自强不息，厚德载物"。复旦"博学而笃志，切问而近思"。复旦在历史上也有革命传统，新中国成立前，23位革命烈士牺牲于白公馆和渣滓洞。四川大学是"海纳百川，有容乃大"。一所大学的历史传统，好多大学把它看作比生命还重要，都十分重视历史的传承和培植。

　　第二个层面是文化氛围。文化氛围的要素包括：价值追求、评价体系，行为规范、人际关系。有人对复旦的文化氛围是这样评价的：自由、严谨，自由而各管自己，严谨而略带保守。一所大学、一个单位，人文环境、人际关系都非常重要。我们有时候引进人才，学校开出的条件很好，但所在院系的人际关系不好，要引进的人才望而却步。倒是新成立的部门，容易引进人才。我们给各院系提出要求，要建设好各自的软环境，这样才能引进人才。人际关系的改变是一个长期的过程。

　　第三个层面是哲学理想。比如，追求卓越，思想深邃，学理至上。复旦的同志出去，追求卓越是肯定的，但强调思想、学理至上导致复旦做事节奏慢。清华说干就干，有些事到了北大，起码讨论一个月。

　　总之，历史传统、文化氛围、哲学理想，这三点归结起来，就是大学文化。大学精神是大学文化的体现。软环境的建设要着眼于大学精神的铸就和大学文化的创造。如果把观念的问题解决好了,把管理的问题解决好了,把大学精神铸就好了,软环境建设就搞好了。

(选自 2002 年 11 月 26 日
为上海市教卫系统第九届青干班所作的讲座)

如何总结复旦精神?

2005 年 5 月,也就是两年后,复旦大学将迎来她的 100 周年校庆。这将是一个隆重的节日庆典,复旦大学全体师生员工及海内外校友,都期待着这一天的到来。然而,百年校庆,不仅是一个节日,一个庆典,更应当是历史的发掘和总结,是力行进取的阶梯和机缘。正是由于一代又一代复旦人的努力开拓,复旦才有了今日的影响及规模,并被国家列为中国高等教育发展的重中之重,确立了建设世界一流大学的奋斗目标。所谓承前启后之枢轴,事业进退之关键,正当此时。因此,这次百年校庆的意义应当更加深远和广大。

当我们面对复旦这 100 年的历史并试图对其进行回顾与总结时,我们总是发现有太多的内容和材料,有太多的事件和侧面。这是一件好事,它意味着我们积累的丰厚和资源的富有;但同时也带来一个问题,即无论是从纵向还是横向来看,这样一些内容和材料往往还是杂然纷陈、支离片断的,因此我们将以何种方式进行总体的把握与综合呢?不仅如此,由于历史的回顾和总结一般说来总是与未来相关联,对复旦百年的回顾和总结直接关系到复旦未来的发展,所以总体上的把握与综合不仅显得必要,而且是至关重要的。那么,究竟根据什么来使各个不同的内容与材料、彼此相异的事件与侧面形成一个清晰连贯的总体?究竟依据什么来使过往的历史能够通达未来的筹划,并对发展的定向产生影响呢?我的回答是:这就是"复旦精神"。

所谓"复旦精神",其实就是复旦人在近百年的奋斗中凝练形成的理想追求和价值判断,就是复旦大学充满活力、不断发展的活的灵魂,就是经过百年积淀而成的复旦历史底蕴和品格特征。唯有依靠这种"复旦精神",我们的事业才能持之不堕,方兴未艾。

但这样说来,关于"复旦精神",我们是否已经有了一个明确的概念或答案呢?我看既有又还没有。说它有,是因为我们过去也曾总结过历史,复旦的先贤们也曾在当时情形下概括过"复旦精神"的总体原则或特征;说它还没有,是因为时代在发生改变,我们总是立足于一个时代而对我们的历史有所述说,对我们的基本精神有所领会、有所概括。一位哲人说过:一切历史都是当代史。同样,所谓"复旦精神"也并不是一经提出便被固定下来且恒久不变的东西,而是不断与时俱进地审视自己、总结自己而作出的概括。

因此,事实上,我在这里只是提出一个问题,提出一个关于"复旦精神"的问题,并把它交到每一位复旦人(以及关心复旦事业的人)的手里,希望大家广泛地参与到这一问题的思考与讨论中来。而我个人目前只能就此讨论提出以下几点建议。

首先,"复旦精神"是深深地扎根于复旦百年历史之中,也因此而深深地扎根于中国近现代历史之中的精神,我们绝不可能脱开这样的历史来抽象地谈论"复旦精神"。复旦诞生于中华民族积贫积弱,适才废除科举、刚启现代教育之时;复旦成长于外侮内乱不断、风雨飘摇的环境之中,一部复旦创业史,其实也就是一部中国近代教育史的缩影,追求学术自由的努力和追求爱国民主的奋斗,交织成复旦的初创史;复旦发展于新中国成立之后,尤其是改革开放之后,复旦的崛起是新中国教育事业发展的象征。没有对历史的认真发掘和切近体悟,没有由历史而来的性格描述和特征概括,所谓"复旦精神"也就成了无源之水、无本之木。

其次,历史的传承和未来的发展要很好地结合起来,并且通过这一结合使"复旦精神"既体现深厚的积淀,又体现生机勃勃的活力。一方面,在近百年的历史传承中,复旦不仅以其爱国进步、民主科学的精神积极参与并有力推进了我们民族的解放事业和现代化事业,并且以其"博学而笃志,切问而近思"的治学态度铸造了取精用宏的学术思想,陶冶了一代又一代颇具特色的复旦学人。另一方面,我国目前正处于一个重大的社会转型时期,其转变之巨,意义之深远,前所未有。这对于我国高等教育事业、对于复旦未来的发展既提出挑战,又形成机遇。根植于深厚历史传承中的"复旦精神"若不能应对挑战、抓住机遇,就不可能延衍光大。传承历史和不断发展这两者的关系,实际上也就是恒久与变通的关系。"复旦精神"既深深地浸润于百年历史之孳乳中,又当能够是积极进取的和有所作为的。

"复旦精神"并不是枯燥的概念辞藻,也不是什么空中楼阁,而是在多方面的事例、活动和经历中具体地显现出来的。只有在这样的基础上,才能谈得上某种形式的适当的概括。这样的概括不应当是僵硬乏味的,而应当在上述背景中并且通过我们的积极参与而成为生动活泼的、深入人心的和有感召力的。

(原载《复旦大学百年校庆专刊》第4期,2003年5月27日)

什么是复旦精神?

今天,我们在这里隆重举行建校99周年庆祝大会。复旦已经走过了99个年头,正豪迈地向她的第100年进发。站在历史的长河中,我们不禁感慨万千。历经99年漫长岁月,复旦已经从最初的50余名学生发展到拥有25000名全日制学生,从最初的大学预备学校发展成为文理医"三足鼎立",拥有人文、社会、自然、技术、医学以及经济管理等学科在内的综合性大学,从一所不知名的江南小学校一跃成为享誉海内外的著名高等学府。一代又一代复旦人不懈奋斗,铸就了复旦今日的辉煌,也形成了复旦的精神和传统。

去年校庆期间,全校发起了关于复旦精神的大讨论。一年来,广大师生员工积极参与讨论,踊跃发表见解,从不同的角度解读复旦精神。

通过这次大讨论,我们对复旦精神的理解不断深化。

什么是"复旦精神"呢?"复旦精神"就是复旦人在近百年的奋斗中凝练而成的理想追求和价值判断,就是经过百年积淀而成的复旦历史底蕴和品格特征,就是复旦充满活力、不断发展的活的灵魂。这种精神是一代又一代复旦人在长期的奋斗中铸就的。一旦形成,它又有一种潜移默化的巨大力量,使每一个身处复旦的人都受到它的熏陶,身上或多或少地留下这种特殊的烙印。

历史上曾有不少先贤对复旦精神进行过概括,这些都成为我们今人认识的阶梯。复旦精神有着丰富而深刻的内涵,由于所处的历史时期不同,每个人都会用自己的语言、自己的理解去加以阐述。而且,复旦精神也并不是一经提炼便被固定下来的几个条条,复旦精神的内涵随着时代的脚步在不断丰富和扩大。因此,任何复旦人都不要期望穷尽对复旦精神的认识。这才是对待复旦精神的科学态度。

这里,仅在总结大讨论的基础上,对复旦精神的总体特征和内涵做一些描述。

应该看到,复旦的发展历程是与一百年来中华民族的解放和振兴分不开的,复旦深深地扎根于民族,扎根于中华大地。复旦的创校史,就是中国近现代史的一部分;复旦的崛起历程,就是新中国高等教育事业发展的缩影。

与其他大学相比,复旦精神有几点特别突出:

第一,爱国奉献、服务大众是复旦的传统。

复旦的爱国传统是与生俱来的。1905年,我国近代著名教育家马相伯先生和爱国师生们,为反抗外国教会势力的文化垄断和干涉,毅然宣布脱离震旦学院,创立复旦公学。1927年,我国著名医学教育家、公共卫生学家颜福庆先生和一群爱国教师也是为了打破外国人办的医学院校的垄断,创办了第四中山大学医学院,这是上海医科大学的前身。复旦和上医的创立都是伟大的爱国壮举,都寄托了国人自主办学、教育救国的希望。

此后，在风雨如晦的日子里，复旦和上医都形成了爱国革命传统。复旦老校长李登辉先生将"团结、服务、牺牲"作为复旦精神的主要内容。历史上，不少优秀的学子都积极投入了反帝、反封建的斗争，他们一直站在斗争的最前线，据不完全统计，至少有 13 位复旦学子为新中国的诞生献出了自己年轻的生命。当时，复旦被誉为爱国民主的堡垒。上海解放后，为了解放全中国、巩固新生政权，复旦有 780 名学生响应党的号召，积极参加南下服务团和西南服务团，参加人数列上海高校之首。在这前后，一批留学海外的优秀学子也怀着赤子之心，克服重重困难，毅然回到祖国投身社会主义建设，投身新中国的教育科学事业，他们之中就有来到复旦的著名的谢希德教授。

热爱祖国必然热爱人民。"胸怀祖国、服务人民"是复旦人的信条，也是上医人的信条。颜福庆先生早年就推崇"正谊明道"，要求师生"不计功利，为人群服务"。上医的校歌第一句便是："人生的意义何在乎？为人群服务。服务的价值何在乎？为人群解除病苦。"正是在这种精神的鼓励下，一代代上医人发扬爱国主义和人道主义精神，努力为人民的健康服务。20 世纪 50 年代，上医抽调骨干力量，筹建了重庆医学院，并援建了新疆医学院。

进入新世纪新时期，复旦人继承了老一代的优良传统。从支教到支医，从援疆、援藏到援滇，在西部，在基层，在最艰苦的地方，都能看到复旦人不畏艰苦、无私奉献的身影。最近涌现出的以"中国青年五四奖章"获得者冯艾为代表的研究生西部支教群体就是新一代复旦人爱国奉献的典型代表。我们为他们而骄傲。这再一次证明，爱国奉献、服务大众的复旦精神在新的历史条件下得到了继承和弘扬。

第二，学术独立、思想自由是复旦的理念。

建校之初，马相伯先生就提出了"崇尚科学，注重文艺，不谈教理"的宗旨。1925 年的老校歌中写入了"学术独立、思想自由"的词句。从此，"学术独立、思想自由"便成为复旦人高举的一面旗帜。

"博学而笃志，切问而近思。"复旦人历来热爱科学、崇尚科学，热衷于探索自然、探索规律,凡事都抱着一种研究的态度,喜欢问一个"为什么";复旦人一直倡导"百花齐放、百家争鸣",不同的学术观点可以在校园里自由地交流和碰撞,老校长陈望道曾说,"不同意见的争论是科学发展的动力","真理总是愈辩愈明,愈辩愈深";复旦人向来不迷信权威,坚持"不唯上、不唯书、只唯实"。在这方面,不少前辈为我们树立了榜样。例如,20世纪50年代,正当全国生物学界一边倒地学习"米丘林",视其他学派为异端的时候,谈家桢教授逆潮流而动,大力介绍孟德尔—摩尔根学派,将基因遗传学说引到中国,他的这一尊重科学的大胆举动受到毛泽东的支持。复旦成为中国基因遗传学的发源地,谈老是中国基因遗传研究的奠基人。

正是因为复旦园里有自由的学术空气,开放的学术空间,宽松的学术氛围,这才吸引和集聚了各路名师,造就了许多博古通今、学贯中西的大师级人物,形成了百花齐放的局面。至今,他们的名字仍然耳熟能详,比如陈望道、周谷城、苏步青、谢希德、陈建功、谈家桢、郭绍虞、周同庆、卢鹤绂、谭其骧、朱东润、周予同、刘大杰、陈守实、顾翼东、吴浩青、谷超豪、于同隐、胡曲园、吴文祺等。上医也有颜福庆、黄家驷、胡懋廉、钱悳、张昌绍、荣独山、徐丰彦、谷镜汧、林兆耆、吴绍青、杨国亮、陈翠贞、王淑贞、苏德隆、郭秉宽、沈克非16位一级教授。他们宛如群星璀璨,在复旦园里释放着夺目的光彩,激励着一代代复旦学子不懈探索、勇攀高峰。

开放、宽容、自由、独立,是复旦的理念,也是一所大学保持思想和知识不断创新的必要条件。而这一点,与复旦严谨、求实的氛围并不矛盾。我们所追求的是在严谨、求实的基础上的自由探索。

第三,海纳百川、兼容并蓄是复旦的风格。

复旦历史上经历过几次大的调整。建国初期,新生的共和国为了满足国家有计划的大规模经济建设对专门人才的需要,对高等院校进行了大规模的院系调整。复旦是这次院系调整中组合高校最多的大学,一共有19所高等学校的相关系科加盟复旦。这次调整,使得复旦成为一所门类众多的全国性的综合性大学。40多年后,原复旦大学和原上海医科大学合并,实现强强联合,优势互补。两校合并犹如两支涓流汇成为一股洪流,使得新的复旦大学有了更厚实的历史财富、更辉煌的成就和更广泛的影响。

复旦地处上海。从东海之滨的小渔村到国际化的大都市,上海的发展本身就是一个海纳百川、兼容并蓄的过程。在这一点上,复旦深受影响,复旦的精神和文化与上海的城市精神是一致的。海纳百川、兼容并蓄的胸怀和心态使复旦得到了巨大的发展。

首先是名师荟萃。1952年的院系调整,使得各路名师云集复旦,不同的要求与见解、不同的人文背景都在复旦园里交流、碰撞、汇聚、融合,并在这个过程中生长出新的枝芽来。这充分说明,一所学校必须是活水,是海洋。新的力量的加入,总会给学校带来一股新鲜空气,打破"一潭死水"的状况,甚至可以从根本上改变一些学科的面貌,实现跨越式发展。因此,人才流动、人才引进是一所大学永恒的主题。复旦也正是在这种过程中才永葆青春。

其次是学科综合。学科综合有利于培养学生的全面素质,也有利于拓展新的学科生长点,有利于实现科学研究的重大突破。科学发展史表明,科学的新生长点往往在交叉点上,而综合性大学具备学科交叉的土壤。复旦与上医的合并,使得新复旦的学科更加齐全,综合性更强,学科交叉融合的空间更加广阔。合并四年来,我们加大了对医学学科的投入,重点扶植医学学科与其他相关学科的交叉研究,在这方面已经取得了一些成果,而且必将取得更大的成果。

海纳百川的前提是对外开放。复旦历来是一所重视对外开放、广泛开展国际交流与合作的大学。一批学术大师和著名学者都有海外留学的经历。复旦老校长李登辉和上医老校长颜福庆都曾赴美国耶鲁大学留学。苏步青、谢希德等老校长都是国际交流的倡导者和开拓者,他们的身体力行为复旦带来了很大的国际声誉,为我们后人创造了很多机会。近年来,越来越多的海外学子学成回国,直接参与祖国现代化建设。复旦以海纳百川的宽广胸怀,热情地张开双臂欢迎他们的到来,我们要让复旦成为海内外优秀人才集聚和向往的地方。

第四,追求卓越、争创一流是复旦的理想。

复旦人素来就有追求卓越的传统。永不满足、要做就做最好是许多复旦人的信条。在我们校史上,有很多值得骄傲的"第一"。比如复旦是全国最早设立商科的高校;复旦的《文摘》杂志最早刊载出《毛泽东自传》的中译本;研制出国内第一个医用X光管和表面分析仪,自行设计了全国第一台质子静电加速器;创立了国内外公认的微分几何学派;进行了世界上首次血友病B的基因治疗Ⅰ期临床试验;研制出中国第一个拥有自主知识产权的一类生物技术新药——重组链激酶;自行研制出我国第一台静立垂屏式人工心肺机;首创真丝人造血管、足趾移植再造拇指术、多导电子耳蜗装置、新喉再造术和小肝癌诊治等等。复旦教师编撰的《中国历史地图集》、《英汉大词典》等著作在海内外享有盛誉。复旦学子更是以优异的成绩为母校的优良精神传统不断增添新的注解。复旦学生在新加坡国际大专辩论会上夺得桂冠,先后三次捧回"挑战杯","九二国政"、"临床九六一班"、"管理学院子衿楼2001级"被评为全国先进班集体标兵,中国科学院近两届增选的最年轻的院士都是复旦毕业生,等等。

创建世界一流大学是复旦几代人的梦想。复旦的老校歌中就有"复旦复旦旦复旦,沪滨屹立东南冠,作育国士恢廓学风,震欧铄美声名满"的词句,反映当时复旦人的理想和追求。20世纪八九十年代,复旦就提出了"争创世界一流大学"的口号。1995年,江泽民同志为复旦题词"面向新世纪,把复旦大学建设成为具有世界一流水平的社会主义综合性大学",为我校指明了前进方向和奋斗目标。而原上医也曾经提出过创建一流医科大学的目标。经过多年的建设和发展,复旦已经具备了向世界一流大学迈进的条件,理想的目标已经变为了现实的目标。新世纪的复旦人正在朝着建设世界一流大学的目标不懈努力。

复旦精神是指引复旦不断前进的动力,是复旦最可宝贵的财富。

今天，我们迎接百年校庆，就是要团结动员全校师生员工，广泛联络海内外校友，继承和弘扬复旦精神，把人心凝聚起来，把斗志鼓舞起来，为创造复旦更加美好的明天，为建设世界一流大学而共同奋斗。

首先是要学习。要了解校史，继承和发扬复旦精神。校史教育应该成为在校师生的必修课。要在全校师生中广泛深入地宣传和学习校史，弘扬优良传统。全校教师要坚持教书育人，要用复旦的优良传统教育和影响学生。特别是要把校史上著名人物的先进事迹作为教育学生的生动教材，教育、引导和激励广大学生坚定理想信念，高举爱国奉献、服务大众的旗帜，以振兴中华为己任，为全面建设小康社会贡献力量。

其次是要实践。要不断创造新的业绩，丰富和升华复旦精神。我们要把历史的传承和未来的发展很好地结合起来，并且通过这一结合使复旦精神既体现深厚的积淀，又体现生机勃勃的活力。新的时期，我们面临着重大的机遇，也面临着重大的挑战，如何实现复旦在新世纪的腾飞和发展是我们肩负的重大历史责任。我们要继续不懈奋斗，并在新的实践和奋斗中，在争创一流的过程中不断丰富和升华复旦精神。

（2004年5月27日在庆祝复旦大学建校99周年大会上的讲话）

修史:大学文化建设的重要工程

编修校史是学校文化建设的一项重要工程。我们每个人在学校的学习、工作和生活都是历史的一个片断,或多或少地知道一点校史上的人物轶事,但是我们过去了解的大多是校史的"碎片",系统整理的工作做得还不够。百年校庆提供了这样一个契机,我们抓住这个机会,对复旦 100 年来、上医 70 多年来的历史进行系统的梳理,对学校的办学历程进行全面的再现。如果我们不抓住百年校庆这次机会对校史进行全面系统的梳理,一些珍贵的历史史料就可能随着时间的推移而被人们遗忘,我们将遗憾终身。因此,编修好校史,是一项既对前辈负责,又对后代负责的文化工程、传世工程,也是一项民心工程,是广大师生和校友内心一直想做的事情。这是历史赋予我们的责任。

俗话说"盛世修史"。我们处在一个全面建设小康社会的新时期,国泰民安;我们还处在一个迈向一流的新时期,学校的发展生气勃勃。在这样的时候编修校史,环境很好。

编修校史是弘扬精神传统的一项重要举措。校史是一笔不可多得的财富。校史是对广大师生特别是在校大学生进行爱国荣校教育最现实、最生动、最亲切、最富有说服力的教材。复旦人在百年的奋斗中形成了自己的理想追求、价值判断、传统风格和人文底蕴,铸就了复旦精神。这种精神深深地铭刻在复旦的校史中,熔化在一个学校的灵魂中。校史也是团结和凝聚广大师生和海内外校友的重要因素。通过编修校史,全面地再现复旦人的奋斗历程,可以起到弘扬优良传统,凝聚全校人心,彰显精神风范的作用,激发广大师生和校友的爱校热情和报国之志。

编修校史还是展示辉煌成就的一个重要契机。我们宏伟的校史足以让我们骄傲。通过编修校史,把复旦的光辉历史和办学成就展示给世人,可以扩大学校的社会影响,塑造良好的社会声誉,展现一所百年学府的深厚底蕴。综观兄弟院校,也都十分重视编修校史。北京大学在百年校庆之际出版了《北京大学纪事》(个人撰写);清华大学在九十周年校庆之际出版了两卷本《清华大学志》;上海交通大学在百年校庆之际也出版了《上海交通大学志》等。在吸取兄弟院校经验的基础上,我们有信心做得更好。

(2005年3月19日在复旦大学校史编纂委员会全体会议上的讲话)

老校门：复旦的精神象征

  2005年的钟声就要敲响，全体复旦人期盼已久的百年校庆庆典年终于来到了我们身边。此时此刻，我们欢聚在复建的老校门前，共同回忆母校的沧桑巨变，展望百年复旦的美好未来。

  100年前，马相伯先生怀着"教育救国"的理想，带领一批爱国学生创办复旦公学，开启了复旦筚路蓝缕、艰苦创业的历程。84年前，李登辉先生用募捐所得资金在江湾购地70亩，建造新的校园，由此奠定了复旦今日发展的基础。当时的校门就建在我们现在所站立的这个位置。

  老校门是复旦历史的见证。一批又一批的学子从这里走出学校，投身民族救亡图存的历史洪流。抗战爆发，复旦师生挥泪西迁，校园不少建筑毁于战火，而老校门幸免于难，成为复旦不倒的丰碑。在人民解放斗争中，复旦师生一次又一次地走出校门，始终站在爱国民主运动的最前列。上海解放后，复旦师生来到老校门前载歌载舞，迎接复旦的新生。年轻的复旦学子走出老校门，走向祖国各地，投身火热的社会主义建设。

  老校门是复旦精神的象征。创校以来，复旦凭借她顽强的生命力不断地发展壮大。在百年的奋斗中，复旦形成了自己的理想追求和价值判断，积淀了深厚的历史底蕴，铸就了复旦精神。同校名、校徽、校训、校歌一样，校门也是复旦的标志，是复旦精神的象征，是复旦文化的一部分。老校门已经成为无数校友魂牵梦绕的地方。

  在百年校庆来临之际，根据广大师生和校友的建议，学校决定复建复旦大学老校门，目的就是要纪念复旦百年的历史，继承发扬百年复旦的精神,团结凝聚海内外校友。

　　同学们,老师们,欣逢百年校庆使我们倍感荣幸,也深感责任重大。谱写复旦未来的重任在我们肩上。让我们缓缓地推开这扇承载复旦百年沧桑的老校门,共同创造复旦更加光辉灿烂的明天!

　　(2004年12月31日在复旦大学老校门复建揭幕仪式上的讲话)

"复旦孝子"于右任

今天,我们在这里举行首届于右任国际学术研讨会。

这次会议对于我们继承于右任先生留下的思想和文化遗产,弘扬先生的精神,对于推动我校的于右任研究和校史研究,对于加强复旦的人文社会学科和校园文化建设,都具有重要意义。

于右任先生是晚清著名的革命党人。先生为民族解放和民主主义革命奋斗一生。他的政治风骨和革命功绩广受世人赞誉。先生对于后世的影响是多方面的。他是近代著名的报人,先后创办了《神州日报》《民呼日报》《民吁日报》《民立报》,对启迪民智、动员辛亥革命发挥了重要作用。作为教育家,他先后参与创办了复旦公学、中国公学、上海大学和台湾复旦中学。他还是海内外闻名的诗人和书法家,提出"诗人喉舌,时代呼声,诗人思想,时代前驱"的理念,被誉为"当代草圣"。

以上只是我作为后学晚辈的匆匆一瞥。

于右任先生与复旦的渊源颇深,一生与复旦休戚与共。他是马相伯先生的学生,参与创办了复旦大学的前身——复旦公学。历史上,每当复旦遇到困难,他都挺身而出,"三救复旦于危难"在校友中被传为佳话。有老校友曾当着先生的面,说他是"复旦的孝子"。先生听了,毫不生气,反倒抚髯一笑。于右任在复旦,先为学生,后为先生,既做过教师,也做过校董。他的精神和思想长期影响着复旦的师生。例如,他在1945年为复旦大学新闻馆落成题写的楹联"复旦新闻馆,天下记者家",至今仍被复旦新闻学院奉为办学圭臬。

在今天的复旦园内,于右任先生被尊为复旦"先贤",受到全体师生的尊敬和缅怀。先生的爱国精神和荣校事迹,成为我校教育新生的必选内容，并陈列于校史馆，供海内外来宾参观。于右任研究也已经成为复旦的特色学术活动。近年来，我校的学者先后编撰出版了《于右任传》《于右任辛亥文集》等著作，撰写了一批有关先生的研究文章，还有一些学生把先生的生平思想作为自己的学术研究方向。我相信，这一学术传统还将在复旦校园里长期延续下去。

曾经有校友说："三个人对于复旦的产生和光大，有莫大关系，没有这三位先生，可以说没有复旦。"这三位先生就是老校长马相伯、李登辉和身为校友的于右任先生。

于右任先生留给我们的精神财富，不仅属于全体复旦人，也属于整个中华民族；先生留下的文化遗产，不仅属于中国，也属于世界。

（2006年11月25日在首届于右任国际学术研讨会开幕式上的致辞）

师者,传道授业解惑

  掩上书的校样稿,心中仍有许多冲动。书中的人物栩栩如生,许多是我熟悉的同道,可是其中有些故事、细节我却不知道;也有一些是我不认识的老师,读了书也就认识了。

  这是一本由学生和老师共同写的真实的书。学生根据他们的真切感受描摹着老师的形象,而老师又在学生的提问面前袒露心迹。书这样编排真好,真实无华,生动深刻。我们复旦有一个好传统,就是每年由全校研究生评选"我们心目中的好老师",已经持续好多年了,其中的意义不言而喻。这本书就是评选的结晶。

  书中的群像在向我们宣示一个共同的命题:今天我们应该怎样当老师?应该有什么样的师生关系?

  教师的职位是因为责任而产生的。知识需要传承,科学需要弘扬,文化需要承继,所以才有教师。有远见的教师都把学生看做是自己的未来、学术生命的延续。所以对学生倾注着爱和期待,把学生每一点进步都当做最大的快乐。爱,是教育的前提。爱学生是好教师的共同标志。无论近似于严酷地要求学生,还是在学生最困苦的时候送去温暖,无论是身在病榻不忘辅导学生,还是年老体衰讲课讲到最后一分钟,无不渗透着对学生的爱。这里没有雇佣关系,也没有功利回报的企求。老师热爱学生,学生追随老师,这是超越时空的人间最美好的一种关系。

  教师对学生的影响是巨大的、根本的。一个教师,可能影响一个学生的一生;一个好教师,可能影响一批学生;一个优秀教师,可能影响几十年一代又一代的学生。传道授业解惑是教师的任务,但真正影响学生的不只是教师传的道、授的业、解的惑,而是教师的人格。好教师对于学生都具有人格的魅力。或是对学问如痴如醉的追求,或是揭露时弊、痛斥腐败的铮骨正气,或是温文尔雅、话语沁人心田的气质,或是入木三分的语言穿透力,甚至是不修边幅、手不释烟的习惯……毫无疑问,学生是欢迎有个性的老师的。当然,个性不是凭空产生的、没有基础的,有个性的好教师也有共性,那就是学问好、人品好。教师对学生的影响如此之大,实际上反过来对教师本身提出了极高的要求。言为心声,要做一个率真的老师,不说假话,不要虚饰;为人师表,身为师范,要严格要求自己,慎于言行。古人常说,身教重于言教。好学生与其说是骂出来的,不如说是带出来的。在我们学校,从一些研究生的身上,常常可以看到导师的影子。人们常说,有什么样的导师,就有什么风格的学生。

师生互动,教学相长,是基本的教育规律。在科学研究的道路上,毫无疑义,导师应是领路人。广阔的视野、学术的素养,都是导师影响学生的重要方面。这只是问题的一个方面,人们常常忽视的是另一面。研究生是科学研究的生力军,但不是雇佣军。青年人进入科学研究领域以后所迸发出来的对科学的巨大兴趣和热情,投身于研究的旺盛精力和敏捷思维,以及许多青年的天赋,都是导师所不及的。古人深谙其中的规律,很聪明地为教师排解。韩愈说过:"弟子不必不如师,师不必贤于弟子。"只有懂得教育的规律,教师才可能有容纳学生创新的胸怀,才有被学生超越时真心的快乐。苏步青老校长是一代宗师,后有几代传人。可是他经常说,作为一个学科带头人,不仅要努力培养学生,而且要鼓动、帮助学生超过自己,真心做到承上启下、继往开来。事实证明,一个胸怀宽广的老师身边,一定会聚集起一批学生;一个培养了一批批出类拔萃学生的老师,他的学术生命也一定得到了延续,因而是常青的。

复旦之所以成为学子向往的复旦,就是因为有一批好的教师。愿我们的老教师永葆青春,愿我们的青年教师更快地成为学生所喜爱的老师。

(为《我心目中的好老师》一书所写的序言)

师德师风引领学风校风

今年教师节的主题是"光荣的人民教师"。人民教师之所以光荣，是因为我们承担着传播人类文化、启迪人类智慧、塑造人类灵魂的神圣职责。教师是人类灵魂的工程师。古人云："师者，人之模范也。"当一个合格的人民教师，要求是很高的。他既要精通业务，还要有较高的道德修养。陈望道、苏步青、颜福庆、谢希德等一代宗师，之所以为世人景仰，不仅仅在于他们博古通今、学贯中西，更在于他们兢兢业业为学生传道、授业、解惑，在于他们始终言行一致，持身自律，乐于奉献，甘为人梯，他们的人格魅力和道德风范为世人所称颂，在他们身上闪耀着师德的光芒。

今天受到表彰的教师，是新时期复旦教师的优秀代表，在他们身上集中体现了新时代复旦教师的精神风貌。全校教职员工都要向他们学习。

他们的高尚师德大致可以归纳为以下几点：

第一，发自内心地热爱教师工作这一事业，并为之奉献一生。

教师是一种职业，但教师工作更是一项崇高的事业。捷克教育家夸美纽斯说过，教师是太阳底下最光辉的事业。没有教育，人类不能繁衍；没有教育，社会一片黑暗。如果仅仅把教师当做谋生的职业是当不好教师的，只有把教师工作当做崇高的事业，才能成为好教师。我们发现，所有优秀教师都无比热爱自己的事业。外文学院陆谷孙老师最近荣获了"全国师德标兵"的光荣称号。30多年来，他从未离开过教学第一线，再忙再累，只要走上讲台，他就神采飞扬，声如洪钟。他说："如果能够再次选择，我还是会做老师，因为我喜欢教书，喜欢学生。"中山医院王吉耀老师身患恶性肿瘤,在手术的前一天,她还瞒着大家在讲台上讲授循证医学课,并与研究生讨论课题直至深夜。手术疼痛刚刚缓解,她已经开始在病榻上为学生修改论文。外文学院何刚强老师身患癌症,始终以十分乐观的态度对待病痛。身体有所好转以后,他就向学校提出逐步恢复教学工作,他在报告中写道:"我对教学工作一直充满激情。一场大病使我有劫后余生之感,若还能在三尺讲坛上为教学工作尽点绵薄,平生无憾矣!"有的人把教师比作春蚕,有的人把教师比作园丁,还有的人把教师比作蜡烛。人民教师就是应该有一种默默耕耘、无私奉献的精神,就是应该有一种淡泊明志、甘为人梯的境界。热爱教育事业是教师职业道德的基础。人民教师都应该忠诚于人民教育事业。

第二,严于律己,为人师表,具有吸引学生的人格魅力。

大学时代是青年学生世界观、人生观和价值观形成的重要时期。教师的一言一行,无不对学生发挥着教育引导作用,不仅影响一个人的学生时代,而且影响一个人的一生。教师在学生成长成才中的作用至关重要、不可替代。《解放日报》上有一个标题做得好:"师德是一种感染。"许多优秀教师都认为身教重于言教,十分注重自己的言行举止。复旦教育系1951届毕业生、上海市著名特级教师于漪说:"为人师不是做教书匠,对孩子不仅是言教,重要的是身教。"什么样的身教才算合格呢?古人说:"智如泉涌,形可以为表仪者。"这大概应算基本要求,更伟大者,则人格高尚,学识渊博,使人有"高山仰止"之感。总之,教师的人格力量对学生影响极大。教师是学生增长知识和思想进步的导师。一个良师,不仅仅要教好书,还要育好人;不仅仅业务能力要强,在业务上能为学生指点方向,指点迷津,而且在政治上、道德上、人生上也要进行引导,解疑释惑,为人师表。全校教师都要坚持教书与育人相结合,坚持言教和身教相结合,既注重言教,更要注重身教。"学为人师,行为世范",这应当成为全校教师的座右铭。

第三,热爱学生,关心学生,理解学生,建立融洽亲密的师生关系。

陆谷孙教授最近出了一本《余墨集》,很有"性灵和机趣"。其中的一篇《英语教师的各种素养》，道出了他对怎样做一个好教师的感悟。在陆老师的心中，学生永远是第一位的。他常说："子女是我自然生命的延续，学生是我学术生命的延续"；"教师应与学生保持密切的关系，不要疏远学生"；"教师应多理解和体谅学生，要经常了解他们的喜怒哀乐"。药学院陈纪岳老师为学生答疑，不限定时间，欢迎学生来"聊天"。国际文化交流学院秦湘老师近40年一直从事对外汉语教学工作，她对待留学生热心、耐心、贴心，被留学生们亲切地称为"妈妈老师"。学生是我们的教育对象，我们一切工作都应该以学生为本，以学生的成长成才为中心。我们要从学生出发，尊重学生成长发展的规律，尊重学生的个性发展，尊重学生的人格和需求，关心学生，热爱学生，了解学生，理解学生，爱护学生，帮助学生，教育学生，引导学生，相信学生，依靠学生，倾听学生的意见，竭诚为学生服务。在课外，教师也应该与学生多接触、多交流、多沟通。每一位老师都应该有专门的时间来接待学生，与学生交流思想，为学生解疑释惑。学生的爱戴是对老师最好的褒奖。在老师面前，做学生的不论走到哪里，作出了什么业绩，对老师的感激和爱戴之情永远不会改变。今天你对学生关心一分，学生会记住一辈子。我们的校园建设也要为学生提供更多的公共阅览、体育运动和文艺社团活动设施，为他们的全面成长创造良好的环境，还要为师生之间、学生之间、教师之间提供公共交往空间。党政管理人员和后勤职工要想学生之所想，急学生之所急，处处体现为学生服务，满面春风地面对学生，不断提高工作能力和服务学生的水平。

第四，严谨笃学，倡导良好的学风校风。

在一所大学里，师德师风引领学风校风。在我们复旦，正因为有历史上许多名师大师的倡导和身体力行，才形成了今天严谨求实、追求卓越的校风。我们许多优秀教师都是这方面的典范。我们一定要弘扬复旦的优良学风和学术传统，坚持求真务实、严谨治学，遵守学术规范，恪守学术道德，杜绝学术不正之风。每一位学者都应该像鸟儿爱护自己的羽毛一样，珍惜自己的学术声誉。时代在发展，新的知识层出不穷，知识更新的周期不断缩短,我们的教师应该热爱学习、善于学习、不断学习,做终身学习的楷模。我们要善于把最新的研究成果运用到教学工作中去,善于根据形势的发展和时代的变化,更新自己的教学内容,加大教学改革的力度,不断提高教学质量。

(2004年9月10日在教师节庆祝大会上的讲话)

好老师自己就是一门课

教师是一所学校最宝贵的财富。美国芝加哥大学的前校长哈钦斯说:"无论何时,在何种情况下,成为一流大学的途径只有一个,那就是拥有优秀的教师。"复旦之所以成为学子向往的复旦,正是因为有一批好的教师。前不久,我阅读了《我心目中的好老师》一书的校样稿。这本书收录了研究生评选出的两届"我心目中的好导师"的言行事迹。学生根据他们的真切感受描摹着老师的形象,而老师又在学生的提问面前袒露心迹。作为一个有二十几年工作经历的大学老师,我深深地为我们的同道所感动。我在阅读中,一直在思考两个问题:什么样的老师才是好老师?怎样才能做一个学生爱戴的好老师?

一位优秀教师,也许在讲台上辛勤耕耘了几十年,也许在学术研究上取得了重大进展,也许在思想政治教育领域深有心得,也许为学校公共服务设施的建设倾注了大量心血。无论从事哪种类型的教育教学工作,优秀教师都有一个共同的特征,那就是都十分重视自身的修养,具有高尚的师德和优良的师风。优秀教师能够用师德来感染学生,不仅有言教,还有身教。美国耶鲁大学的校长莱文这样来界定优秀教师:"他自己就是一门课,集各种美德于一身。他是一位学术巨人和道德英雄。"我觉得,优秀教师的师德师风,包括以下几个方面:

首先是"爱"。爱,是教育的前提。优秀教师一定是发自内心地热爱教师工作这一事业。只有把教师工作当做崇高的事业,甘愿为教育工作奉献一生,才能真正地成为好教师。爱学生是好教师的共同标志——无论近似于严酷地要求学生,还是在学生最困苦的时候送去温暖;无论是身在病榻不忘辅导学生,还是年老体衰讲课讲到最后一分钟，无不渗透着对学生的爱。这里没有雇佣关系，也没有功利回报的企求。教师与学生不能有雇佣关系。社会上的师生纠纷之所以发生，主要是因为教师把学生当做劳动力，学生也对老师不够尊重。教师应把学生看作自己的未来、自己学术生命的延续。这样对学生倾注着爱和期待，会把学生每一点进步都当做最大的快乐。事实证明，一个真正爱护学生的老师身边，一定会聚集起一批优秀学生；一个有一批批出类拔萃学生的老师，他的学术生命也一定是常青的。老师热爱学生，学生追随老师，这是超越时空的人间最美好的一种关系。

第二是"严"。一是严于律己，才能为人师表。身正为范，优秀教师必然严格要求自己，慎于言行，给学生以潜移默化的良好影响。事实上，许多优秀教师都认为身教重于言教，坚持身教与言教相结合。二是严谨治学，才能追求真理。在大学里，每一位学者都应该像鸟儿爱护自己的羽毛一样，珍惜自己的学术声誉，坚持求真务实、严谨治学，遵守学术规范，恪守学术道德，杜绝学术不正之风。在大学里，师德、师风引领学风、校风。复旦正因为有历史上许多的名师、大师倡导和身体力行，才形成了今天严谨求实、追求卓越的学风、校风。三是从严执教，严师出高徒。要真正做到，并不容易。从严执教，必须体现在教育教学的每一个环节上，例如备课、授课、课后作业与课外辅导，还有日常考察与期末考试等。所以，从严执教也是教师责任心的体现。

第三是"笃"。笃，是专注的意思。优秀教师，应该笃志、笃学。笃志，志向专一不变。只有把心思凝聚了，思想才会升华。"春蚕到死丝方尽，蜡炬成灰泪始干。"有的人把教师比作春蚕，也有的人把教师比作蜡烛。许多优秀教师终其一生，都默默耕耘、无私奉献。在他们身上，体现着淡泊明志、甘为人梯的境界。笃学，长期安心向学。复旦的教师钻研学问，不满足于已经获得的知识，也不满足于取得的成绩，几十年的兢兢业业换来累累硕果。

第四是"恒"。"十年树木，百年树人。"教育来不得急功近利。孔子曰："学而不厌，诲人不倦。"做人要不断学习，不感到厌烦；教育学生也要有耐心,不感到疲倦。教育学生,特别是开展思想心理教育,教师一定要有坚强的毅力和耐心。当代的学生有很多长处,有时代的特征,也有很多弱点,自立、自治、自信,都有点缺乏。不论是课内课外,只有通过长时间的思想疏导与情感交流,成为学生的知心朋友,才能达到教育效果。教师与学生之间应该是师友关系,既是师生,也是朋友。一方面,要引导学生尊重老师,尊重老师的学问和为人。另一方面,老师也应尊重学生的个性发展,尊重青年的成长规律,尊重学生的人格和需求,关心学生,热爱学生。

(2007年9月7日在教师节座谈会上的讲话)

寂寞出学问

甘坐冷板凳

复旦的校训是"博学而笃志,切问而近思"。其中,对"博学而笃志"的一种理解是,做学问要有专一的志向。这志向不受外界的干扰和诱惑,专心一致,为探求学问奉献一生,为捍卫真理耗尽心血。我认为,这种精神在当前是应该大力提倡的。

20世纪50年代,南京大学韩儒林先生就把范文澜先生的治学精神概括为两句话:"板凳需坐十年冷,文章不写半句空"。这种"甘坐冷板凳"的精神,就是坚守学术的精神——无论外面的天地发生了如何翻天覆地的变化,在攀登学术高峰的路途中,一定要坚守学术。在这个方面,我颇为自豪。因为在复旦大学的历史上,不乏甘坐"冷板凳"、作出卓越成就的学者,他们和他们的精神,是复旦重要的精神遗产之一。

谭其骧领头修《中国历史地图集》。这项文化工程从1955年开始一直进行到1986年,历时31年,所有参与的学者都从黑发变为白头,最后形成的煌煌8册《中国历史地图集》。这被认为是新中国社会科学的两大基础工程之一。另一个基础工程就是《二十四史》点校。

陆谷孙教授主持编纂《英汉大辞典》,历时17年。在此过程中,6个正副主编中有5人离开,只有陆谷孙坚持到最后。17年间,他给自己定下"不出国、不兼课、不另外写书"的誓言。最终,这部高质量的权威辞书成了联合国专用工具书。

蒋学模教授主编《政治经济学》,从1980年到2005年,不断修订。

蒋先生直到86岁高龄,还在伏案修改文稿。20多年来,这本教材一共出版了13版,发行量达到2000万册,影响了几代经济学人。

"炒"热的,不是学问

所谓学问也好,学术也好,实际上是对规律的探索,需要时间观察、收集、思考,然后加以总结。而且,这种总结还需要时间检验,反复论述,反复修正,才能形成经典。复旦大学鼓励教师写"传世之作"。"传世之作"就必须有时间积累,经得起时间的考验。

今人的学问只有在前人基础上,把前人的学问都吃透了,才有可能作出更深的探索;只有站在"巨人的肩膀"上,才能攀登更高的台阶。同样,"包容一切的体系"也是不可能的。恩格斯在《反杜林论》中,就批判了杜林企图构建囊括一切的科学体系,认为这是愚蠢可笑的。

"求实",不仅是从书本中求实,还要求实于实践,也就是古人说的"读万卷书,行万里路"。人的一生是非常有限的,要做出有创造性的学问来,必须要把相当多的时间放到某一领域中去,根基越牢,学问才能越深。所以我们才要提倡"冷板凳"精神,冷板凳上不坐个几年、十几年,学问是不可能"热"出来的。那种"炒"热的东西,不是真正的学问。

坚守学术价值,才耐得住寂寞

做学问,首要的是有兴趣,要有对学问的热爱。比如,陈尚君教授用了20年的工夫做了《全唐文补编》《全唐诗补编》,又用了11年时间做了《旧五代史新辑会证》。他做的工作大部分是校勘、辑录、订正,既有文字"小学",也有考据之学,是非常细致认真的学问。当年陈尚君住房不宽裕,在出版社借了个20平方米的房间。一到夏天,那时没有空调,但他又不敢开电风扇,因为怕吹乱纸页,只能打着赤膊,挥汗如雨地工作,多少年如一日地坚持下来。很多人说,这多苦啊,我才不吃这个苦呢。实际上他是苦中有乐。这种乐趣，是别人难以体会到的。

还有一点，我认为也很重要，那就是要有坚定不移的志向。笃学必须要以笃志为前提。如果不是出于追求真理的乐趣，不是追求在文化上是否对人类有所贡献，恐怕就很难经得住诱惑和困难的考验，就无法静下心来。范文澜先生就曾说过，要想做好学问，就要有"视富贵如浮云"的精神。当年中国科学院刚成立时，据说原本想请范文澜出任副院长，但他坚辞副院长之任，而是专心于学术研究。若干年后，他的《中国通史》成为这一领域中的经典巨著。

对价值的坚守，就是坚守学术的崇高感，坚守文化的神圣感，坚守作为一个学者的使命感。只有怀揣着一腔热血，冷板凳才能坐得住。复旦近年来引进的两位教授，让我十分感动。一位是古文字专家裘锡圭先生，一位是历史学家葛兆光先生。他们两人有个共同特点——做学问做到眼睛都坏了。裘锡圭先生70多岁了，眼睛高度近视，还有青光眼。葛兆光先生用眼过度导致视网膜脱落，手术先后动了四次，一只眼睛一度近乎失明，另一只视力也受到很大影响。对于两位先生的情况，我们很着急，请了最好的眼科医生为他们诊治，劝他们适当休息，希望他们停一停，但是他们还是在做学问，停不下来。

学术没有冷门和热门之分

浮躁是学术的大敌。最近几年，学术造假时有所闻。学术造假是学术浮躁的极端表现，也是学术浮躁的必然结果。种种迹象表明，当前的学术浮躁已经到了一个相当严重的程度。

当某位学者的价值为社会承认、社会赋予他某些社会地位或荣誉时，物质利益也就随之而来。尊重知识，尊重科学，这体现了社会的进步。给予真正做学问的优秀学者以一定的社会地位和物质利益，这是非常正常的。但是作为学者，如果把"名"和"利"作为治学的动力、追求的目标，这就和学术本身的发展规律背道而驰了。

每一个做学问的人都知道,当你有了这样的动机时,心是静不下来的,时刻在打"小算盘":这篇文章的发表是否会和某个头衔有关,那本著作的出版会换来哪些利益,等等。

一个人生活在现实中,完全离开利益的考量是不可能的,但如果一个学者把追名逐利作为根本目标,那就压根儿做不出什么学问。

学术就是学术,没有冷门和热门之分。可以作研究的地方,总是可以开拓的领域。有些领域,由于其学术成果可以应用于当今社会发展进程,于是就变得热门。事实上,有很多学问,在外人看来是冷门,但是一旦作出了成就,就渐渐热了。因此,学者不要期望别人来给你把冷板凳"捂热",或者给你一个"温板凳",冷板凳要靠学者自己去坐热。

当然,从学问来看,总有和当下社会的应用联系紧密或不紧密的区别。有些学问与社会应用联系紧密,属于古人所说的"经世致用"之学。然而,经世致用之学也是有时代性的。经济学在经济大发展的时代当然是热门;等到经济快速发展后,人们或许会更关注文化需求,相关的学问就会成为热门。

即使是做"经世致用"之学,也需要甘坐冷板凳的精神,不是短期研究、发表一些表面的观点,就能"致用"了。有些青年学者,一开始在某个领域崭露头角,让人眼睛一亮,但是稍微有点名气后,就开始在不同领域跳来跳去,不能够专心致志,沉下心来在某一个领域扎扎实实做下去。若干年后,就渐渐做不出成绩来了。

学问无法"百度化"

今天我们做学问,和过去做学问有着很大的不同。我们有前人没有的技术条件,电脑、网络、数据库等等,在收集资料、了解已有成果的方面,可以大大加快速度,而且今天的学术成果,其传播速度也比过去快捷很多。这些都是今天的学者所面临的新情况。

但这是一把"双面刃",在使得科研更便捷的同时,如果没有正确观点加以引导,极易造成学术浮躁。因为我们不能不思考这样一个问题:是不是占有资料以后,就等于做学问?

牛吃下草以后,是要经过咀嚼消化,才能挤出奶。正如我们复旦一再强调的,做学问的人要有思想。要在通过现代传播手段搜集到的前人已有学问的基础上,加以咀嚼、消化、思考,然后形成新的见解。这是一个思考和发现的过程,这是一个很痛苦的过程。

知识和学问是无法"百度化"的。有些学者文章写得很快,数量也很多,其实是资料的堆砌、汇集,是网上搜索的结果。在这样的论文中,看到的都是别人的东西,自己的、原创的很少。

学术不能娱乐化

从一定意义上说,信息技术的发展使得学术研究更有条件滑向浮躁,而且,信息技术为学术带来的新问题还不仅于此。比如,一些媒体节目对学术所作的大众传播。学术本来身处象牙塔,如果能够普及给大众,总是好事。但媒体尤其是电视媒体向大众传播学术时有一个基本取向,那就是,用大众能够接受的方式满足大众的需求。而要让大众接受学术,就一定要通俗化,要吸引眼球,要制造亮点,有时候甚至需要将学术内容娱乐化。作为学者来讲,既要看到你的学问能通过大众媒体传播是好事,同时也要看到,这种传播对学术来说往往是"降格以求"的。如果只考虑适应大众媒体的要求,热衷于这种降格以求,那就离学术有距离了。

事实上,有的学者就感受到了这种痛苦。比如山东大学教授马瑞芳,把《百家讲坛》比喻成"魔鬼的床"——学者在这张床上被"截短拉长"。学者一定要有底线,决不能把学术娱乐化,甚至庸俗化。学术必须要有严密的逻辑、准确的含义,以科学为依据,不能信口开河。假如一味地以娱乐或戏说来取悦大众,那就会降低学术在人们心目中的崇高地位,牺牲了学术的尊严。

学者的发言，能为公众提供一种思考的向度、一种文化的引导，起到正面宣示的作用。而媒体对学者观点的适当传播，也能提高媒体自身的文化品格和学术境界。当知识分子提出一些振聋发聩的意见，对于守住社会的良心、主张社会的公正，绝对是有好处的。但是，学者在和媒体的互动中，也要守住学术界限。学者通过媒体适当传播学术成果可以，但一定不要把名利和传播挂起钩来，不要使自己成为"媒体学者"。学者不能以为通过在媒体上的频频亮相，自己就可以变成无所不知、无所不能、对任何事情都要发表看法的全才。这实际上是在降低学术的影响，也是在暴露自身的不足。

大师是历史筛选出来的

"寂寞做学问"，同样，"寂寞出大师"。因为大师既不是自封的，也不是捧出来的。大师是冷板凳坐出来的，而且是历史筛选出来的。现在，对"大师"的提法很多，某些学者通过传媒被大众了解，为大家所熟悉后，大家就捧他为"大师"了。而有些不理智的学者，在传媒频频露面，有了一些粉丝、拥趸后，也就自以为是"大师"了。

大师要在学术的某一个或几个领域，有开创性的成就，而且其学问可以影响学术今后的发展，影响几代人。还有，大师不仅在学术成就上堪为大师，在品格、胸怀等方面都必须为后人所崇敬。

好多大师，都是后人认可，才成为大师的。大师在世的时候，社会不见得能认识到他的价值。所以一提到"大师"往往就是已经去世的，这很正常。鲁迅先生是思想和文学的大师，但他在世时就没有这种称呼，陈寅恪也是如此。

大学如果造就不出大师来，这个大学校长的日子就很难过。其实这个观点是个误区。大师不是造就出来的，既不是某个单位能够造就的，更不是媒体造就的。

在复旦大学历史上，苏步青、谈家桢、周谷城、谭其骧等等，还有医科的16位一级教授，都是大师，他们哪里是复旦大学哪几任领导可以造就的？"大师饥渴症"也是学术浮躁的表现。我们的学术界越是想造就大师，就越是出不了大师。相反，如果鼓励、引导学者甘坐冷板凳，耐得寂寞做学问，那么将来就一定会涌现很多大师。

我提出一个呼吁：媒体要善待大师。这些年来，当有的大师为公众所知后，媒体不去关注他的学术成就，而是往往热衷于炒作他的旧闻轶事、历史纠结、生活细节，乃至家长里短。这种做法，就像某些品位不高的娱乐媒体炒作明星绯闻。这样炒作大师，其实是在折磨大师。

制度缺陷伤害了学术生态

鼓励和保证学术创造的资源，如科研经费和拨款等，当前过多地集中在政府手中，在制度上造成了学术浮躁。原因在于，政府掌握资源投入，必然寻找产出效益。一届政府必然追求一届政府期限内资源投入的产出效益。然而，学术研究往往需要长期不断的投入，十年、二十年后才能出成果。要求学者在三五年中就要出成绩，这和学术的自身规律是相悖的。

另外，当前采用的政府立项、学者申请的方法，导致谁懂得申请项目的"潜规则"，谁就能优先获得学术资源。因此，利用各种手段争取科研经费，就成为一场激烈的博弈。很多学者为了申请到更多的项目、获得更多的学术资源而陷入了痛苦之中；好容易申请立项成功，经费刚到位不久，就得要进行中期检查；三四年后，就是结项检查，哪里还来得及好好做研究？

当前的学术评价制度存在这样一个现象：大学内部有其评价机制，社会上也有一定的评价方式，比如社会各界设了很多学术类的奖项，不少学术机构、个人都以获得社会奖项作为评价自身学术成就的标志。而大学内部的学术评价体系，则因为考核内容的时间性过短，重量不重质,存在不少弊端。

　　这样的机制带来的结果是,学者不能长期安心研究学问,相反是为了获奖而使出浑身解数。因为学者所获得的学术评价和能够争取到的学术资源是密切相关的,学术评价高就能获得更多的学术资源,获得更多学术资源后,评价又随之增高。于是,学者只有迈过这道"门槛",进入这个"循环体系"中,才能获得利益和名誉。这样一来,学者的选择就变得相当实际——哪个课题最能拿到钱,就申报哪个课题;哪个题目能在短期内出成果,就做这个题目;什么项目能和个人利益挂钩,就做这个项目,而不愿意做集体项目,因为个人劳动溶化在集体中,是看不出来的。

　　我们最近提出一个新命题,就是淡化量化标准,用"代表作制"来对教师进行考核。那就是,你只要在一段时间内拿出一篇真正有分量的代表作,就可以对作品数量不作要求。当然,这个问题现在还有争论,"代表作制"适合真正能做出学问的优秀学者,对于学术水平一般的"懒人"是难以奏效的。而且,各个学科都不一样,对于实验科学的考核来说,可能还是得有量的要求。

　　我们既然提倡"甘坐冷板凳"的精神,就要从制度着手,创造良好的学术环境,使得我们的学者能在后顾无忧的基础上,在宽严适度的环境中,甘坐冷板凳,潜心做学问。

(原载《解放日报》2009 年 9 月 11 日)

加强学术道德建设

文汇报社记者：学术领域不正之风的问题不断见诸报端，舆论都很关心。请您对此作一些评论。

秦绍德：学术领域的不正之风历来都是存在的，这对学术建设非常有害。科学、严谨是学术的标志。学术领域的不正之风则是科学的大敌，应当引起学术界的高度重视，并采取有效的措施防止其蔓延。现在揭露出最多的是论文剽窃，在研究生论文评审、职称评审，甚至包括一些重大课题的评审和成果评奖中都存在着学术不正之风。论文剽窃是最容易被识破，也最容易被揭露的一种。而更隐蔽的是，极少数人为了将成果占为己有或者夸大自己的成果，打一些让人难辨真伪的"擦边球"。有了网络这种极为方便的工具后，这股风似有扩大的趋势。

记者：学术领域不正之风的有些问题发生在个别年轻有才华的学者身上，非常可惜。为什么会出现这种现象呢？

秦绍德：问题出在个别人身上，背后的原因却很复杂。学术领域出现不正之风是多种因素综合作用的结果。首先是社会快速发展中出现的问题。现在处于人文社会科学和自然科学快速发展的时期，也是相对容易出成果的一个时期。学术领域普遍存在一种急于求成的心态，尤其是青年学者，大家都想一口吃成一个胖子，或者都想短期内作出巨大成绩。不可讳言，这里也有非常功利的想法。其次，学术领域不正之风的出现与社会转型也有关系。我们在转向市场经济的过程中，旧的规范被打破，新的规范还未建立，道德建设跟不上，学术自律不强调，问题就容易发生。再次，政策导向上存在问题，就是违背科学研究规律，过分强调投入产出。比如青年学者承担了一个重要课题，三天两头就要去考察他的成绩,或者投入一笔经费,隔三岔五地去评估一下。这种过于重视结果的做法常常会导致弄虚作假。而对学术成果的考核过于强调量化也有失偏颇。从学校工作的角度反思,对青年学术骨干的培养,我们往往重视其成果的取得,而忽视学风和道德的引导和教育。

记者:现在每当谈到学术不正之风,追究到最后,似乎就是制度的问题。真的是这样么?

秦绍德:当然不是,不能简单归因。如果仅仅是制度的原因,那么改变一下评估、评奖和晋升等制度就可以解决了。实际上,产生学术不正之风的原因很复杂。我前面已经说过了,对学者自身来说,最主要还是心态问题。大家都急于求成,却违背了学术发展的规律。众所周知,曹雪芹写《红楼梦》用了10年,马克思写《资本论》用了40年,歌德创作《浮士德》用了60年。要在学术上有所成就,都要经过长期的艰苦努力。

记者:现在舆论很关心学术领域,对于纠正不正之风是否也有帮助?

秦绍德:正确的舆论监督,肯定有助于纠正学术不正之风。但是,尽管我也曾在新闻界工作过,恕我坦言,一段时间以来,媒体的过度炒作其实也是造成学术领域不正之风的一个侧面的原因。一个学者一旦有成就了,炒作就铺天盖地。而且大肆炒作的往往是学者的成果,而忽视了成果面世前学者付出的艰辛的劳动,忽视了"红花还要绿叶衬",因为一个重要的成果往往是很多人共同努力的结果,也许还有几代人的努力作铺垫。现在媒体报道过于注重成果本身,而忽视了成果后面的东西。这也造成了心态的普遍浮躁。对于个别学者身上发生的不正之风的问题,也不要过度报道和宣传。这不仅对帮助犯错误的学者没有好处,还容易造成社会对学术界的误解,不利于学术队伍的建设和团结。

记者:现在出现了不少学术打假者,您认为这有助于"清洁"学术领域吗?

秦绍德:有的学者对学术不正之风深恶痛绝,作为学者,我也有同样的心情。学术界的确需要加强监督和规范,但是靠打假这种方式不可能从根本上解决问题。在商业领域,打假都无法解决根本问题,更何况在涉及道德范畴的学术领域？至于极个别人以打假为名，把学术领域的不同见解公之于世，甚至把历史的恩怨牵出来，不仅无助于学术界的建设，反而搞得沸沸扬扬，激化矛盾，这是我们不赞成的。纠正学术领域的不正之风，要靠健康地开展学术批评来解决。

记者：那么，如何才能纠正学术领域的不正之风呢？

秦绍德：纠正学术领域不正之风要有一个过程，要采取多方面的综合措施来解决。我认为，最重要的是要高举建设的大旗，而不是大批判的旗帜。也就是说，通过学术道德建设，以正面教育为主，以良好的学风一代带一代，一代传一代。同时要加强学术规范和制度建设，建立科学的评价体系等等。对于极个别在这方面犯错误的学者，要本着"惩前毖后，治病救人"的原则进行批评、教育，辅之以恰当的行政惩戒。纠正学术不正之风，也要关心爱护学者，尤其是年轻学者的学术生命。同时，每一位学者都应该珍惜自己的学术声誉，就像鸟爱护自己的羽毛一样。加上舆论界的适当引导，这才有可能逐步纠正学术领域的不正之风。

（原载《文汇报》2002年6月26日）

把学术的种子撒向社会

在名牌大学里最吸引学生的是什么？不是课程，不是教材，也不是大楼，而是那些领域没有限制、永远听不完的精彩讲座。因为那些讲座，莘莘学子可以和名人大师谋面，瞻仰他们的风采，聆听他们的讲演。因为那些讲座，校园里始终弥漫着浓浓的人文氛围，学子们的才华、风格就是在这样的氛围中被熏陶出来的。众多讲座是学术的象征，是学子们高效获取营养的殿堂。每当有精彩的讲座，不仅本校的学生、老师蜂拥而至，而且校外的有识之士也会闻讯赶来——讲座历来的规矩是不收门票，打破围墙。能在名校的讲坛上演讲，也成为一种学术的荣誉。没有真知灼见，是没有勇气站到讲坛上的。

首先把大学讲演的内容刊载到报纸上，并不是《文汇报》（20世纪20年代的《申报》就曾刊发尼采的演讲），可是，将大学讲演辟成栏目，每周登一次，都是《文汇报》的创造。这一做法极受读者的欢迎，因为它打破了大学讲演的时空局限，通过自己的版面，将许多人无缘听取的精彩讲演，传向全社会。毫无疑义，像我这样一类愿意多学一点，渴望接受新知识、新思维的学人，就更喜爱这一栏目了。这也是我每天要翻阅《文汇报》的原因之一。

更深的层面看，《文汇报》通过这一栏目，做着一种播撒学术种子的工作。这项工作是功德无量、惠及子孙的。学术是什么？在学界以外的人看来，学术深不可测，不大敢碰。其实，所谓学术，不过是较为系统、较专门的学问而已。俗话说，"闻道有先后，术业有专攻。"一个再聪明的人要涉猎所有领域是不可能的。让"术业有专攻"的人来介绍一下他的专攻，使读者读报以后知道梅兰芳是怎么改京剧的，非典在流行病史上算不算厉害(都见诸《文汇报·每周讲演》),岂不快哉!将学术的内容通过报纸普及到社会,将会有助于提高民众的素质。关心、渴望新知识的人越多,这个社会就越进步。

(原载《文汇报》2004 年 3 月 18 日)

校友是复旦的宝贵财富

校友会是因学缘结构而组成的自发性团体,团体内部成员年龄跨度很大,来自不同学科,有不同的职业,要聚集起来是很不容易的。在校友文化这个问题上面,校友有很多共同的语言和共通的思考,可以互相启发。

第一,校友文化的根基是母校。校友是一个固定的群体,它有几个方面的表现。其中很重要的一个表现是它有着共同的文化纽带,这根纽带根植于一所大学的文化传统和精神价值。同一所学校的校友有共同的精神世界、共同的价值观念、共同的文化旨趣。另一个表现是,校友文化与不同类型的学校、不同学校的历史有很大的关系。一般来讲,综合性大学的校友文化,其综合性可能更强一些;历史越悠久的学校,文化的积淀可能就越多一些。

李登辉老校长曾经说过这样的话:"今日诸生步出复旦之门,终身将留有复旦之符号。诸生与复旦之此种关系,将永继续。诸生一生中如有成就,复旦将蒙其光荣。若有挫折,则亦牵累复旦,同受其害。须知造就学生者为学校,而造就学校者则其学生也。"他讲得非常辩证,也非常透彻。大学与校友之间的关系,是"荣辱与共、兴衰相关"的关系,是心心相印、不离不弃的关系。这样的关系是永远也割不断的。所以,校友文化的根基是母校。

第二,弘扬校友文化的主要力量是校友。每一位校友在学校里学习的时间总是短暂的。他在那个年轻的时代受到了校园文化的熏陶,这种熏陶会随着时间的推移生根、发芽、开花,到社会上去扩大母校的传统和精神,这是长期的。而且校友在社会上作出各种贡献,发扬各种精神，体现各种社会价值，社会上就认同这是复旦出来的学生，这是复旦的文化。因此，校友对社会作贡献、被社会认同，就给学校带来了荣誉，给校友文化带来历史的积淀。

当前的社会是正在进入市场经济的社会，它是一个过程、一个阶段。在这一阶段中，可能功利追求多一点，对文化的追求少一点。在当今的教育中，人文教育显得比较薄弱，青少年的人文教育更加薄弱。复旦大学就要举起这个旗帜。重视人文教育，重视人文精神，历来是复旦大学的传统，而且这一传统浸润到校园文化之中，延展到复旦的校友文化里面。

第三，校友文化是联系全世界复旦校友的重要纽带。复旦大学的校友有一个重要的创造，就是我们的世界校友联谊会。关于这一点，国内的各个大学，包括国外的有些大学，都感到非常惊讶。我们不但召开世界校友联谊会，而且还是两年一次，不但连续召开了十届，而且后面申办的省份还络绎不绝，甚至海外的校友还希望到他们那里去召开，重要的原因，就是校友文化。所以不管离开学校多少时间，不管相距有多远，个人的经历有多么不同，结果大家开口讲出来的关于文化方面的话，有很多是复旦的话。这也可以说是校友文化对学校的一种反哺，也是我们学校从校友那里源源不断汲取精神力量的一个很重要的来源，而且这样的情感交流是真挚的，能够跨越年龄的障碍，也能产生深远的影响。

（2008年6月14日在北京校友会"校友文化论坛"上的致辞）

大学校友会的出现和成长是高等教育事业发展的必然产物。大学从建校开始就源源不断地向社会输送人才，逐渐形成校友群体。校友和母校的联系是天然的，血脉相连，需求也是相互的。所以在学校发展和校友自身发展的双向推动下，校友会的组织应运而生。

从社会的角度看，作为一种NGO（非政府组织），大学的校友会也是社会建设的重要组成部分，是成熟社会里不可缺少的社团。它具有独立的法人地位,有独特的工作优势。它的活动更加灵活,更加广泛,可以吸收社会各方面的资金,开展各种有益于校友的活动,往往可以发挥行政机构所不能发挥的作用。

校友是母校的宝贵财富,母校是校友的永久家园。校友会将成为一个具有独立法人资格的社团,既独立于学校的行政管理之外,又与学校的校友工作部门保持紧密的合作关系,这也是国际上许多大学的普遍做法。下面我对校友会的建设谈几点想法。

首先,校友会的根本宗旨是服务校友、回报母校、回馈社会。因此,校友会应该做到促进三个发展。一是促进校友个人的发展。校友会应该成为校友之间互助的组织。在校友眼里,比自己年长的校友都是学长,比自己年轻的校友都是晚辈,和自己都有着共同的母校情结,有着大家都熟悉的共同的话题,有着相通的精神和旨趣。所以我们关爱今天的学生,就是关爱明天的校友;关爱年轻的校友,就是关爱未来的成功校友。校友之间的亲近感,是超越年龄、身份、地位界限的。二是促进学校的发展。大学是社会的公器,也因此决定了大学在生存和发展方面具有一种外部依赖性。从世界范围来看,一所大学的历史,往往是大学接受社会各界捐赠的历史,是校友支持母校的历史,也是校友会不断发展壮大的历史。校友对母校的支持包含着"回馈"和"反哺"的意义,这是母校凝聚力的体现,也是校友们一种美好的情感表达。在欧美,校友对母校的捐赠是评价一所大学声誉的指标之一。捐赠以自愿为原则,不求款项数额的大小,但非常重视参与人数的多少,也就是捐赠参与率。校友回馈母校已经成为高等教育的重要特色和优良传统。如何利用校友们的社会阅历、成长历程和人生体验教育在校的学生,如何充分听取校友对于母校的发展的真知灼见,都是校友会值得开拓的领域。三是促进国家经济的发展。复旦大学校友会凝聚着高层次的人群。很多地方校友会在服务当地的经济发展、文化繁荣、社会进步等方面都已经做了大量开创性的工作,自身也得到了壮大和发展。希望复旦大学校友会能成为广大校友服务社会的"引擎"和"纽带"。

第二,校友会要加强基本能力建设和校友文化建设。基本能力建设是校友会工作的基础,要能根据社团法人的要求,不断完善规章制度,严格依法开展工作。文化建设是校友会工作的灵魂。每一位校友在学校里学习的时间总是短暂的,但是他在年轻时代受到了校园文化的熏陶,这种熏陶会随着时间的推移生根、发芽、开花,到社会上去弘扬母校的传统和精神。这就是大学的文化。如果说校友会是联系母校和校友的实体纽带,那么校友文化就是无形的纽带。

根据国际惯例,从事校友会工作的人员总是专业和业余相结合、职业人员和志愿者相结合。专职人员不在多,但要精。他们不仅要有良好的专业素质,还要有丰富的社会资源和卓越的沟通联络能力,更重要的是要充满理想,热爱校友工作。志愿者可能更多要以校友和在校学生为主,因为大家对母校有着天然的忠诚度。校友会的事业是崇高的,这个崇高是以热心为基础的,所以一定要用共同的理想和志向来激励人。

校友工作的一个重要特点就是非行政性。校友会的工作要警惕"官本位"的影响,千万不要用行政命令做工作。感情是校友工作的基础,也是最重要和最有效的方法。感情源于对每一位校友的尊重和服务,而尊重和服务总是体现在每一个微小环节,美国斯坦福大学校友工作的理念是:"提供最好的服务,使校友获得最大的满意。"只有用心地从一点一滴的小事做起,日积月累,校友会才能在校友中赢得信任。

(2009年9月19日在复旦大学校友会成立大会上的讲话)

发展改革编

中国高等教育的改革发展将由以外延发展为主的阶段转入以内涵发展为主的阶段，由数量积累阶段进入质量提升阶段。从发展模式上看，外延发展依托于规模、土地、经费等外部动力和资源，内涵发展更加倚重质量、结构、效益等内部动力和资源。走以内涵发展为主的道路，这是贯彻落实科学发展观的必然要求，也是高等教育长远发展的必然要求。

我们是如何成为高等教育大国的？

今年是改革开放三十周年,也是高等教育改革开放三十周年。三十年前,在邓小平同志的亲自关心下,恢复了高考和研究生培养制度。这是整个改革开放的标志性事件,也是中国高等教育改革开放的里程碑。一个时代的青年因此恢复了被剥夺达十年之久的接受高等教育的权利,为培养和涌现大批建设社会主义的人才开启了大门。这一历史性事件,给我国社会主义道路带来的巨大影响,无论怎么评价都不为过。从此以后,中国高等教育在改革开放中发展,取得了历史性的飞跃。

三十年来,高等教育事业在推动经济社会发展和提高国民素质中发挥了不可替代的作用。中央认为,改革开放能够取得举世瞩目的伟大成就,高等教育作出了七个方面的重大贡献。简要地说,一是为国家培养输送了大批高素质合格人才,提供现代化建设的人才保障和科技支撑;二是高等教育进入了大众化阶段,我国已经成为一个高等教育大国;三是高等教育办学质量持续提升,迈出了建设人力资源强国的第一步;四是高校改革不断深化,推动了国家社会事业改革;五是高校国际交流合作不断拓展,提升了我国的国际形象和影响力;六是大学文化建设蓬勃开展,促进了社会主义先进文化的发展;七是高校连续多年保持稳定,维护了国家改革发展的稳定大局。

三十年来,高等教育的发展改革也引起了社会各界的广泛关注。公众和媒体对于一些名词和现象讨论很多,有很多真知灼见,也有一些不够全面的地方。我这里以名词解释的方式作一些说明。弄清楚这些名词,也就明白了三十年来中国大学发展改革的基本轨迹。

一、高等教育大国

这是我们对中国高等教育事业发展现状的基本评价。请大家看一组数据。从增长曲线来看,如果把1978年的招生数、在校学生总数、毛入学率、研究生在校人数算作指数100,那么到2007年年底,年招生规模扩大了14.2倍,毛入学率提高了14.8倍,在校学生规模增加了22倍,研究生教育规模扩大了109.6倍。从具体的数据来看,1978年,全国高校招生总数是40万,毛入学率1.56%。2007年招生规模达到570万人,毛入学率达到23%。目前,全国有2300多所高校,在校学生总规模达到2700万,居世界第一;全国受过各类高等教育的人口超过7000万人,其中有4000多万是改革开放以后培养的本专科生和研究生,有高等教育学历的从业人员总数居世界第二。

从科研活动看,全国高校经过多年建设,具有了相当大的科研规模和较强的科研能力,是国家科技领域重要的生力军,也是哲学社会科学研究的主力军。在自主创新方面,"十五"期间,高校共承担各类科研课题61.9万项,其中承担"973计划"项目占立项总数的54.5%,承担"863计划"项目数和经费额始终保持在全国的40%左右。有63%的国家重点实验室、36%的国家工程实验研究中心建在高校。国家自然科学奖、技术发明奖、科技进步奖三大奖有一半以上出自高校。截至2006年年底,全国高校专利拥有量达4.5万项,其中发明专利拥有量2.6万项。此外,高校拥有占全国80%以上的哲学社会科学研究人员,创造了占全国80%以上的哲学社会科学成果,推动了经济社会发展中许多重大问题的解决,发挥了思想库和智囊团的作用。

目前,不论是人才培养,还是科学研究,从规模上看,我国都已经成为名副其实的高等教育大国,迈出了由人口大国转向人力资源强国的第一步。

二、高等教育大众化阶段

我国高等教育进入大众化阶段，是成为高等教育大国的前提。1973年，美国教育社会学家、加利福尼亚大学伯克利分校社会学教授马丁·特罗提出了工业化国家高等教育发展三阶段的学说，即随着经济社会的进步，高等教育的发展将从精英化经大众化达到普及化。高等教育毛入学率在15％以下为精英型高等教育，15％—50％之间为大众型高等教育，50％以上为普及型高等教育。在精英教育阶段，高等教育是稀缺资源乃至社会特权；在大众教育阶段，高等教育大众化是现代工业社会的必然要求；普及高等教育，则是走向信息社会的必由之路。

高等教育毛入学率是指高校在校生数与相应的适龄人口之比，通常被作为衡量一个国家高等教育发展水平的重要指标。我国高等教育毛入学率的计算公式是：

$$毛入学率 = \frac{A+B+C+D+E+0.3F+5G}{H} \times 100\%$$

其中，A＝研究生人数，B＝普通高校本专科生人数，C＝成人高校本专科生人数，D＝军事院校学生人数，E＝学历文凭考试人数，F＝电大注册视听生注册人数类，G＝高等教育自学考试毕业生人数，H＝18—22岁年龄组人口数。

2002年，我国高等教育毛入学率达到15％，正式进入大众化阶段。我国在人均GDP 2000美元左右，就实现了高等教育向大众化的转变，这是一个举世罕见的成就。高等教育大众化使成千上万的青年有了上大学的机会，同时使教育的公平性和公益性质得到进一步体现。我国还建立了资助政策体系，每年资助400万大学生，占全日制学生的20％以上，使家庭经济困难的学生能上得起大学。

高等教育从精英化向大众化的转变，不是简单的毛入学率的上升，而是有其客观条件和普遍特征的，并且会促进高等教育体系的整体变革。从国际经验看，我们应着重注意四点：

一是人均GDP造成客观需求。人均GDP从1000美元到3000美元的发展阶段，是高等教育快速发展的时期。事实上，很多高等教育发达的国家都是在这一发展时期迈入大众化阶段的。这是因为当人均GDP达到1000美元以后，人民群众对于高等教育的需求就会明显增加。据国家统计局1999年发布的信息，当时我国90％的家长希望子女能接受高等教育，69％的人表示为孩子上大学举债也在所不惜。同期对城市居民的调查表明，65％的居民首选将存款用于子女教育。

二是高等教育结构面临调整。在大众化阶段，会出现不同于传统大学的大众型教育机构。这种机构在美国是赠地学院，在日本战前是专门学校，在韩国、菲律宾、泰国等则是私立大学。如果没有及时形成合理的教育结构，就会出现高校提供的人才与社会需要的人才结构失衡，使人以为社会拥有的高等教育总量超过了实际需求。

三是大众化的高等教育能够促进中学教育的发展。这是一个改变基础教育局面的有利时机，有利于中小学逐步实现"应试教育"向素质教育的转变。

四是大众化阶段的大学，规模膨胀、结构复杂、资源稀缺，教育的目标、对象、方式和学校内部管理都会发生巨大的变化。高校自身将面临艰巨的发展和改革任务。

三、扩招与并校

这是十多年来，我国高等教育实现跨越式发展的两个显著特征。扩招是中央的一项战略性决策。1999年6月，朱镕基总理主持国务院总理办公会议决定，大幅度扩大高校招生规模，并在全国第三次教育工作会议上正式宣布。扩招的主要原因，一是为了适应我国经济快速发展的需要，二是为了满足广大群众渴望子女接受高等教育的愿望，三是拉动内需、带动相关产业发展的重要举措，四是为了更好地全面推行素质教育，减轻中小学"应试教育"的压力。扩招使我国高等教育大步迈入大众化阶段。

并校实际上启动得更早。并校的背后,是新中国成立以来涉及面最广、力度最大的高等教育管理体制改革和布局调整。1952年,我国高等教育进行过一次重大的结构调整,当时称"院系调整",主要是学习苏联经验,同类项的合并、重组和调整。经过那次调整,我国高等教育除保留少数多科性大学外,主要向专业方向发展,以适应计划经济体制和国家快速工业化的需要。但是改革开放以后,随着经济的发展、科学技术的进步和经济体制的变革,我国的高等教育在管理体制、办学模式和结构等方面存在的问题也就日益凸显。这些问题主要是条块分割,部门分割,专业过窄,规模过小,低水平重复设置院校和专业,产学研脱节,包得过多,统得过死,使教育资源难以得到合理配置和充分利用,影响了整体办学效益和教育质量的提高。所以,中央从1993年开始,逐步对高等教育进行重大的体制改革和结构调整。全国先后有900多所高校参与了各种形式的共建、合作和合并。通过共建、调整、合作、合并等措施,建立了中央和省级政府两级管理、以省级政府管理为主的新体制,组建了一批学科综合和人才汇聚的综合性大学和多科性大学,使教育资源得到了优化配置。

李岚清同志当时任国务院副总理,分管全国教育工作。他后来在《李岚清教育访谈录》里作了这样的总结:"我们把一个适应时代要求的高等教育带入了21世纪。"

四、"211工程"和"985工程"

"九五"期间,我国高等教育启动了新中国成立以来规模最大的国家重点建设工程——"211工程"。1995年,国务院批准《"211工程"总体建设规划》,正式开始实施"211工程"。所谓"211工程",即面向21世纪,重点建设100所左右的高等学校和一批重点学科。1995年,江泽民同志为复旦九十周年校庆题词:"面向新世纪,把复旦大学建设成为具有世界一流水平的社会主义综合性大学。"这是中央领导第一次对国内大学提出建设世界一流大学的要求。1998年5月,江泽民同志在北京大学百年校庆上,提出了我国建设若干所世界一流大学的要求。1998年12月,教育部制订了《面向21世纪教育振兴行动计划》,明确提出要"创建若干所具有世界先进水平的一流大学和一批一流学科"。由于计划源自1998年5月江泽民同志的讲话,所以简称"985工程"。

实施高等教育"211工程"和"985工程"以来,一流大学、高水平大学以及重点学科建设切实得到了加强。2005年,教育部对两项工程的实施效果进行了评估。美国大学联盟(AAU)是国际公认的世界高水平大学群体。他们选择了28所具有可比性的中国大学与AAU大学的有关数据进行比较(表一)。

我国28所大学科研经费的平均值与AAU大学的平均值相比,从1995年的1:23.4,缩小到2005年的1:6.2;在SCI论文发表和被引

表一 中国28所大学与AAU大学有关指标平均值的对比

指 标	1995年			2005年		
	中国28所大学	AAU大学	比例	中国28所大学	AAU大学	比例
在校生人数	10443	18719	1:1.8	30426	21516	1:0.7
研究生与本科生比例	0.24:1	0.26:1	—	0.36:1	0.26:1	—
授予博士学位人数	68	381	1:5.6	452	362	1:0.8
专任教师人数	1459	1384	1:0.9	2206	1548	1:0.7
科研经费/亿美元*	0.09	2.11	1:23.4	0.64	3.96	1:6.2
SCI论文篇数	180	2714	1:15.1	1172	4162	1:3.6
SCI论文被引次数	126	6514	1:57.7	1543	9509	1:6.2

*科研经费按人民币与美元8:1的汇率折算成美元。

频次方面，从 1995 年的 1∶15.1 和 1∶57.7，分别缩小到 2005 年的 1∶3.6 和 1∶6.2。这从一个侧面说明，通过"211 工程"和"985 工程"建设，我国一批高水平的大学与世界一流大学之间的差距正在缩小，特别是在科研能力和高层次人才培养方面差距缩小显著。我国的这种集中建设一批高水平大学的做法，得到了德国、日本、韩国和台湾地区的效仿，这些国家和地区也纷纷推出了自己的高水平大学建设计划。

五、大学国际化

三十年前，国内最早与国际联系的是大学。大学成为中国与西方国家进行科技、文化和思想交流的窗口，开社会风气之先。事实上，与西方相比，中国高等教育的历史是非常短暂的。中国大学从诞生开始，就有学习国外、开放办学的传统。

以复旦为例。20 世纪 30 年代，复旦的 17 位系主任中，有 14 位在美国接受过高等教育。50 年代，当时的上海医学院，也就是现在复旦大学上海医学院的前身，有 16 位国家一级教授，其中有 15 位在美国获得过学位。80 年代以后，在时任校长谢希德的推动下，复旦加速了自己开放办学的历程。2007 年，复旦全年接待外国来访者 1.1 万人次，举办国际学术会议 170 多个，接受留学生 6000 余人，派出海外的交流学生近 1300 人次，有近 20 个国际合作办学项目，在全球有约 30 所国外大学作为战略合作伙伴，并与另外约 150 所国外大学保持交往。这些数据与 20 年前相比，已经扩大了数十倍。从人员往来、文化接触，到学术交流、科研合作，进而到学习办学经验、交流教育思想，从有形的到无形的，从物质的到思想的，国际化的因素正在对大学发挥着越来越大的影响。

进入新时期，我们也被卷入了全球化时代。在全球化时代，中国的大学既是中国文化和传统最坚定的守护者，也是学习西方先进科技文化、实现科教兴国战略的先锋力量。全球化对中国的大学而言，既是挑战,更是机遇。在全球化的背景下,如何保持民族文化传统的独立性,如何保持学术的自主性,如何积蓄本国的人才、提高本民族的竞争力,将是中国大学面临的严峻考验。当然,全球化也有诱人的一面。它带来的便利环境,有利于我们最大限度地利用整个人类的知识资源,达到知识创新的前沿;有利于我们建立国际一流标准或水平的参照系,确定自己正确的发展方向和目标;也有利于我们学习按国际规则办事,逐步建立完善的现代大学制度。为了能够更好地履行职责,中国大学纷纷调整自己的策略,以适应全球化时代的需要。目前,制定并实施全球化背景下的国际化战略,已经是国内大学的普遍做法。

(2008年11月15日为上海市公务员双休日讲座所作的报告)

大学强则国力强

与我们的长辈相比,大家对大学都已经非常熟悉了,不仅熟悉大学招生,也熟悉大学内部。在座的基本上都接受过大学教育,不少人还能够对高等教育发表自己的意见。这也说明,大学正在走进千家万户、与各行各业密切相关,大学的影响渗透到社会的各个方面和各个阶层。大学不再是象牙塔,而是正在走向社会的中心。

2001年,康奈尔大学前校长、美国科学委员会主席弗兰克·罗德斯说:"大学是第二个千年中意义最为重大的创造。900多年前,它平平淡淡地出现,到如今,大学已成为现代社会中平静却具有决定性意义的催化剂,成为现代社会有效运行和顺利发展的关键因素。"他认为:"大学传播公众看法,培养公众爱好,并促进社会的健康发展,这是由于大学稳定而持续地培养出各种人才,正是他们影响、推动、塑造了公众生活的进程。"他最后给出一个基本事实:"在美国,大学对1/2的人口进行直接教育,又对另外1/2的人口进行间接教育。"

另一位美国当代著名的教育家、密歇根大学前校长詹姆斯·杜德斯达认为:"在知识时代,受过教育的人和他们的思想已经成为国家的财富。大学从没有像今天这样变得如此重要,大学的价值从没有像今天这样如此之高。大学提供了教育的机会,创造了知识。大学所提供的服务是当今社会取得领先优势的关键,它们包括个人生活的富足和安乐、经济的竞争、国家的安全、环境保护和文化繁荣。"

纵观近现代以来的世界历史,我们不难发现,一流大学和高水平研究型大学不仅是教育现代化的重要标志,代表着一个国家科学、文化和教育等社会事业发展的水平,而且它们往往都是本国经济、社会、科技、文化乃至军事等各个领域国际竞争力的决定性因素。一个国家的兴衰,与大学尤其是世界一流大学的形成和发展紧密相关。

以最早完成资本主义革命的英国为例。英国在近代政治与工业革命中的伟大成就,极大地得益于它在科学与教育上的辉煌和繁荣。牛津大学、剑桥大学是这种辉煌和繁荣的重要标志。自牛顿时代起,牛津大学与剑桥大学集中了当时的科学与教育精英,使得英国在科学与教育方面一度领先于世界各国,成为那个时代当之无愧的世界科教中心,例如,剑桥大学的达尔文进化论、由伟大物理学家麦克斯韦尔创建的卡文迪许实验室,等等。剑桥大学的声誉就是由达尔文和麦克斯韦尔等人的成就而奠定的。

现代意义上的大学从德国柏林大学开始。由于他们提出教育与科研相结合的思想,注重自由的学术研究,到19世纪中叶,柏林大学集中了一批卓越的教育和科技人才,达到了世界一流水平,成为世界大学的楷模。德国也因此被公认为教育强国、世界科学中心。后来有人评价:"第一次世界大战前的德国大学制度是帝国王冠上的一颗宝石。"从1870年德国统一开始,到1914年一战前,德国的高等教育规模扩张了5倍。发达的高等教育造就了德意志民族的基本素质,也奠定了德国的崛起。德国前总理施密特说过,当德国的大学是世界上最好的大学的时候,德国的国势也是世界上最强的。

美国是当今世界的头号强国,它在一百多年的时间内凭借其发达的教育和科技脱颖而出。19世纪,美国高等教育在移植英国教育思想和制度的基础上,借鉴德国办学经验,建立了第一所正规的研究生教育机构——约翰·霍普金斯大学,大力开展科学研究,正式培养研究生。紧随其后,原有的私立学院和州立大学相继增设研究生院,哈佛大学、耶鲁大学等迅速崛起。进入20世纪,特别是在第二次世界大战期间和战后,美国调整科学政策,例如在1950年设立国家自然科学基金等,对研究型大学增加巨额投入,特别强调基础研究的重要作用,鼓励原创性成果的产生。这又造就了麻省理工学院、加州理工学院、芝加哥大学等多所世界一流大学。

美国的大学在总体上成为世界一流还是在二战以后。1900—1930年间,世界上92位诺贝尔奖获得者中美国仅有6人。到二战前,全世界的诺贝尔奖获得者中,只有10%左右在美国。而二战以后几十年来,诺贝尔奖获得者中美国学者的比例超过70%,在美国大学学习或工作过的诺贝尔奖获得者比例则更高(表一)。

表一　诺贝尔物理、化学、生理医学奖获奖情况(1900—2008)

(单位:名)

国家年代	英国	德国	美国
1901—1910	4	13	2
1911—1920	3	8	1
1921—1930	8	10	3
1931—1940	8	12	9
1941—1950	7	3	17
1951—1960	7	4	30
1961—1970	11	4	28
1971—1980	15	2	37
1981—1990	4	8	35
1991—2000	4	4	36
2001—2008	6	5	34

美国在全世界高等教育系统中的领导地位成就了其世界头号强国的地位。一位诺贝尔奖获得者说过:"美国真正的实力并不在于造了多少汽车、多少飞机、多少超级电脑,而在于美国是一个大学林立的国家,具有三千多所高等院校和上百所世界知名的研究型大学。"全世界经济增长的25%由美国创造,但美国对高等教育的投入占全球高等教育投入的40%,科技研发费用的投入占到全球的35%。2005年,美国对高等教育的投入占到GDP的2.9%,而欧盟、日本、中国和印度的投入都不足本国GDP的1.3%。根据多个国际大学排名来看,在全世界最好的20家大学中,美国的大学有14—16家。

居于领导地位的高等教育对美国的国力有很强的支撑作用。以美国麻省理工学院（MIT）为例。1997年的研究表明，全球有4000多家与MIT相关的公司，员工超过100万人，年销售额大约2320亿美元。如果由MIT的研究生和教师成立的公司来组建一个国家，它的总收入位列于全球各国的第24位。

今年，金融危机爆发后，我们都关注到，美国吸引了全世界的金融资产。全球积累的财富打底，支持了美国的经济繁荣。美国金融市场一震荡，世界就爆发金融海啸。孰不知，美国的大学也吸引了世界各国大量的优秀人才，全世界的优秀人才聚到美国，支撑起美国的科技文化发展，真正地奠定了美国的强大国力。

统计资料显示，1972年美国科学技术领域中35岁以下的年轻教授只有10%是外国人，而到1985年这个比例就上升到了55%，特别是在科学技术领域中的博士后研究人员，外国人比例高达2/3。在这些来自国外的专家中，有75%的教授都在申请美国的公民权。还有资料显示，欧洲国家每年去美国留学的青年学子中，有一半的优秀人才留在了美国。今年2月的数据显示，有110万具有大学及以上学历的英国人侨居国外，很多领域的人才都是英国迫切需要的。因此，有英国学者称，人才流失是英国国际收支中最大的一项逆差。

中国的情况也是有目共睹。据教育部统计，1978年到2007年年底，各类出国留学人员总数达121万人，留学回国人员总数仅约32万人。留在国外的人员中，大部分都在美国。根据美国国家科学基金会今年7月刚刚完成的《美国大学博士学位获得者综合报告》，2006年在美国获得研究型博士学位的人中间，来自中国大陆的有4236人，高居美国之外的国家地区的首位，远远多于排在第2位的韩国（1510人）。若以毕业的本科院校统计，清华、北大更是排在全球大学的前两位。

再以我们复旦大学为例。美国芝加哥大学有一份报告，统计1999至2003年间，全球大学毕业生在美国大学获得博士学位的人数。其中从复旦毕业的学生是626名，列在第28位，在非美国大学中排名第7。其中，被授予物理学博士学位的有220人，列全球第7，仅次于北大、中科大、MIT、加州伯克利、首尔大学和哈佛。另据不完全统计,在北美的大学中,在生命科学领域担任终身教授的复旦毕业生有200多人。复旦和美国耶鲁大学有战略合作伙伴关系,我们对他们的家底了解得比较清楚。在耶鲁的400多位终身教授中,复旦毕业的有8位。在这8人中,有3位是生命科学领域的教授,其中2位担任着学术领导职务。这是多么大的一笔人力资源和智慧财富!

再看亚洲的情况。去年11月,台湾高等教育评鉴中心基金会推出了"2007世界大学科研论文质量评比",据此排出了世界大学500强(表二)。

表二 2007年亚洲大学排行榜

亚洲排名	大学	国别	世界排名
1	东京大学	日本	13
2	京都大学	日本	27
3	大阪大学	日本	40
4	东北大学	日本	70
5	特拉维夫大学	以色列	96
5	新加坡国立大学	新加坡	96
7	耶路撒冷希伯莱大学	以色列	99
8	首尔国立大学	韩国	107
9	九州大学	日本	114
10	名古屋大学	日本	117

在亚洲大学的排名中,日本的大学囊括了前4名,在前10名中占6所,以色列也有2所。2008年,日本有3名科学家获得诺贝尔奖。迄今为止,日本共产生了15位诺贝尔奖获得者,其中科学奖12人。日本政府计划,在21世纪头50年获得30个诺贝尔奖。大学和教育水平体现了亚洲各国的国力。虽然日本哀叹,它似乎正在失掉亚洲的领导权。但实际上,日本的科技水平、教育水平和人口素质仍然位于世界的前列。自明治维新以来,日本一贯有重视教育的传统。他们的哀叹,正好显示出他们无时无刻不在的危机意识和强烈的竞争意识。从高等教育的发展看综合国力和国家之间的竞争,我们与日本、以色列等亚洲发达

国家相比,仍然有着明显的差距。

综合以上的材料,我们可以得出这样的结论,一个国家、一个民族的崛起与大学特别是一流大学的勃兴是密切相关的。在每个崛起的国家、民族的背后,都能看到一所或几所乃至一批世界级大学作为其坚强的支撑。正如吴邦国同志在2005年复旦大学百年校庆讲话中指出的:"国家发展是大学发展的重要前提,大学发展则是国家发展的重要保证。"

(2008年11月15日为上海市公务员双休日讲座所作的报告)

建设高等教育强国面临的问题

2007年,中央提出要加快从高等教育大国向高等教育强国迈进。怎样才能算是高等教育强国?我们认为,应该至少具备三项特征。一是有一个规模较大、结构合理的高等教育系统。目前,我们与20个主要发达国家在一些主要指标上仍有明显差距。发达国家的高等教育毛入学率超过50%,我们仅有23%;发达国家每千人口中,注册研究生数超过2人,我国仅约0.8人;发达国家接受过高等教育的劳动力比例达44%,我国约9%;发达国家接受过研究生教育的劳动力比例达到1.3%,我国约0.1%。二是有一批高水平研究型大学处于高等教育系统的顶端。高等教育强国不仅需要有较大的高等教育规模,更重要的是在质量方面处于世界领先地位。目前,20个主要发达国家集中了80%以上的世界500强大学,并几乎囊括了前100强的世界一流大学。这种局面必须被打破。三是依托高水平研究型大学聚集和培养一大批创新人才,为建设人才强国奠定坚实基础。

建设高等教育强国,不仅政府关心,社会也很关心。这里,我想结合大学改革发展的实际,谈五个问题。

一、高等教育观念问题

教育观念的问题,关系到究竟是跟着应试教育的路子走,还是按照素质教育的要求培养全面发展的人才。在教育界,转变教育观念喊了不少年,但真正要有所转变不是一件容易的事。有一次,我在上海长乐路、襄阳路路口,看到一个学前英语班的宣传广告,拉着一条横幅,上面写着一行大字——"不要让你的孩子输在起跑线上",令人触目惊心。应试教育实在是无孔不入。

青少年时代,应该激发孩子对自然、对社会、对周围世界的兴趣,然而在应试教育的环境下,孩子的兴趣得不到培养,整天拘泥于课业和分数。一个人从小孩成长到青年,有其成长的规律。如果违反成长规律,把一些教育内容不按阶段地强加到青少年身上,教育的效果就会适得其反。小学生不加强养成教育,养成很多好习惯的话,到大学再来纠正他已经养成的坏习惯,那就是非常困难的事情。在中学的时候,你给他讲一些他弄不懂的理论概念,容易使他产生对理论的厌恶,他觉得理论就是很枯燥的、需要背的东西,失去了探索的兴趣。教育的本质是把一个人从孩童时期,按照人成长的规律,培养成一个完整的、健康的人。

教育观念转变是全社会的事情。政府要转变教育观念,不能把升学率当作考核的依据。社会和家长的认识,也需要转变。学校也要转变教育观念。学校的目的是培养全面人才。对大学来说,大学的使命和本质还是为社会未来发展不断培养人才。这源于我们对两个根本性问题有如下的思考:

第一个问题,大学对社会最大的贡献是什么?不是对GDP的贡献率,也不是发表了多少篇论文,而是培养一代又一代推动社会前进的"人"。这才是大学对社会最根本的贡献。"育人"是大学的使命,而社会对毕业生的认可,则是对一所大学教育质量最客观的评价。

第二个问题,大学教育的本质究竟是什么?到底是功能优先的,还是以人为本的?大学作为一个社会机构,必然有一定的功能。学生将来走上社会,也必然要履行社会个体的功能。但是,功能不是教育的根本目的。所谓功能,就是实现其使用价值。如果大学在教育的过程中,贯彻功能优先的原则,以培养学生是否有用为目的,就会掩盖教育的根本目的,甚至违背教育的本质。我们培养"人才",希望他们能够经世致用、实现科技强国,但是不能在培养的过程中,只见"才",不见"人";只有专业,没有素养;只有知识,没有思想。

大学应该"以人为本"。许慎在《说文解字》中这样解释"人":"人,天地之性最可贵者。"也就是说,人是万物之灵,是宇宙中最珍贵的存在者。所谓本,就是根本,"木下为本"。所以,以人为本,就是把人理解为万事万物的根本。在大学教育中,"以人为本"包括两层含义:一是以学生为本,学生是教育的对象。学校一切工作都应围绕育人来进行,否则就没有意义。二是以学生个体为本,为实现"每个人的自由发展"创造良好条件。马克思说:"每个人的自由发展是一切人的自由发展的条件。"让每一位在校的学生实现全面发展,为实现个人的自由发展打下基础,是通识教育的理想。

二、高等教育结构问题

目前,在高等教育快速发展的过程中,出现了一些结构失衡的现象。一是不切实际竞相追求"升格"的现象愈演愈烈。专科升本科,本科院校要争硕士点,有了硕士点又要争博士点。学校间不分类型、不分层次,互相攀比,趋同化现象相当严重。大家都向综合型大学发展,很多学校都提要建研究型大学,千篇一律,全然不顾原有的基础和特色。生态学中有一个概念叫"生物多样性",趋同化的结果必然导致高等教育生态的破坏,不利于高等教育的可持续发展。2007 年,我国的普通高校和成人高校加起来有 2321 所,其中,具有博士学位授予权的大学已有 310 所,占 13.4%。不妨看看美国的情况。2000 年时,美国有各类高等院校 3595 所,所谓研究型博士学位大学不过 261 所,仅占 6.6%。我国现在博士研究生培养规模已经超过美国,居世界第一,但在培养质量上却存在着较大的差距。

二是大学学科和专业的设置,缺乏科学的规划和论证。一些所谓的"热门"专业泛滥,而一些基础性的"冷门"专业萎缩。这对科学技术的发展和人文社会的发展很不利。以法学专业为例:1998 年全国高校的专业点为 772 个,到 2005 年增长到 2072 个,增加了 1.7 倍;法学本专科毕业生人数从 1998 年的 2.96 万人增长到 2005 年的 16.30 万人,增加 4.5 倍。再以新闻学专业为例:1994 年时,全国高校新闻类专业点有 66 个,到 1999 年增加了 58 个,平均每年增加 10 个左右;但从 1999 年到 2004 年这五年内,增加了 335 个专业点,平均每年增加近 70 个;更为惊人的是到 2005 年,新闻类专业点达到 661 个,一年就新增 202 个。

要解决高等教育结构失衡的问题,关键在于明确高校的合理定位,分清层次和类型,办出特色和水平。高等院校没有统一的办学模式,各层次各类型的高校都可以办出一流水平。美国的一流高校特色分明、色彩纷呈、风格迥异,既有在重视教学的同时强调科学研究的研究型大学,也有只提供本科教育的文理学院,还有一批学科特色鲜明的专门学院,如纽约服装学院、美国烹饪学院分别因培养出一批世界一流的服装设计师和烹饪大师而遐迩闻名。这些高校都立足于自身特色,办出了一流水平。这些经验值得我们借鉴。高校各具特色,是整个高等教育体系充满活力的基础。

高校合理定位,既需要高校自身的合理选择,更需要政府的科学规划和正确引导。20 世纪五六十年代,美国在高等教育大发展时期也出现过高校盲目发展的问题。加州政府制定了《高等教育总体规划》,严格界定了公立高等教育各部分的角色,赋予每一部分不同的使命,这些使命合在一起就能满足人民的需求。

三、教育投入问题

1993 年,中共中央、国务院颁布《中国教育改革和发展纲要》,其中明确提出:"财政性教育经费占国民生产总值的比重,在本世纪末达到 4%。"但十多年来,这个数字却成了政府面对的一个难题,也是历年全国"两会"上来自教育界的人大代表和政协委员们急切呼吁的一个问题(表一)。

表一 财政性教育经费占GDP的比重(%)

1995	1996	1997	1998	1999	2000	2001	2002	2003	2004	2005	2006
2.46	2.44	2.49	2.55	2.79	2.87	3.19	3.32	3.28	2.79	2.82	3.01

从1995年以来,我国财政性教育经费占GDP比重,从来没有达到4%的预定目标。2002年达到3.32%,这是近年来的峰值,而后的几年又有所下降。根据世界银行2001年的统计,澳大利亚、加拿大、法国、日本、英国和美国等高收入国家公共教育支出占GDP的均值为4.8%,而哥伦比亚、古巴、约旦、秘鲁等中低收入国家公共教育支出占GDP的均值为5.6%。相比之下,我国政府对教育的投入显然是偏低的。单看高等教育的财政性教育经费,这个比例就更低了。目前,我国高等教育的财政性教育经费只占GDP的0.6%,这在全世界属于较低水平,许多发展中国家也已超过1%;主要发达国家平均为1.7%,美国达到了2.6%(表二)。

表二 政府高等教育投入占GDP的比重(%)

美国	丹麦	瑞典	荷兰	法国	西班牙	德国	英国	意大利
2.6	1.9	1.8	1.3	1.1	1.2	1.1	1.1	0.9

近年来,我们明显感到,政府对高等教育投入的增长远远跟不上高等教育发展的需要。全国普通高校生均预算内事业费(公用经费加人员经费)1998年为6775元,2006年为5869元,比1998年还减少908元。考虑到这期间物价上涨的因素,生均教育经费大约只有1998年的一半。有些高校生均预算内事业费不到1500元。而像复旦这样的学校,生均教育成本保守估计在20000元左右。由于公用经费不够,一些高校教学仪器设备、图书明显不足,部分高校办学条件紧张,有的高校甚至不具备正常办学的基本条件。

由于政府投入不足,使大学在人力成本上的投入相对较少。现在,国内大学的人力支出一般占学校总支出的30%左右,而国外大学通常占60%—70%,甚至更多。人力成本投入少,意味着教师的待遇比较低。实事求是地讲,从平均水准看,大学教师的待遇肯定低于公务员。当然,大学内部也不平衡,一些冷门专业和大学管理干部的待遇偏低。这样一来,优秀师资不大容易聚集,要稳定住师资队伍就更难。这里有一些美国研究型大学教师收入的数据,是美国大学教师协会(AAUP)2004年调查统计的。与美国大学教师待遇相比,我们要想从海外吸引优秀的人才,代价将很高昂(表三)。

表三　2003—2004学年美国研究型大学教师分地区平均年收入统计(美元)

		教授	副教授	助理教授
东北	新英格兰地区	143,093	95,970	81,810
	中大西洋地区	142,690	99,208	83,524
中北	中北东部地区	123,728	88,337	74,776
	中北西部地区	114,921	82,193	69,951
南部	中南东部地区	106,168	79,072	66,532
	中南西部地区	112,145	79,786	70,360
	南大西洋地区	121,853	86,008	73,154
西部	山地区	104,672	78,149	67,421
	太平洋地区	137,676	91,199	79,004

最近,法国高教和科研部出台了一系列吸引流失海外的法国优秀科研人员的措施,增加从事高等教育和科研工作的吸引力。首要的就是吸收优秀人才从事教育和科研,鼓励有博士学位的年轻人从事教育工作,从讲师做起,报酬将比过去提高12%—25%。

国际顶尖的学术期刊《科学》近日发表了温家宝总理撰写的一篇社论,题目是《科学与中国现代化》。温总理在社论中指出:"从根本上讲,中国科技的未来取决于今天我们如何吸引和训练年轻科学家,并发挥他们的才干。因此,我们的科技政策的核心是将各种各样的人才特别是青年才俊吸引到科研创新中来,并为他们提供良好的环境,让他们最大程度地发挥创造力。"

我国的大学除了少数民办的以外,绝大多数都是公立大学,所以教育经费应该主要来自政府的拨款。政府的拨款如果不足,就要通过大学自己的创收来弥补。大学的创收主要有哪些方面呢？

一是用自己的资源在为社会服务中来收取一些费用。例如，我们培养专业硕士生，像 MBA、EMBA、MPA、JM 等，收费就比较高一点。这是国家批准的，其收入的一部分可以弥补学校经费的不足。教育部对大学招生经费的问题，历来管得非常严格，不允许大学自行定学费。现在国内几所比较好的大学，如北大、清华、复旦等等，全日制本科生都是由教育部定的学费标准。文科生一年大概是 5000 元左右，理科生在 5500 元左右，医科生在 6500 元左右。这样的收费标准已经好多年没有变动过。所以，大学不可能用招收高价生的办法，来吸收未经录取的学生，这也违背教育公正的原则。

二是通过科研的创收。把科研成果转到社会上去，也可以收到一些费用，当然还有一些其他的方面。

大学自己搞创收会带来不少问题，最突出的是市场对学校的影响和拉力加大，无形中改变了大学的办学方向。以科研为例，学校科研经费的来源可以分为纵向的和横向的。纵向的主要是各级政府的科研投入，如国家自然科学基金、国家社科基金等，或者"973"、"863"等国家重大科技专项，科技含量比较高。为了增加收入，大学还承担相当数量的横向研究课题，主要来自企业。严格地讲，横向项目太多不好，特别是科技含量不高的低端技术服务。这种事情做多了，会分散大学师生的注意力，牵扯学校发展的主要精力。

由于政府投入不足，高校负债也成为一个比较突出的问题。据不完全统计，目前我国公立高校银行贷款总额已超过 2000 亿元。从 1998 年到 2007 年，全国普通高校在校生数净增 2300 万人。按照国家规定，解决如此庞大新增人数的在校学习和生活，基本建设投入至少需要六七千亿元，而同期全国高校国家预算内基本建设投入仅 500 亿元，缺口巨大。实际上，高校银行贷款大多用于学校新征土地、校舍和设备等方面的基础建设和基本投入，贷款大部分变成了教育资产。

我们希望，在不远的将来，财政性教育投入不足的问题会得到比较彻底的解决。

四、高等教育体制问题

这里面有两个实质性的问题。一个是大学和政府的关系。在中国，目前公立大学是主体，我们都是政府办的大学。政府在两个方面可能会主导大学，一是拨款，二是干部任用。由于钱是政府拨的，干部又是政府任命的，大学势必要"跑部钱进"。政府如果对大学干预过多，会产生不少弊病，会把政府的短期行为加到大学身上。大学首先是一个教育机构，教育是长期的事业。短期行为势必和办学发生矛盾。大学所关心的是，能不能按教育规律办学，能不能真正落实学校办学的自主权。大学希望政府在拨款和干部任用方面给大学更多的自主权。现在，政府对大学的拨款在使用上有很多限制。对于"985"、"211"等专项经费的使用，在规定上就过于刚性。北大校长形象地称之为"买酱油的钱不能用来买醋"。这其实并不利于有限的资金发挥更大的效用。我们建议，在管理制度上有所创新，把规范性与灵活性结合起来，从过程管理转化为目标管理。政府把"做什么、如何做"交给大学校长和教授们，充分相信他们的智慧和能力，相信他们的事业心和责任心，给他们以更大的空间和更多的时间。再有，现在大学分为副部级大学、正局级大学、副局级大学等等。大学能不能取消干部的级别？从干部个人来讲，有级别更好。如果大学的校长和书记有很高的社会地位，我们也赞成工薪单列，不配备干部级别。

还有一个体制问题，就是怎么动员更多的社会力量来办大学。要让民办的或者是社会公办的大学发展起来，鼓励利用社会力量办更多的大学。这样，政府就能把有限的资源更加集中地投入和使用。社会力量介入后，相应地要建立大学董事会制度。政府要鼓励社会对大学的捐赠。在这一块上，我们与国外大学相比有很大的差距。美国2003—2004财政年度，大学接受捐赠额为244亿美元，约占社会捐赠总额的1/8。2004—2005财政年度，美国大学获得至少265亿美元捐款，比上一年度又增长4.9%。其中，斯坦福大学一校就获得6亿美元

表四　2004—2005 财政年度获得社会捐赠最多的美国大学

大　　学	受赠额（亿美元）
斯坦福大学	6.036
威斯康星大学	5.952
哈佛大学	5.899
宾夕法尼亚大学	4.943
康奈尔大学	3.539

捐款，名列各校榜首（表四）。

　　与此同时，美国一些名校的基金规模也都有显著增长。2006 年，哈佛大学基金总额已达到 292 亿美元，耶鲁大学基金总额接近 250 亿美元。近几年，英国社会各界给大学的捐赠也呈现上升趋势。牛津大学和剑桥大学中各学院的经费主要来自大财团和社会各界的捐赠，其他一般大学得到的捐赠款占总经费收入的比例也达到 7％。日本公立大学得到的捐赠占学校总经费的 15％，私立大学更是达到 50％。

　　有人测算，在中国，社会捐赠占高校经费的比例不超过 3％。究其原因，文化的差异、经济发展水平的差异固然存在，但捐赠保障制度特别是税收制度的差异也不容忽视。按照美国联邦的税收法律，个人或机构向公益事业捐赠可以免除收入所得税，个人、公司免除的最高比例分别可达当年应纳税收入的 50％和 10％。而我国《企业所得税法》规定，企业进行慈善捐款，捐款额度在应纳税所得额的 3％以内可以享受免税待遇，如果捐赠金额超过 3％则不能免税。《个人所得税条例实施细则》中也有相关规定。这些规定显然无法调动企业和个人进行慈善捐助的积极性。所以，一定要完善教育社会捐赠的免税制度。从表面上看，这样做政府会减少一部分税收，但政府的让税其实是一种转移支付，实际上是把这部分收入用于办学。

　　另一个实质性的问题，是现代大学制度，这主要涉及大学的内部管理。在媒体上，经常有人质疑大学内部行政化了。按照他们的说法，好像大学内部所有的权力运行全部由行政主导。实际的情况并不是这样。大学从本质上来说，是学术组织，有学术自由的特性和教师自治的传统。

大学内部分两种权力：一种是学术权力，一种是行政权力。学术权力更多的是放给教授。这就是我们提倡的民主办校、教授治学。职称评审、学位授予等权力都在教授手里。近年来，我们推行校院两级管理，管理的重心下移，教授在院系的发言权就更大了。行政权力，就是调配资源的权力，目前来看还是在学校。现代大学的管理称得上是世界上最为复杂的实体管理。所以，在大学内部，一定会有一些必不可少的行政管理事务。行政管理的基本职能，是为了提高资源配置的效益和系统运行的效率。这与目前普遍存在资源短缺的状况是相关的。因为现阶段资源不丰富、不稳定，不得不集中资源，这也可以算是一种集权，资源调配相对比较集中。所以，不能笼统讲大学行政化。

有人批评说，大学行政人员很多，人浮于事。这也是不对的。事实上，大部分大学的行政人员配备比例相当低。我们大学行政人员与学术人员的比例大概在0.3∶1左右，而世界各大学的配备至少是1∶1。学术人员不承担行政工作，能够集中精力搞好教学、科研（表五）

表五　中美大学学术人员与行政人员构成比较

	教师及科研人员	行政人员	比例
哈佛大学	5164	5291	1∶1.02
耶鲁大学	3049	3590	1∶1.18
北京大学	4307	1252	1∶0.29
复旦大学	2697	866	1∶0.32

在大学内部，应坚持集中和分散、集权和分权相结合的原则，把该集中的权力集中，把该下放的权力下放，通过推进大学行政管理改革，一方面来调动学校和院系两方面的积极性，另一方面也调整、转变学校机关的职能，避免行政化的倾向。

五、高等教育质量问题

党的十七大报告在阐述"优先发展教育，建设人力资源强国"时，关于高等教育，只讲了一句话，就是"提高高等教育质量"。高等教育的改革发展，核心在于质量。前面讲的观念、结构、投入、体制等，最后都要通过质量体现出来。

前一阶段，我国的高等教育经过了以外延为主的快速发展，出现了一些发展中的矛盾。例如，规模快速发展与资源供给不足的矛盾、数量与质量的矛盾，等等。其中一个突出的现象，就是招生规模扩大，高校教师队伍没有同步发展，生师比居高不下。1998年，全国普通高校在校生约360万人，专任教师为40.72万人，自然生师比为8.84∶1。2007年，全国普通高校在校生已接近2300万人，增长4倍以上，专任教师为116.83万人，增长不到2倍，生师比达到17.28∶1。这么高的生师比，也就意味着教学资源的稀释，对保证教育质量显然是不利的。不仅如此，我国高校目前高学历的教师数量仍然明显不足。据统计，2006年我国普通高校具有博士学位的专任教师也只占教师总数的10.09%，一半以上的教师只有本科学历。而在美国公立大学中，研究生以上学历的教师占95%以上，本科院校教师拥有博士学位的比例已经达到了62%。

当前，大家普遍认识到，今后高等教育的发展必须把握节奏，适当控制增长速度，把主要精力、人力、物力和财力集中到提高教育质量上来。这就意味着，中国高等教育的改革发展将由以外延发展为主的阶段转入以内涵发展为主的阶段，由数量积累阶段进入质量提升阶段。从发展模式上看，外延发展依托于规模、土地、经费等外部动力和资源，内涵发展更加倚重质量、结构、效益等内部动力和资源。走以内涵发展为主的道路，这是贯彻落实科学发展观的必然要求，也是高等教育长远发展的必然要求。

与质量相关，还有一个大学评估评价的问题。怎么评价大学质量，是一个难题。教育部在全国范围内组织本科教学评估，起到不少积极的作用，但也引来了一些不同的意见。提高高等教育质量的主要责任在高校。社会对于学校质量的印象将帮助家长和学生选择是否报考一所学校，并因此而借助于一些大学排行榜。然而这样的评价体系，往往包含有商业目的和团体利益，具有许多似是而非的因素。对于一所大学来说，办学不能跟着排行榜转，而要根据自己定的目标来办。从学校的角度看，重要的是把自己应该做的事情做好。

(2008年11月15日为上海市公务员双休日讲座所作的报告)

我们离世界一流大学有多远?

  我认为,一所大学如果有若干个学科处于世界前沿,有若干个教授成为世界知名的科学家,培养的学生在世界上很著名,达到这三个标准就可以称为世界一流大学了。从这个标准来看,我们的高校和世界一流大学相比,差距还很大,而且这个差距是全方位的,表现在办学理念、学科布局、管理制度、师资队伍和办学条件等各个方面。造成这些差距的原因是多方面的。国外很多一流大学的办学历史有五六百年了,我们办大学才一百多年。我们国家人口众多,在一个拥有13亿人口的大国内办大教育,难度可想而知。一方面随着人民生活水平的不断提高,家长希望子女接受良好教育的愿望与日俱增;而另一方面,我们目前的教育资源是稀缺的,这种教育资源的稀缺和人民群众日益增长的接受良好教育的需求是一对矛盾,在短期内无法解决。因此,我们的高等教育还处在满足大众需求的阶段,要实现高等教育大国向高等教育强国的转变还需要付出艰苦的努力。

(选自《探索与争鸣》2004年第4期)

坚持走内涵发展之路

近年来,随着经济社会的发展,人民生活水平不断提高,人民群众对精神文化生活的需求日益增长,要求接受良好教育的愿望也越来越迫切。与此同时,校园空间逐步扩大,在校学生的规模会有所增长也是难以避免的。让更多的人享受到优质教育资源,接受更加良好的教育,本身就是高校的职责所在。但是,从担负的国家任务来看,像我们这样的学校,主要的还不是以规模来适应国家和人民的需要,而是以科学研究的高水平和人才培养的高质量来适应这种需要。我们学校的发展类型不是规模型,而是内涵型。同时,我们还应该看到,我们的目标是创建世界一流大学。要和其他一流大学竞争,要上水平,主要不是去拼规模,而是要拼内涵。你的规模再大,但是水平一般,层次一般,那称不上是一流大学;相反,你的规模适度,但是培养出了一流的人才,拿出了一流的科研成果,这样的学校就可以称得上是一流的。这样的例子,在当今的世界一流大学中有很多。因此,我们还是要坚定地走内涵发展的道路,重质量、重特色,协调发展,可持续发展。

(2003 年 8 月 15 日在复旦大学
十二届五次党委扩大会上的讲话节选)

什么是内涵呢?内涵主要指事物本质属性的总和。而外延一般指事物外部的延伸,如规模的扩大、数量的增长。内涵发展和外延发展共同的特点都是发展,但是两种显然不同的发展。对一个高校来说,外延和内涵都要发展,但是在不同的历史时期,可能有不同的侧重。发展外延,就是扩大未来发展的空间,争取更多的机会;注重内涵发展,眼光就放在增强实力上。现在流行四个字"做大做强",做大主要指外延,做强主要指实力。外延和内涵发展相辅相成,互相转化,并不绝对是相互排斥的。没有一定的外延,就无法发展内涵;没有内涵的发展,外延也不可能得到更大的发展。从某种意义上讲,内涵的发展比外延的发展更为根本,对长远的发展更起作用。我们提出坚持走内涵发展为主的道路,主要有三条理由:

第一,从担负的国家任务来看,像复旦这样的学校,主要不是以规模来适应国家和人民的需要,而是以高水平的科学研究成果和高质量的人才培养来适应。我们的目标并不是成为全国最大的高校,而是培养各行各业的栋梁之才,其中的少数还将成为领袖人才,同时不断产生具有重大影响力的知识创新成果。因此,复旦走内涵发展为主的道路是由国家和人民的需求决定的。

第二,从学校的发展历程来看,当前学校确实需要有一个消化调整的过程。首先我必须说明,即使是在外延发展较为迅速的时期,我们也从没有忽略过内涵的发展。"十五"期间,一方面学校经历着一轮大规模的基本建设;另一方面,我们以学科建设为龙头,以科学研究为主导,以信息化、国际化为手段,大力推进本科教育教学、人事制度、后勤社会化、学生思想政治工作等方面的改革。但是,我们也应该看到,这个时期由于外延拓展快,在质量、水平、效益方面兼顾不及。生师比上升,教师任务重,很多老师都非常担忧学生培养的质量。所以,"十一五"前期是学校的消化调整期。同时,资源紧缺将是今后一个时期学校的主要矛盾,成为我们继续发展的障碍。学校发展的资源包括土地资源、财力资源和人力资源。我们的人力资源和财力资源都非常紧缺。在这样的情况下,我们提出坚持走内涵发展为主的道路。

第三,我们要树立科学发展的理念,提高发展的水平,寻找可持续发展的道路。我们对于发展的理解有一个过程。新一届中央领导班子提出了科学发展观,这是非常英明的战略思考,标志着我们对发展的认识在不断深化。我们的发展要跟上这个观念的深化,要树立科学的发展理念。我们的资源有限,要集中力量有突破地发展,不打消耗资源之仗,不把摊子铺得过大。我们还要着眼学校根本,脚踏实地发展。

坚持走内涵发展为主的道路,要避免两个误区。第一,不要以为内涵发展不是发展,可以慢慢来。恰恰相反,内涵发展不是不发展,而是更深刻、更坚实的发展。内涵发展不是显性的,看不到所谓的"政绩"。许多人因为内涵发展不是眼前见效的,不愿意在上面耗工夫。实际上,内涵发展是实质性的发展,是有后劲的发展。拓展外延要抓住机遇,内涵发展也不能错过时机,不能慢慢来。第二,内涵发展和外延发展互有联系,不是绝对的。我们在外延发展的同时要注意夯实内涵,在内涵建设的同时也不能忘记要保持一点外延。

坚持走内涵发展为主的道路,关键是综合实力的提高。评估一所大学的水平,归根到底是这所大学有没有综合实力。只要一所大学的综合实力没有动摇,这所学校就会保持向上的气势。综合实力主要体现在五个方面:师资力量、培养人才的能力、科研能力、体制机制活力,以及学校的声誉和品牌。

(2006 年 5 月 27 日在复旦大学五届一次教代会上的讲话)

什么是大学的发展之路?这是每一个大学管理者都需要思考的根本性问题,可以细分为三个不同的层次。一是从各国高等教育发展的共同规律出发,考虑普遍意义上的大学发展之路,就是如何办大学?二是从发展中国家的特殊国情出发,考虑有中国特色的大学发展之路,就是如何办中国的大学?三是从某一所大学的历史和现实情况出发,考虑一所有自身特色的中国大学发展之路。内涵发展之路是一所大学兴盛、成熟的必由之路。这是因为:

第一,走内涵发展之路反映了各国高等教育发展的普遍规律。大学的发展是有其内在规律的。大学是长寿的机构,它的寿命远超过一般的机构。综观各国的高等教育发展史,最有名的大学基本都是历史悠久的大学,都有着深厚的文化积淀和优良的传统,有较为成熟的育人理念,有具有影响力的优势学科,有对学校高度认同的高水平师资队伍,有广大的忠诚的杰出校友群体,还有富有特色的完善的内部管理体制。这些都属于大学的内涵范畴,不是靠单纯的外延发展就可以获得的。所以,要从一所不知名的学校变为一所公认的高水平大学,需要经过几代人甚至十几代人的不懈努力,需要长期的积累。我们办大学就像在接力长跑,一棒接一棒;搞内涵建设,也需要咬紧牙关,一年又一年,不断推进。

第二,走内涵发展之路适应了"穷国办大教育"的特殊国情。我国是穷国办大教育,而且是世界上规模最大的高等教育。总量少,规模大,于是人均更少。教育部的数据显示,我们仅以占世界公共教育经费总数 1.4% 的财力,却要支撑占世界学历教育人口 22.9% 的庞大教育体系,其间的压力可想而知。近年来,我国公办高校的潜力已经充分发挥,而财政性经费投入严重滞后于规模发展,使很多高校办学条件紧张。资源紧缺将是今后一个时期我国高等教育发展的主要矛盾,也将成为各大学继续发展的重要障碍。学校发展的资源包括土地资源、财力资源和人力资源。在资源有限的情况下,我们只有集中力量有突破地发展,不打消耗资源之仗,不把摊子铺得过大,只有着眼于学校的根本,脚踏实地,推进内涵建设。

第三,走内涵发展之路避免了各高校只比规模的恶性竞争。衡量一所大学的规模,维度比较单一,不外乎在校学生数、硕士点、博士点等少数几项指标。高校之间的竞争如果是以规模为主,拼统计数据,结果只能是恶性竞争。拼数字就是在拼资源。和企业经营不同,大学发展不讲市场占有率,拼规模是拼不出效益的。政府部门在分配资源的时候,切忌以数字统计为指挥棒,助长急功近利的思想。大学处于教育金字塔的最高端,它的效益就是培养高素质的人才。质量是高校最重要的办学效益,也是大学内涵发展的本质要求。此外,因为办出精品就是办出特色,所以特色也是大学内涵发展的必然结果。很多高校都认识到,在当前形势下,学校要有大的发展必须要凝聚方向、积聚力量,乘势而上,实行错位竞争,在办出精品的基础上办出特色,而不是恶性攀比。

怎么走大学的"内涵发展之路"？关键是增强学校的综合实力。一所大学的综合实力,就是指支撑这所大学水平、保证学校可持续发展的能力。这种能力可以是显性的,如培养创新人才的能力、科技创新的能力、为经济发展和社会进步服务的能力;也可以是隐性的,如师资队伍的实力、体制机制的活力、学校的影响力等。大学综合实力的强弱决定了这所大学的地位和前途。评估一所大学的综合实力,不仅是对大学过去成绩的计量,更重要的是对大学未来发展潜力的衡量。

总之,找准一条大学发展之路,就是要树立科学发展的理念,提高发展的水平,找到适合本大学的可持续发展道路。

(2006年10月11日为国家专家局
高校领导海外培训项目所作的讲座)

坚持深化改革

今年是改革开放30周年。与许多兄弟学校一样,复旦得益于改革开放。没有改革开放,没有综合国力的显著增强和国家地位的提高,也就没有复旦的快速发展。在改革开放30周年的历史时刻,回顾我校新世纪以来的发展历程,我们深深体会到,改革是我校科学发展的强大动力;坚持用科学发展观指导改革,是我校快速发展的根本原因。

改革的动力来自实现科学发展的内在要求。实践证明,如果不改革,就无法调动人的积极性;不解除体制机制对师生活力的束缚,也无法解决学校发展过程中的历史遗留问题。例如,我们为了解决当时困扰已久的教职工分房问题,下了很大决心,反复论证、筹备四年,制定了较为详备可行的改革方案,于2002年正式推行了货币化分房改革。六年来,这一改革从根本上改善了教职工的居住条件。如果我们不赶上上海商品房市场培育的潮头,果断改革,今天要进行住房改革,困难更大,问题也更多。我们体会到,改革的决策、路径和结果都应该以是否能够实现科学发展为衡量标准。如果不弄清楚改革的目的,为改革而改革,改革就容易走入歧途。

改革要以科学发展观为指导,坚持从实际出发,整体设计、精心准备、稳步实施。这十年中,我校成功的改革都遵循了这样的原则。例如,我校近十年的人事改革只做不说,悄悄地起变化,按照既定方针,积跬步以至千里,逐渐形成了一个新的局面。我们推进本科教育教学改革,也是围绕复旦的办学理念,确定"路线图",几年一步,每个台阶都力求踩稳、踩实。我们自1999年启动后勤社会化改革以来,坚持市场化的方向不动摇,逐步消化存量,干部换了几茬,改革还在稳步推进。这些改革都从复旦的实际出发,也考虑到上海的、全国的实际。因为各个大学的情况很不一样,校内各个学科的情况也不一样,所以我们在每次改革前都要做调研。整体设计,就是在充分调研的基础上,想明白改革最后将走到哪一步,底在哪里。涉及全校的改革,既要有目标设想,又要符合实际,有可操作性。精心准备,关键是要准备好干部和资源。改革是需要通过人去实施的,有了思想解放、工作得力的干部,改革就有希望。改革需要投入,只讲政治,不讲经济,改革也很难实施。稳步实施,是指改革要分步进行,后面的改革要以前面的改革为基础。改革总是要不断深化的,改革精神必须是锐意的,但实施的过程要渐进,不能急于求成。

在大学里推进改革,特别要重视建立科学的体制机制,既要符合大学办学规律、人才培养规律、科研规律和管理特点,也要符合大学的实际和文化。建立科学的体制机制,既体现改革的成果,也能够巩固改革的成果。当然,体制机制也不是绝对的。我们不能把制度绝对化,也不能夸大个人的作用。近年来,在大学管理领域,有不少学校提出建设现代大学制度的命题。这是一个已经被提上日程的改革方向。但在实际操作中,它会要求学校的内部管理在理念、制度和运行机制上都有一个脱胎换骨的变化。总之,我们要实现科学发展,一定要坚持走改革之路,改革是实现科学发展的根本路径。

(中国共产党新闻网,2009年5月7日)

正确处理发展中的若干关系

传统与新兴

我校有很多传统学科,这些传统学科大多是基础学科。传统基础学科是我校的优势和特色所在。正是因为这些基础学科强,实力雄厚,复旦才有今日的声誉。同时,传统基础学科还是学科发展的根基,很多新学科都是从它们中长出来的。伤了老根是要吃苦头的。因此,对于传统基础学科,我们不仅不能削弱,还要继续做强。

另一方面,我们还要看到当前形势发展变化很快,新兴学科不断产生。这些学科一般是在传统学科的基础上综合交叉形成的,都有着广阔的社会需求,有潜在的产业发展机会,能够发展成为有一定规模的产业群。今天,如果我们不能在新兴学科中占有一席之地,那就会在新一轮学科建设中处于劣势。因此,在新的历史时期,我们必须找到适合我校发展的新兴学科。对于认准了的,我们就要集中力量加快发展,加强建设,占领科学技术发展的制高点,力争产生新的一流的成果。

事实上,新兴学科和传统学科也不是截然矛盾的。新兴学科在传统学科上发展起来,依托于传统学科;同时,新兴学科的发展,对传统学科不断提出新问题,促进老根长出新芽来。只有长出新芽来,老树才会焕发出新的生机。所以,我们的传统学科不能躺在昔日的辉煌上睡大觉。我们讲,传统学科要保持优势地位,决不等于传统学科的建设是一成不变的,这完全是两个概念。传统学科一定要寻找新的生长点。而新兴学科的发展也不是跟风转,而是要依托扎实的基础研究。实际上,有的新兴学科目前也还限于基础研究阶段,还远未到应用,还需要潜心研究。

核心与外延

我们要走内涵发展的道路,就必须搞好办学核心层。所谓核心层,就是全日制学生的培养,以及开展科学研究。复旦的品牌,过去是靠核心层树立起来的,将来也只能靠核心层来支撑。核心层搞不好,没有长进,质量得不到保障,复旦的品牌就会受到影响。因此,核心层要坚决办好,提高质量,这一点不能动摇。但与此同时,我们也要不失时机地拓展外延,把复旦的品牌资源用足用好。而拓展外延就是利用我们过去的品牌,也是进一步发展我们的品牌、创造新的品牌。外延搞得好,人才培养的质量高、影响大,同样可以提高学校的声誉。

外延就是除核心层以外的部分,包括继续教育、网络教育、在岗培训以及各种形式的合作办学等。这些既是学校自身发展的需要,也是国家和社会对我们这样的学校的要求。我们要鼓励继续教育学院、网络教育学院扩大规模、提高质量;还要依托有关院系,与有关部门合作,建设好若干培训基地,帮助培训培养新闻人才、外事人才、高级公务员、医院管理人才、宗教事业管理人才等。此外,我们还要大胆进行试办独立学院的探索。

当然现在也有一些同志有这样那样的担心:一是担心拓展外延会削弱核心层,二是担心会影响品牌。这就需要我们处理好延伸层与核心层的关系。首先,我们拓展外延,势必要依托核心层的力量,势必会抽一点骨干,借用一点师资,但我们要掌握好度,不能过度占用核心层的资源,拓展外延不能影响甚至伤害核心层的发展。其次,拓展外延要始终注意维护学校的品牌,把质量放在十分重要的地位。办独立学院,要维护我们的办学权。独立学院是办学管理的输出,办学还是要按我们的要求由懂得教育规律的人来办。

规划与建设

现在,我们学校正处在历史上从未有过的大规模建设期,投入资金之巨,项目之多,规模之大,都是从未有过的。社会关注,领导重视,各单位建设的积极性也都很高。这一方面是因为国家有投入,机遇很好,另一方面也是因为百年校庆是一个重要的时间节点。邯郸校区的重大工程包括教学科研综合大楼、正大集团体育馆、美研中心二期、管理学院新楼、国际学术交流中心,以及经济学院大楼等;枫林校区还有医学科研楼、护理学院学生宿舍等,还有不少大修任务。特别是江湾新校区的建设成为校园建设的重中之重。市里划拨了1500亩土地,这相当于再造一个复旦园。

在这些大规模的建设面前,科学规划的问题提到了议事日程,如何规划好新老校园成为一个十分突出的问题。我们要正确处理好规划和建设的关系。首先,规划和建设,从重要性来讲,规划是处于第一位的。先要做好规划,规划必须是超前的、高水平的,要管相当长的一段历史时期。其次,建设要服从于规划。经过一定的程序,形成了规划以后,这个规划就应该是法定的,任何个人不得随意修改。我们不能搞无规划的建设,更不能根据建设的情况随意修改规划。建设必须服从于规划,具体而言,就是单体建筑要服从于校园,功能设置要服从于布局,单体风格要服从于整体规划。第三,要坚持"一次规划、分期建设"原则。规划是管宏观的,管布局的,管整体风格的,因此要一次规划,把总的东西先确定下来。但是具体的单体建设可以分批、分阶段地进行,不匆忙上马。我们的新校区建设就必须坚持这样的原则,整体规划要高起点、高标准,总体上力争要建成一个典雅、沉稳、体现百年老校人文气息的、生态型的现代校园,但单体建筑可以分步建设,精心设计,精心施工,要经得起历史检验。

规范管理与体制创新

管理规范才能运行有效。如果管理不规范,没有规矩,就会效率低下,矛盾不断。因此,在一些基本的规章制度管理方面、财务管理方面,全校必须政策统一、规范。规范管理不是要拿文件去框大家,不是要束缚大家的手脚,而是要确保全校的有效运行。

在规范管理的同时,我们也要进行体制创新,尤其是实行两级管理、创办独立学院等,更需要我们大胆进行体制机制上的创新。现在,我们体制创新的任务还很重。比如,推进完全学分制建设就是一种教育体制的创新。怎么建设平台,怎么设置课程,怎么算学分,都要靠创新。再如科研体制创新。这些年,我们在实践中越来越感到,现有的院系体制和架构是必要的,但一所大学的科研不能完全按照院系的划分来组织,一些综合交叉研究,应该有"中心"这样的平台来促进学科交叉,还要有一些公共技术和设备平,也要允许一些独立的研究单位存在。再如,后勤社会化,甲方与乙方、学校后勤公司与校外的后勤服务单位等几个方面的关系怎么处理;附属公立医院怎么建设,是不是可以有一些转制为合资的,等等,这些都需要创新。

(2003年8月15日在复旦大学十二届五次党委扩大会上的讲话)

质量,大学的生命

经过十多年的发展,我国已经迈入了高等教育大国阶段,正在努力从"大国"向"强国"转变,而由"大"到"强"的唯一道路,就是提高质量。

自 20 世纪 90 年代中期开始的这一轮高等教育发展,堪称一次光辉的、历史性的飞跃,将永远载入史册。它取得了历史性成就——我们的高等教育从精英式教育跨入了大众化阶段,这是中国历史上从未有过的。从历史角度来看,这十多年的变革对我国高等教育发展所产生的历史性影响,甚至不亚于 19 世纪后半叶德国大学制度改革和二战以后美国高等教育的大发展。

"大"不等于"强"。"强",意味着高质量,意味着得到了世界普遍认可,意味着拥有一批世界一流大学、若干所高水平大学,意味着培养出的学生是跟得上时代发展需要的。

提高教育质量,也是人民群众对大学教育的需求不断深入所带来的必然要求。讲需求,人们首先想到的往往是"量",其实需求也是"质"的需求。当更多的人可以进大学后,就会有更多的人希望上好大学,接受更好的教育。因此,现在高等教育与人民群众之间的矛盾,不是"上大学难",而是"上好大学难"。这就要求我们有一批有特色、高质量的大学,来满足人民群众对高等教育的深入需求。

从大学发展的自身规律来看,从外延扩张转变到内涵发展,是必由之路。一所大学有没有社会声誉,很重要的是看你培养出来的学生和校友。如果大学的社会声誉没有了,其教育质量必然受到社会质疑,这所大学还能很好地生存下去吗?所以,从这个意义上讲,大学的生命,不在于教育经费多少、政府支持多大,不在于豪华的建筑和高档的校舍,而在于质量,内在的力量才是生命之源。

(原载《解放日报》2011 年 9 月 11 日)

大学质量的核心是人才培养的质量

当今中国的大学,负担不轻:人才培养,科技创新,社会服务,文化辐射。忙活半天,反而把大学的本质、大学的根本使命忘却了。当今中国的大学校长,压力不小:形形色色的排行榜冲击着大学校长的心理。排名有各种权重,究竟什么是衡量一所大学质量的标准?

综观世界高等教育史,大学的功能因为不同时代的要求而有所拓展,但是其核心功能——人才培养始终没有变。作为一个社会机构,大学是因为培养人才而存在的。我们常说,大学是长寿的,最早的欧洲大学有六七百年历史,一直存活到现在,就是因为社会永远需要人才的繁衍,如同人类的繁衍一样。许多教育先哲都说,大学的本质是教育。许多著名的大学之所以声誉日隆,是因为他们成功地培养了在历史上可以留名的科学家、政治家、企业家和文化人。大学可能承担其他社会功能,譬如科技创新、科技成果转化、文化产品生产等等。但这都是其核心功能的延伸,也就是人才培养的结果。大学不是因为这些社会功能的需求而存在的,否则,我们去办研究所、公司和文化团体就是了。

大学对于社会的最大贡献,不在于它能拉动 GDP 几个百分点,也不在于它能生产多少篇 SCI 文章,而是人才的培养——为社会源源不断地培养能够推动社会进步的人才。

因此,高等教育质量的核心是人才培养的质量。我们要提高高等教育质量,就是要花极大的力气提高人才培养的质量。

(原载《中国高等教育》2009 年第 5 期)

在人的培养上，"德"是第一质量

毫无疑问，在人的培养上，"德"是第一质量。教育不仅是教书，更要育人。我始终认为，教育方针应该以德为先。我们培养的学生，首先要有社会责任感，不以自我为中心，其次要有较好的品德。中国自古就很讲求"品德"。"品"以"德"为前提，个人守道德，家庭显美德，社会讲公德。"品德"也有很多方面，如诚信、孝道等。对于大学生，我们不提更高的道德要求，但必须有基本的品德，否则，培养出来的人知识丰富、能力很强，但品德不好，反而会害了他人、害了社会。

我们过去常常认为，思想政治工作就是以德为先。其实，这个过于狭隘了。作为第一质量的"德"，应该渗入大学的每个环节，如专业学习、学术研究、社会实践、校园生活等等，而不仅仅是政治思想课程担负这一任务。

(原载《解放日报》，2011年9月11日)

特色就是质量

"科学的质量观"还必须包括重要的一条，那就是质量没有单一标准，具体到不同的大学要有不同的质量要求。

有一句话叫做"特色就是水平"，我进一步认为，特色就是质量。这种特色，是在长期的办学实践中形成的，是为社会所普遍认同的。各个大学都应该按照自己的特色，办出自己最高的水平。

不同类型的学校，怎么能用一把尺子去衡量？衡量的尺子，应该是和不同学校的定位特色、培养目标和质量要求相匹配的。中央要求高校"各尽所能、各得其所，和谐相处，共谋发展"，这是非常正确的。

立信会计学院就是以会计为特色，始终坚持会计学专业和其他专业的结合。潘序伦先生1928年创办立信会计学校，形成了优良传统。

解放前许多会计事务所的会计都来自立信会计,人们并不因为是职业学校就轻视它。

上海有很多特色学校,像上海戏剧学院、上海音乐学院等,都是这样的大学,虽然校园不大,学生不多,但是全国闻名、世界认可。又比如上海海事大学和上海海洋大学,也有很强的专业特色和发展前景。

(原载《解放日报》2011年9月11日)

办大学也要讲"生物多样性"

当前,高校趋同化的现象确实是越来越严重。仅从2007年数据就可知,我国具有博士学位授予权的大学已有310所,占总数的13.4%。复旦大学前校长杨福家院士研究美国高校结构时发现,美国两年制社区学院(类似我国职业教育)和专科类型院校相加,超过大学总数的60%;可授学士学位的大学只占18%,可授硕士学位的大学只占15%,可授博士学位的大学只占6%,而这6%中的一半才是真正的"研究型大学"。

生态学中有一个概念叫"生物多样性",趋同化的结果必然导致高等教育生态的破坏,不利于高等教育的可持续发展。因此,办大学也要讲"生物多样性"。目前中国还只是"高等教育大国",要加快从"大国"向"强国"迈进。高等教育强国应有一个规模较大、结构合理的高教系统,有一批高水平研究型大学处于顶端,力争在高教质量方面处于世界领先,但并非多数大学都建成这类大学。国家教育规划纲要应就此加以规范,明确国内高校的合理结构,对各校定位进行正确引导,控制各类别院校的数量和比例。

高等院校其实没有统一的办学模式,关键在于办出特色和水平。美国的一流高校色彩纷呈、风格迥异,既有在重视教学的同时强调科研的研究型大学,也有只提供本科教育的文理学院,还有一批学科特色鲜明的专门学院,如纽约服装学院、美国烹饪学院,因为分别培养出一批世界级服装设计师和烹饪大师而闻名遐迩。高校多样化多元化发展，是整个高等教育体系充满活力的基础。

20世纪五六十年代，美国在高等教育大发展时期也出现过高校盲目发展的问题。在高校云集的加州，政府制定了《高等教育总体规划》，严格界定了公立高等教育各部分、各类型的角色和使命。正因如此，西方直到20世纪90年代，仍把这个规划当做"提供大众化高等教育机会的蓝图"，这种教育发达国家的经验值得借鉴。

(原载《中国经济导报》2009年3月14日)

提高大学教育质量，关键在教师

要提高大学教育质量，"抓手"在哪里？最关键的是教师。因为，教师是大学的主体，他们担负着教书育人的任务。

从很多优秀教师的例子来看，好教师主要有三个特点：第一是具有使命感。这种使命感在爱学生、对学生负责上体现出来。不管成就多高，头衔是院士或特聘教授，对学生的爱始终不变——第一，这是教师的天职，是一辈子不会改变的。第二就是了解学生。一个教师在教书生涯中会碰到很多批学生，一批批学生与时代并进，都不一样。年轻教师和学生年龄接近，易于了解和沟通，但随着年龄增长，教师必须加强对学生的了解，才能教育好学生。好教师从来不责怪学生，而是能从学生的特点出发因材施教。第三是不脱离社会。无论是从专业领域，还是从更广阔的社会实践领域来说，他们都与时俱进，顺应社会需求，把本专业的最新成果及时注入教学中。

(原载《解放日报》2011年9月11日)

检验大学教育质量的唯一标准是社会

检验大学的教育质量，唯一标准是社会。社会对于大学培养特色的认同、对于毕业生信誉的认同，就是检验大学教育质量的标准。英国《泰晤士报》统计各高校实力，分五大类别，其中最重要的考察因素就是校友声誉——把几千份调查问卷发到全世界各个领域，最后得出结论。

今天我们检验复旦大学的人才培养质量，就可以看看一二十年前毕业的校友如今在全国、全世界干得怎么样。这方面的统计是很多的。据调查，复旦毕业生在美国"常青藤"高校任终身教授的人数在国内大学中是最多的；在北美的一流大学中任终身教授的人数在国内大学中排名第二，仅次于北大。目前，美国有十几所高校的数学系或统计学系的系主任，是复旦数学系的毕业生。

我们并不是一味地否定或反对评估，但教学评估是教育学领域里最复杂、最难完善的一部分。所以我主张，要评估就要好好研究评估方法，在科学评估方法还没有找到之前，理当谨慎从事。不要运动群众，不要兴师动众，让大学倒过来为"评估"服务。大学应该把精力放在抓质量上，而不是用来应付"评估"。

（原载《解放日报》2011年9月11日）

抓质量，是大学自己的事

我有一个看法，抓质量是大学自己的事。在这件事上，政府部门最好少搞工程。我不是排斥政府部门对教育质量的调控，但是质量能不能上去，这是大学的责任，不是政府的责任。政府部门不需要一级一级地抓大学的质量，道理很简单，质量在本质上是大学的内涵建设，内涵建设关键靠内因，也就是大学自己。

教育部门可以监督促进大学提高质量，可以引导大学把主要精力放到提高质量上，但不能越俎代庖，代替大学做很多事情，尤其不要搞所谓的"质量工程"。一搞质量工程，就要集中抓资源，要制订"一刀切"的政策。其实，每所学校都有自己的特色，制订一个适合所有学校的政策是不符合教育规律的。

"一刀切"把资源集中到教育行政部门手里,大学为了得到资源,就只有"跑部钱进",导致分散学校内部抓质量的精力。搞了"工程"后,又要动用专家们来评估、检查,"一年一检查"、"三年大检查",官员出了"政绩",实实在在地提高质量的事情却没法做下去。

(原载《解放日报》2011年9月11日)

提高大学教育质量是"慢工程"

提高大学教育质量,是"慢工程",不是"快工程"。为什么？提高质量要形成一个良好的生态系统。这个生态系统由下列要素决定:第一,队伍。"人"是这个生态系统的第一要素,因此教师是关键。建设一支高质量的教师队伍,怎么可能是短期工程呢？第二,投入。抓质量不是嘴上讲讲、不要投入,要改进课程、要更新教材、要改善教学条件等等,都需要大量人力、物力的投入,这不是一蹴而就的。第三,学校教育的体制机制要改革。复旦大学搞通识教育,从2006年到现在,5年了,还在继续,在艰难中前进。要打破原有的体制机制,把全校教职员工的积极性调动起来,谈何容易?！第四,学风、校风。在一个学风、校风"稀里哗啦"的学校,很难把质量搞上去。只有积极、上进、严谨的学风校风,才能稳步提高教学质量。

这个生态系统是逐步建设的,急不得。换句话说,提高质量不能靠"大跃进"。如果有谁提出一个口号,五年如何,十年如何,这完全是扯淡！培养一届学生至少需要四年时间,进入社会后显露出真正的质量需要十年、二十年。有的新办大学,希望在短期内靠资源集中投入,办成世界一流的大学,在我看来,这是"天方夜谭",是违背教育规律的。当然,一所新大学在短期内涌现出一定科技成果是可能的。原因是,只要高投入,把世界顶尖学者吸引来,建设一个一流的科研基地,就可以出一批成果。但这个周期往往也需要至少五到十年。培养学生,即使把最天才的学生吸引过来,短期内师资队伍能形成么？好的学风、校风能形成么？一整套教材能形成么？

　　办一所高水平大学，至少需要 50 年。所以，我们不能急，千万不能急功近利，而是从现在开始，一步一个脚印，经过几代人持续不断地努力，到 2049 年，我国一定会有一批世界一流水平的大学，一批让中国老百姓满意的大学。

（原载《解放日报》2011 年 9 月 11 日）

大学排行榜的是是非非

排行是一种进步

从社会发展的角度看,总的来说,搞大学排行榜是一种进步。那种完全排斥的态度,是过度反应,大可不必。

首先,它为推动学校的发展引进了一种竞争机制。学校要发展,就应该置身于竞争的压力之中,压力可以转化为动力嘛!其次,大学让社会来评价,也是一种进步的表现。大学排行榜能在一定程度上影响考生和家长的选择,还会在某种意义上影响社会资源的投向,尽管这种影响不可能像有的机构那样形容得过分,但对大学的评价,从以往的主要依赖于人际传播,到由于排行榜的亮相而走向社会舞台进行公开评价,这对促进社会评价机制的形成,推动高等教育事业的发展,是有进步意义的。

(原载《解放日报》2003 年 6 月 20 日)

排行榜不是指挥棒

我们复旦大学对大学排行榜的一个基本态度,那就是:只作参考,不必看得过重。王生洪校长讲得好,他说我们的态度应当是"不为所动,为我所用"。我所强调的"排行榜不是指挥棒",就是说,作为校领导虽然会感到有压力,但我们不能以排行榜来指挥我们的办学、影响我们推进全面发展的思路。这是基于对目前排行榜不够科学不够规范的一种掂量。

第一，衡量一所大学是一件非常复杂的事情，很难通过一组数据就可以精确地描绘一所大学的状况。它不像其他一些排名，比如NBA篮球赛排名，通过硬碰硬打比赛就能排出名次，也不像"世界小姐"评选，是以外在美为主要衡量标准的，"三围"什么的，总还算是硬性指标，没有那么复杂。大学的衡量标准就复杂多了。一所大学，要包括教学、科研、研究生培养、产业、后勤等几大方面；大学的学科又分为文、理、医、工、农、林、艺术等等，林林总总；大学的个性又很强，从类型来看，有文理科为主的综合性大学，也有理工科见长的综合性大学，还有各种专科性强的大学，比如师范大学、医学院、音乐学院、体育学院，等等；即使是同一种类型的学校，学科也不尽相同；还有，每一所大学都有它自己的历史，都有所在地区经济政治和文化带给它的烙印，每一所大学都有它长期积淀下来的校风、学风以及学校的精神品格，很难说这个比那个强。要精确描绘一所大学，只用若干个数据，就会把复杂的事物简单化。

按照排行榜，今年的清华、北大以30分之差位居第一、第二。这两所名校一个以工科见长，一个以文理科见长，虽然都是"名校"，却是风格迥异，怎么能够硬性排个高低呢？香港一所大学的荣誉校长批评这种简单化的排名现象，说目前的大学排名就好比是把眼镜与苹果相比，结果非常滑稽。他的意思也是说，不能把复杂的事物简单化，否则就会闹笑话。

第二，大学不等同于工农业生产，它的发展是一个渐进的过程，每年都进行一次统计排名是很不科学的。一个科研成果项目的周期三五年不算长，一所学校要发展，每年可能会办一两个专业，但也许它们要到十年以后才会长大。像复旦新闻学院，从1929年开始创办，经过了74年的漫长时间，才成长到今天。要是这个排行榜放在50多年前，复旦可能只能排在第二三十位，因为那时复旦大学还是一所规模很小的学校。从历史上看，一所名不见经传的学校要办成名校，没有几代人的努力是不行的。

排行榜的评估数据之一是学校的科研经费,不知评估机构是否知道,学校的科研经费也分"大年"和"小年",可能今年的科研经费多一些,明年的就少一些。怎么可以根据这种变动的情况,就将这所学校的名次也予以"浮动处理"呢?月亮还是那个月亮,怎么可以依据大气环境的某种变化,说今年的这个月亮已不是去年的那个月亮呢?

第三,目前评估机构的评价体系、参评指数、评价方法,有不少主观臆测的成分。比如,排行榜有个参评指数是研究生数量。作为研究性大学,科学的参评指数应该看一所学校本科生与研究生的比例是多少。如果光看研究生的人数,那就看得主观,看偏了。又比如,看科研成果的多少,应该以学校教员的人数为基数,如果连这简单的分子、分母的算术都懒得去做,那还有什么科学可言?

据了解,排行榜的有些数据是由一些大学自报的,比如"毕业生平均年薪"这个数据,听学校的自报,缺乏可信度。这自报的数据,其中的猫腻不少。因为我们发现,有的学校自报的数据,与教育部内部统计的数据相差很多。所以,我们不能不对有的机构的公信力产生怀疑。

遇到一些无法落实的数据难题,有的机构就把问题发放给受邀的全国200多位学者,试图用打分的形式予以解决。这也很不科学。比如"声望"这个指标,它是由200多名学者打分打出来的,凭的是主观印象,就像是体操比赛的裁判打分。就全国范围来说,这200多位学者,也未必全面。只有大家公认,才会有公信力。"暗箱操作"会有什么公信力?

有的评估机构赶在学子填报大学志愿之前,推出一些书籍,去作为应届高中毕业生高考填报志愿时参考。这难免会使人提出这样的问题:有关机构是不是"醉翁之意不在'榜'"?

通过以上几个方面的分析,我认为,对"大学排行榜"不应完全排斥、否定,是因为它在某种意义上可以起到激励竞争的作用,但如果围着排行榜来转,使其成为一种"指挥棒",那就会影响我们的正常发展,会导致一种毛病:浮躁、功利、急于求成。那是非常有害的。

(原载《解放日报》2003年6月20日)

搞排行榜并非"国际惯例"

大学排行榜不是"国际惯例"。所谓国际惯例,要有公认的国际组织,要有相应的国际规则。像世界卫生组织 WHO,全世界都是承认的,关于流行疾病的认定它是有绝对权威的,这才是国际惯例。而对于大学排行榜的评定,在美国、在欧洲,也只有少数几个具有公信力的媒体在搞,在不同的国家,不是非搞不可的。

(原载《解放日报》2003 年 6 月 20 日)

家长学生非要依靠排行榜吗?

家长和学生报考大学非要依赖排行榜吗?这也需要分析。

第一,考生和家长选择报考什么大学,根据什么标准,这个问题很复杂。现在更多是根据功利的就业标准。不是比较下来这个专业最好,而是考取这个专业以后,就业形势最好。考复旦大学经济学专业,将来可以到银行、证券行业就业,待遇好。从名校毕业以后肯定比其他学校好就业,因此名校变得很热门。名校还不够,名校也要排排名,到最最名校。而考生和家长放弃的有些因素,恰恰是对孩子未来会产生巨大影响的。比如,孩子的兴趣。一个孩子从小到大很喜欢历史。家长说,读什么历史,将来谁养活你?强迫孩子去读经济。可是孩子对经济毫无兴趣。有兴趣才能产生对知识的渴望,对职业的热爱,对理想的追求。还有一些学生在应试教育的冲击下,仅有的一点兴趣也被扼杀了。再比如,孩子的特长和优势。排行榜只负责给出一个简单答案,根据答案来选一二三。

第二,大学的特色和个性恰恰不是排行榜能够反映出来的。大学的特色和个性,对考生和家长的选择很重要。一所学校是学风严谨的,但也可能是相对保守的。进入这样的学校,孩子可能功底会很扎实,但不一定敢于冒险。有的学校有闯劲,如果家长希望自己的孩子将来也敢闯敢试,可以选择这样的学校。有的大学文科好,有的大学工科好,有的大学理科好,有的大学历史悠久,有的大学国际化程度高。特色和个性没有高下之分,没有必要非排出个一二三。家长和考生不要拿机械单一的排行榜左右自己的选择,而应该根据孩子的兴趣和大学的特色来进行选择。如果家长和孩子不依赖排行榜,排行榜的商业行为就没有市场了,也就不可能继续下去了。

(2009年5月18日接受《中国青年报》记者采访)

有了排行榜,大学怎么办?

既然有排行榜了,大学怎么办呢?大学要客观分析来自各方的评价。社会对大学的评价很多。政府、某些行业对大学会有评价;学生毕业以后,校友对母校有评价;政府对大学也会有评价。排行榜是多方评价中,来自社会的评价。如何做到客观?首先要有来自各方的信息;其次要有吸收这些信息的胸怀;第三要有正确的分析。这样一来,校长书记就有定力了。有些排行榜看重科学研究的指标,侧重科研经费总量、SCI文章数、科研成果。我们要深入分析,要看高端文章情况、引用情况,这些指标在现有排行榜里看不出来。《泰晤士高等教育期刊》的评价主要是看社会对大学的评价。在这个排行榜里,复旦的声誉比较高,有两次在全球一百名之内,说明我们的毕业生很争气,在全世界得到认可;还表明我们很开放,间接反映出过去二三十年我们人才培养的质量还可以。

因此,对各方面的评价,大学要吸收有益的意见,摒除片面的意见,保持清醒的头脑。不要变得浮躁和急功近利。"走自己的路,让人家去说吧。"当然在自己的路上,也要听得进别人的意见。现在我们国家大学间的竞争很激烈,但归根结底,大学要对得起社会,对得起我们的学生。大学要继续办下去,要办几百年,学生要一届一届培养,心不定怎么办?社会也要给大学有静心办学的环境。

(2009年5月18日接受《中国青年报》记者采访)

教育创新必先更新观念

教育创新不仅是教育事业自身发展的要求,而且是理论创新、制度创新、科技创新等各方面创新的条件和基础。能不能创新,关键在人。而培养具有创新思维、创新能力的人,是国家和社会赋予教育的任务。如果通过教育创新,培养出一代又一代创新人才,并将创新的观念和思维扩展,影响到全社会,这将对民族振兴产生何等深远的影响!

如同其他创新一样,教育创新首先必须更新观念。创新,就是要打破常规,做前人所没有做过的事情。要进行创新,思想观念必须先行。只有想前人所未想,才能做前人所未做。教育是一项主体意志很强的工作。培养什么样的人?怎样培养?国家的要求,社会的想法,教育者的认识都会强烈地表现出来,影响到教育的过程。因此,教育要创新,教育界以及全社会更新教育观念显得特别重要。

要更新不适应国家和社会发展要求的观念,树立正确的教育观和人才观。教育是干什么的?在国家和社会各项事业突飞猛进的时候,教育该为现在和未来提供什么,准备什么?这里有许多问题值得重新认识。

教育是要培养人才的,但教育的任务,不只是培养人才,还要培养大量具有一定知识和技能的劳动者,还要为提高全民族的素质作出贡献。一个民族,如果只有科学家、工程师、企业家、管理者,而没有足够数量的中等技术人员、技术工人、有文化的农民和其他劳动者,其振兴恐怕也是很难的。社会生产力的构成是有层次的,所以教育的实施也应当是有层次的。如果认识到这一点,各类学校包括高等学校、职业专科学校、中小学应该都有自己的正确定位,各得其所,得到发展。他们所培养的各类毕业生的不同社会价值都应当为全社会所认同。这样，就会改变"千军万马挤独木桥"的状况。

培养人才，不是只有高校一条路。或者说，人才不是以文凭为标志的。在现实生活中，人才本来就是多种多样的。在科学前沿的某个领域卓有建树的科学家是人才，心灵手巧、能把设计人员头脑中的构思付诸实施的工匠何尝不是人才？三百六十行，行行有人才。人才的多样性决定了成才道路的多样性。进学校经过深造可以成才，用心自学经过努力也能成才，在社会实践这片广阔天地里锻炼更能铸就出千百万可用之才、栋梁之才。所以，我们要打破"唯文凭论"、"唯学历论"，教育要为人才在各行各业脱颖而出打下基础。

教育不只是面向青少年，而且应面向所有的人。现代科技的迅速发展，社会产业结构的不断调整，向每个人都提出了终身学习的任务。为社会提供接受终身学习的机会，就成了教育更深刻的内涵。君不见那些职后培训班如雨后春笋，老年大学如火如荼吗？它是经济发展繁荣的象征，是全日制学校的有力补充。中国教育市场的巨大潜力，必将会吸引境内外各种力量参资办学。这对解决穷国办大教育的世界性难题大有好处。

要更新不符合受教育者成长发展规律的观念，树立正确的教育观和成才观。人是怎样接受教育的？教育对人的成长发展起什么样的作用？这样的问题绝不是单纯的教育学课题，而是一个普遍的社会认识问题。在日常生活中，我们看到，教育观念不正确、违背受教育者成长发展规律的现象比比皆是。

依据人认识世界的过程循序渐进，是教育应遵循的基本规律。一个孩子经过十多年长大成人，他认识世界的能力总是从观察力、模仿力、想象力，逐步发展到推断力、抽象思维能力，由低级向高级。学校教育只有遵循认识能力的这样一个发展过程来实施，才能取得好的效果。可是现实却不是这样。大学生进校以后，往往要对他们进行启发式听讲的诱导和诸如公共卫生等基础文明的教育，因为这些问题在中小学阶段没有解决，大学不得不补课。而小学生现在据说是为了"培养创新能力"而要上"研究性课程"，做"研究性课题"。观察力、想象力还没有好好培养，哪来分析研究能力？结果是苦了出题的老师和帮着做题的家长。这种违背循序渐进教育规律的做法，令人啼笑皆非，不能不说是我们学校教育的一种失误。

调动受教育者的内在动力，也是教育应遵循的基本要求。教育是一个互动的过程。兴趣是受教育者的重要驱动力，只有调动起受教育者的内在动力，教育过程才有可能实现，教育才会有效。可是，现在全社会在应试教育的笼罩之下，很少有人对此作理性的思考。不少家长出于"望子成龙"的愿望和对子女未来的功利考虑，不断给孩子加压，压抑了孩子对未知的追求和对未来的憧憬。许多孩子天真地道出了是"爸爸妈妈要我学"，厌学逃学的现象也不在少数。不少学校在升学率指挥棒的压力之下，难以在调动学生内在动力上下功夫，教学内容和方法的改革跳不出应试的圈子。学生负担重成了一个社会问题，而且必将对未来社会的发展产生长远的影响。

更新观念是教育创新的前提，但我们并不否认教育制度创新的重要性，并不否认现代科学技术手段在教育领域的广泛应用将大大改变教育的面貌。观念更新和制度创新是相辅相成、相互促进的。观念更新为制度创新扫清思想障碍，制度创新又将巩固观念更新的成果。教育是联系着每一户人家的大事。因此，教育观念的更新涉及全社会，任务很艰巨；教育制度的创新牵动全社会，任务更艰巨。只要两个问题系统解决，教育创新的目标就一定能够实现。

(原载《职教论坛》2003年第1期)

全社会都来促进素质教育

从 20 世纪 80 年代教育行政部门提出"素质教育",到现在 20 多年了。"素质教育轰轰烈烈,应试教育扎扎实实",确确实实就是现状的写照。

我们整个教育是为了什么?前几年只提,为了多出人才、快出人才。现在提两句完整的话:首先是"着眼于提高全民族的素质",教育越普及,越对全民素质的提高产生作用。第二句话才是"要出人才"。不是所有人都是人才,普通人也需要通过教育提高素质。

教育要面向所有学生,要实行全面的教育,这两点很关键。面向所有学生,意味着不光是面向好学生,即使是成绩差的学生,甚至是有某种缺陷的学生,都应该受到应有的教育。这就是教育的本质——使人成为人,这是对教育本质的回归。还有一个是全面教育,过去提了很多,但我觉得不是很完全。

仔细想想,很多东西都需要教育,比如是不是有道德修养,是否有社会责任感、有意志力等,关于艺术和美的教育也需要,甚至于锻炼健康体魄,等等。全面素质教育涵盖了所有的方面,一个人的素质要比较完全,不能有过分缺陷,如有严重缺陷,于自己成长不利,对社会也有问题。马加爵事件发生时,我们大家都觉得不可思议,仔细琢磨,与教育(包括家庭教育、社会教育、学校教育)有关。不是归罪于教育,而是表明我们的教育有缺陷,值得反思。

素质教育是不是只和学校有关?现在提出"提高全民素质",应与全社会有关。学生到网吧玩或受家庭的不良影响,学校怎么办?所以还是应该讲三方教育:社会教育、家庭教育和学校教育。

素质教育是不是只是中小学的事情？不是这样，素质教育不仅是中小学的事情，也是大学的事，大中小学应该衔接起来，根据人的成长规律，在特定的阶段进行特定的素质教育。小学生应该是养成教育，初中要适当进行道德和伦理教育，高中适当进行些思想教育，包括思想方法、唯物唯心诸如此类。政治教育应该在大学进行。

（原载《解放日报》2010年4月2日）

据查，素质教育的提出已有半个世纪，但是素质教育没能得到有力贯彻，应试教育反而愈演愈烈。现在连总理的报告都提出这个问题，可见问题之严重。正如老百姓形容："素质教育轰轰烈烈，应试教育扎扎实实。"应试教育已从中小学提早到学前教育。有一句著名的口号叫做："不要让你的孩子输在起跑线上。"这是襄阳路口一个幼儿补习班挂的标语，家长们看得心惊肉跳。于是，有两岁多的孩子已认了两千字，入学前的孩子已学会了四则运算，被奉为楷模。我真不知道被迫站到所谓起跑线上的孩子，还有天真烂漫的童年吗？真的要"救救孩子"。

素质教育推进困难，有观念上的问题，也有体制机制上的问题、政策上的问题；既有教育界的问题，更是全社会的问题。

全社会都要转变观念，充分认识应试教育的危害性。现在全社会都陷入一个怪圈：读书是为了进好学校，受教育是为了寻找好职业。这看上去似乎也无可厚非。其实这就违背了教育的本质——教育是为了培养健全的人。虽然许多人也对应试教育、学生负担重深恶痛绝，但没有人敢与此对抗，因为应试的氛围已造成巨大压力，应试教育的体制机制决定着利益趋向。所以，我们全社会都要清醒地认识到应试教育的巨大危害性。对青少年而言，这种教育扼杀了他们的兴趣，扼杀了他们的天性，扼杀了他们的独立思考和自主能力。对国家而言，这种教育扼杀了一代又一代人的创造力，建设创新型国家就无从谈起。现在可以说许多人是沉陷其中而不知其害。最近网上热议的中学该不该文理分科就是一例。其实这不是方法之争，而是教育理念之分野。结论很明显，人的各方面成长是不能用简单分科的办法来塑造的,过早分科对学生的成长非常不利。如用应试的眼光想这个问题必然得出错误的结论。

高考改革要坚决推进。中小学要推进素质教育,高考是指挥棒。高考不改革,素质教育难以推进。自主招生改革的目的就是要打破一卷定终身的现行统考制度,让大学有自主权,从本校培养目标、特色的要求出发,通过测试考察中学一贯表现、面试等综合方法,吸收符合条件的学生入学深造。这一改革已对中学素质教育产生影响,有一位著名的中学校长说:"高校自主招生带来的将是人才培养模式的竞争,哪所学校在实施素质教育方面做得好一点,它就能在新一轮竞争中占得先机。"

政府教育主管部门要大力推进体制机制改革,制定政策,帮助促进中小学素质教育。在应试教育的氛围和惯性下,家长不敢逆势而行,学校教师也不能突破怪圈。这就需要政府采取坚决措施,用系统方法扭转现状。例如,坚决废除以升学率作为对中学业绩评估的标准;取消重点中学;逐步取消文理分科(只在高三下复习时分);对那些频频举办高复班,甚至给自主招生也办应试班的教育中介,应该有所限制;媒体的报道宣传也应为素质教育服务,不为应试教育张目。政策体现的就是价值观。政策决定资源流向,有导向作用。政策配套出现,素质教育的氛围就能形成。

(原载《上海人大月刊》2009年第4期)

文理分科是为了应对高考的需要而产生的,并不是应对培养的需要而产生的。目前,随着应试教育越来越强化,文理分科已经成为家长和中小学为了适应考试而采取的教育分科。这违背了教育的本质和规律,因为教育的本质是培养适应社会需要和发展的人才。

人的成长有一些偏好,但是这些偏好并不是一成不变的,并不是一出生就适合文科、理科。教育的根本目的是希望一个人,对社会、对自然都有人生的适应能力。过早就把孩子分为文理科,这是不符合人的生长规律的做法，而且会从各个方面挫伤孩子成长的积极因素，甚至过早让孩子们有挫折感，过早让孩子成长偏科。

　　提早文理分科有很多危害。例如，许多孩子不去学历史和地理，觉得这是小科，不值得花时间。一个不懂得历史的人，就不懂得今天。不能继承丰厚的文化遗产，就不懂得创新。如果不懂地理，不了解国家，就没有社会责任感。小孩子在历史、地理、音乐、生物等方面，都应该涉猎一点。

　　我认为取消文理分科是比较合适的。但是，当前的条件还不成熟。我认为可以逐步取消文理分科，只是到高三或者是高三下学期的时候才给我们的学生按照考试要求分文理科。

　　一般大学校长都赞成中学文理不分科，是从培养人的角度来考虑问题，而不是从某些技术细节来考虑问题。"如果文理不分科，小孩子就负担更重"这种观点，还是从应试教育的思路来考虑问题的。

（原载《中国经济导报》2009年3月14日）

复旦的五大发展战略

要加快发展,一定要有正确的发展战略。所有"战略",用毛主席的话来说,就是"全局的规律的东西"。"一着不慎,满盘皆输",战略决策正确,就能把握住关键的棋子,就能在激烈的竞争中"棋高一着,胜人一筹"。学校的发展战略问题,就是涉及学校发展的阶段、步骤、布局、重点、资源调动、协调各方关系等的全局性重大问题。今年暑期,学校召开了党委扩大会议,重点讨论了发展战略问题。与此同时,我们通过多种形式,就这一问题听取了各民主党派和群众团体负责人、无党派代表人士以及专家学者的意见和建议。在综合各方面意见的基础上,党委形成了《关于学校发展战略问题的若干意见》,主要有五大战略。

一、学科发展战略

学科建设是学校建设和发展的龙头,学科建设的状况是体现一所高校实力和水平的重要标志。学科发展战略决定着学校的学科布局,决定着一段时间的重点科研方向,也决定着校内资源的流向。学科发展战略是学校整体发展战略中最重要的部分。

这里主要是两个问题:一个是学科架构,一个是学科生态。我校学科架构的基本态势是文科、理科、医科三足鼎立,这是支撑我们这样一所综合性研究型大学的基础。我们今后的任务是要把文科、理科、医科中的基础做强,应用做大,在此基础上还要发展工程技术学科,新建若干个学科,如教育学科和艺术学科等,使我们这样一所综合性大学的学科朝着更加综合的方向发展。

关于学科生态,我们认为,学科生生息息、新陈代谢,是一个不断发展的过程,学科建设要做到"分类分层地推进,相互协调地发展"。所谓分类,就是说基础、应用、传统、新兴,各类学科要有各自的奋斗目标,各得其所,不要把它们对立起来、孤立起来;所谓分层,就是要调动学校和院系(医院)两级抓学科建设的积极性。要形成良好的学科生态,避免发展一个、抑止另一个的现象,让新的学科不断冒出来,相互协调发展。

二、人才战略

人才问题是战略问题。学科发展的关键在人,事业发展的关键也在人。有人就兴旺,没人就会衰落。要树立正确的人才发展战略,关键在于"两个形成":一是要形成一支一流的队伍,二是要形成能够造就一流队伍的体制和机制。队伍的形成是长期积累的结果,要抓得早,抓得有力。

首先要加大战略性人才引进的力度。这些年,不少单位都从人才引进中尝到了甜头。实践证明,人才引进有助于改变某些学科的面貌,实现跨越式发展,有助于在师资队伍中形成竞争的态势,相互激励。今后,我们要有国际化的视野,确立市场化的观念,以更加主动、更加开放、更加有效的举措搜寻紧缺的各类优秀人才;同时要做好现有校内人员的规划和培养、使用工作,优化梯队结构。

其次要启动新一轮人事制度改革。我们要学习北大勇于改革的精神,不断深化人事制度改革。今年,我们就对高级职务评聘方式作了一些改革。我们要形成淘汰流动的机制,实行多层次岗位聘任制度,向国内外公开招聘,鼓励院系利用流动编制补充教学和科研力量。要调整分配政策,调整和改革现行的岗位津贴制度。还要加强分层分类管理,重视各个不同层次的人才,对教学、科研、医疗、管理、实验技术和服务人员等不同岗位实行分类管理和评价。

三、国际化战略

国际化是创建一流大学的必由之路,是一种教育发展战略。加快国际化步伐,向世界一流大学学习,吸收和运用世界性资源,是迅速提高我们的办学水平、实现跨越式发展的有效手段,是学校发展的助推器、催化剂。因此我们要始终以世界一流大学为参照系,采用各种方式向国外的一流大学学习:不仅要引进优质教育资源,如课程、教材、师资等,而且还要学习先进的办学理念和借鉴大学管理制度等。我们将逐步与一些世界一流大学建立战略合作伙伴关系,同时鼓励各院系、医院与国际上实力相当的大学院系、医院建立深入的合作关系。今年11月,耶鲁大学校长将访问我校,我校将和耶鲁大学签署合作协议,启动两校的全面合作。我们希望通过这样的合作,吸收世界一流大学的优质资源,提高我校的办学水平,实现跨越式发展。

四、服务上海战略

复旦的发展需要依托上海。在这个问题上,我们要有更加自觉的意识。只有服务上海、依托上海,我们才能获得发展的推动力、支撑力,才能获得更多的资源。"服务上海,依托上海,融入上海,发展复旦"是学校发展的一个基点。服务上海、依托上海、融入上海并不是降低学校的办学层次,让我们的眼光局限于上海地区,等同于地方大学,恰恰相反,服务上海也有利于提升我们的办学水平,因为上海正朝着现代化国际大都市前进,学校将随着上海的发展而不断发展。我们的老师应该更加积极地参与上海市科技教育重大项目的建设,参与上海市产业结构和经济结构调整,参与上海人才高地的建设,在上海这个舞台上充分发挥作用,为上海的科技教育事业和经济社会发展服务。

五、品牌战略

提出学校品牌战略这个概念，我们是借用了企业经营管理中品牌战略的概念。新复旦的品牌很多，无论是原复旦，还是原上医，以至几家附属医院和一些老牌院系，都有着很好的品牌。这些品牌的形成是长期积累的结果，是几代人努力奋斗的结晶。这些品牌体现了我们这样一所百年老校良好的社会声誉。大家可能注意到，在近些年的大学排行榜中，复旦的学术声誉始终处于第三名的位置，这说明社会对复旦的学术声誉和影响是认可的。品牌是无形的资源，是一笔丰富的矿藏。为了创建一流大学，我们就要把品牌这个无形资源发掘出来，要用好品牌、维护品牌，还要不断地提升品牌、发展品牌。

总之，我们要在正确的发展战略的指引下，不断推进学校各项事业的发展。这里我也强调一点，千万不要把发展战略当做是工作部署，代替具体措施。战略问题是学校全局层面上的问题，落实到各单位，还应该在学校发展战略的指导下，认真思考本单位发展中的重大问题，形成本单位的工作思路，要有具体步骤和措施，把各项工作落到实处。要有所为，有所不为，不要眉毛胡子一把抓。

(2003年9月13日在复旦大学四届三次教代会上的讲话)

构建和谐校园

　　构建和谐社会是一种新的发展观。构建和谐社会,就是在强调和谐发展。科学发展观提出,科学发展是可持续的发展。构建和谐社会,实质是强调平衡发展。发展会导致不平衡,我们在打破原有平衡的同时,也要注意建立新的平衡。从小平同志提出"发展是硬道理",到树立科学发展观,再到构建和谐社会,这表明我们对于发展的认识一步步在深入。在科学发展观的统领下,要可持续发展,也要和谐发展。和谐既是发展的手段,也是发展的境界。发展的最终境界是和谐,是社会的和谐、人与人的和谐,是人自身的和谐,也是人与自然的和谐。

　　我们在创建世界一流大学的道路上,怎么化解自己的矛盾,迎接挑战,寻求更大发展,也有很多问题要解决。这些问题是发展中的矛盾,也是校园中不和谐的因素,主要包括:

　　第一,资源紧缺将成为学校发展的瓶颈。资源紧缺既有钱的问题,也有人的问题;资金不足,师资也不足。资源紧缺的另一个方面是人力资源存在结构性短缺。

　　第二,要正确处理好若干关系,协调发展中的若干问题。这些关系包括外延与内涵的关系(复旦的招生规模将稳中有缩),教学与科研的关系(医院是医疗、教学和科研的关系),重点学科与一般学科的关系,还有通识教育与专业教育的关系。

　　第三,教师的精力分散,教学、科研的积极性还没有得到充分发挥。

　　第四,学术生态环境不够和谐,一些院系人际关系紧张。庙里始终不敢菩萨多,菩萨一多就分灶吃饭。青年人在这种环境下很容易陷入人事倾轧,无法安心学术。

第五,校园高度开放,人员流动性很大,隐藏了很多不稳定因素。

第六,师生员工中有许多切身利益问题需要解决。这些问题如果不解决,就会耽搁学校的内涵发展,影响学校的综合实力。因此,我们需要认真考虑,抓紧建设和谐校园,确保学校顺利实现"十一五"的发展目标,早日建成世界一流大学。

(2006年10月30日在复旦大学党总支书记例会上的讲话)

发展要以学科建设为龙头

什么是学科？学科是人类社会对于客观规律的认识所进行的一种分类。人类社会对客观规律的认识我们称之为科学，发展到一定时候，由于学校教育的需要，就把这种认识进行分类，这分类是人为的。学科的概念和区分，大概也就是三四百年的历史，可能是欧洲有了最古老的大学开始。近一百年来，学科的分类是越来越细，同时趋于大致稳定。但是学科的分类是永远不会结束的，在边缘和交叉点上还会出现新的生长点，出现新的分类。学科的分类主要是对科学规律的认识，但在现实生活中我们发现，学科分类还有外在需求的因素起作用，有的时候甚至市场也会起作用。

学科是立校之本。有什么样的学科就有什么样类型的学校，学校综合实力也决定于学科建设的状况。一般来说是看三个要素：学科分布的广度、学科的发展前景、学科自身的实力。学校的综合实力跟学科的关系是非常大的。因此，我们学校的发展和建设首先应当着眼于学科建设，学科是立校之本。一个不了解学科情况，不懂得学科建设的干部是当不好领导的，无论是校级干部，还是院系一级干部、机关的干部，都是这样。

学校的建设和发展必须以学科建设为龙头。如果把学校比作一棵大树的话，学科建设就是它的根和主干，吸收营养是从那里来的，其他的分枝、分叉都是从那里长出来的。所以，我们学校的招生和课程都是按照学科来划分的，因此招生改革和课程建设一定要从学科建设出发来考虑。另外，科研成果决定了我们学科建设的成就，同时科研的选题也一定要把学科建设作为主要的出发点之一。不是有奶便是娘，有小钱就去搞小项目的科研，这样会影响学科的发展。搞科研当然要向外面去争取资源，一般来讲纵向都是一些比较重要的项目，横向就不一定了。有的老师，为了一些小钱，搞了很多小项目，久而久之学科建设就耽搁了。院系的调整也必须以学科组合为主要的出发点和目标。队伍的建设，尤其是师资队伍的建设和配备、职称的评定、人才的引进，也一定要以学科建设的需要作为目标参数。校园规划、资源配置，也一定要以学科为基础。我们的基建处长在发言时很有学科意识，她说你们赶紧确定哪些学科是重点，哪些不是重点，造房子也好造。总而言之，我们一定要有强烈的学科意识，也就是强烈的学校发展的意识，这样才能够把学校建设好。

　　学科建设要取得成绩，必须要有重点和突破。要处理好基础学科和应用学科的关系。要保持我校基础学科的优势地位，这是复旦的特色之一，是学校学科发展之本。很多新学科是从基础学科中长出来的，人是从那里输出来的，干部也是在那里成长起来的。但是基础学科也必须注意一个问题，现在形势发生变化，讲基础学科保持优势地位，决不等于基础学科的建设一成不变，这完全是两个概念。现在全世界的基础学科，有些可能会产生重大突破，将来产业也好，应用学科也好，都是靠这些重大突破带来的。复旦一定要对基础学科的这种重大突破给予关注，否则将来就保不住基础学科的优势。譬如说，生命科学就是基础学科里可能会产生重大突破的领域。

　　另外，基础学科本身还有向应用学科拓展的，也可以发展。譬如说应用数学中的一个分支——金融数学，就有很好的发展前景。还有就是力学，力学中很大部分就是应用。

　　代表新的产业方向的学科，我们要加快发展，譬如信息学科、材料学科，文科也很多，经济、管理、法律、新闻等，要加快发展。

　　有发展前景的综合交叉学科要积极扶植发展，譬如环境科学，综合性非常强。综合交叉学科要按照现有的载体去发展很困难，除非学校出面组织新的学院，但我们又不可能组建太多的学院。怎么办呢？所以大家提出"中心是载体,项目是抓手",这个提法非常好。学校的政策是积极支持在综合交叉学科方面发展的中心。老校长谢希德很有远见,她曾经讲过,学校的管理体系是矩阵结构,纵向是校院系,横向是中心。北大的中心远远超过我们,说明北大的学术思想非常活跃,有的中心的名字听都没听到过,但它就是代表发展方向。将来我们要研究一套学校扶持中心的办法,譬如说成立一个中心,经过专家论证,认为很有需要,我们给启动经费,后面经费自己想办法,给一两个固定编制,其他都兼职,可以吸收校外,甚至国外的人来参加,这就活了,是利用外脑为复旦的中心做事情。"项目是抓手",如果项目也没有,空空如也,中心怎么能够支撑下去?项目越是有影响,中心就越红火。至于中心将来有没有可能成为系,成为学院,这也难说。学科是在不断变化的,但是有个过程。

(1999年7月18日在复旦大学党委常委扩大会上的讲话)

学科布局体现办学特色

我们办大学,总要和"学"字打交道,如学科、学位、学术等。其中,最重要的是学科。

第一,什么是学科?学科是大学特有的概念。从传递知识、教育教学的角度看,学科是指"教与学的科目";从创造知识、科学研究的角度看,学科是指"学问的分支";从校内组织的角度看,学科又是"学术的组织"。学科的设置,一要符合科学的分类,二要适应社会对人才的需求。

第二,学科有什么用?弄明白学科有什么用,就清楚了学科建设的作用。学科建设是学校建设和发展的龙头。学科建设的状况是体现一所高校实力和水平的重要标志。学科是管定位、管布局的。定位清晰,布局合理,这所大学就有特色;定位不清,左右摇晃,发展就大受影响。大学的基本功能是人才培养和科学研究。学科建设与人才培养、科学研究的关系,犹如车身和轮子的关系。学科建设是车头和车厢,人才培养和科学研究是两个轮子。如果两个轮子转得不好,这辆车就开不起来;反之,车头方向不明,轮子就会空转、白转。

简而言之,学科管布局。只要布局合理,结构优化,重点突出,学科规划就能长远地发挥作用,也就容易落实。所以,一所大学的发展首先要着眼于学科建设,做好学科规划。

第三,学科怎么建设?一句话,要集中力量建设体现办学特色的支柱学科。学科布局要体现办学特色,处理好四对关系。

一是专科和综合的关系。中外很多大学的发展都是逐渐从单(专)科学院发展成综合性大学的,这也符合现代学科体系的发展规律。大学合并是为了提倡综合,综合顺应科学发展趋势和人才培养规律。一个大学的学科犹如手的五指，总是有长有短；但是，如果没有五指，就攥不成拳头。所以，我们要重视综合学科体系的集成作用，但也不能一味地求全。综合之下，不可丢掉特色，综合不等于齐全。追求齐全，成本很高，成效甚微。

二是基础和应用的关系。基础学科是大学发展之本。基础学科是老枝，应用学科是新芽。老枝遒劲，就能发新芽。当然，要让老枝发新芽，也需要一定的手段。例如，做好学科交叉工作，嫁接一些新芽，催生新的品种。此外，发展应用学科不等于开展职业教育，不能社会有什么职业就设置什么学科。设置学科缺乏合理依据和规划，学科发展就没有稳定性。社会虽然迫切需要职业教育，但应该通过大力发展职业教育以满足这种需求，而不是由高等教育代替职业教育。

三是教学型和研究型的关系。近年来，国内各校在制定发展战略时，受国外大学分类研究的影响很深（例如美国的卡内基分类法），将大学人为地划分成了四档，依次是研究型、研究教学型、教学研究型、教学型。于是，很多学校都根据自己的现有水平往里套，希望能经过努力进入上一个档次。国外的类似研究，是根据当时大学发展的普遍情况所做的特征分类，并不是对大学的发展之路作出明确界定。不管是研究型大学，还是教学型大学，都有自己的优势和不足——并不是高水平的大学就是研究型，低水平的大学就是教学型；也不是研究就比教学重要。水平相对有限的大学，要提高自己的水平，并不是只有加强科学研究这一条路。简而言之，研究型不等于高质量。欧美都有很多以教学为主的高质量大学，历史悠久，学风优良，声誉卓越，培养的人才同样是出类拔萃的。

四是热门和冷门的关系。学科发展，要瞄准学科发展方向和经济社会发展的重大需求，把握学科发展的内在规律，提早布局，准确布点。学科发展不能跟风。跟风的结果，往往是落于人后，受制于人。虽然弄了热门专业，却是在炒冷饭，做的都是冷门的事。专业的设置适应人才市场的需求，总有一个滞后期。大学学科设置不能跟着市场走。要适应需求，又要保持距离。

第四，学科怎么规划？又怎么落实？学科规划是大学最重要的规划。学科规划能不能落实，关键看学科定位。定位准，有明确的学科发展方向，就能聚集队伍，争取到资源，实力显著增强，规划就能落实。定位不准，聚集的队伍会散，投入的资源不能见效，规划就失败。

在落实学科发展战略，制订、实施学科规划的过程中，要重视"学科生态"。形成良好的学科生态是落实学科规划，实现学科群发展的重要条件。我们认为，学科的生生息息是一个不断发展的过程，就像一个生态系统。学科建设应该是"分类分层地推进，相互协调地发展"。所谓分类，就是说基础、应用、传统、新兴，各类学科要有各自的奋斗目标，各得其所。所谓分层，就是要调动学校和院系（医院）两级抓学科建设的积极性。如果仅有学校的积极性，学科建设是搞不好的。必须调动院系和广大教授的积极性。学校多考虑整体布局、发展方向、资源配置，院系（医院）多考虑二、三级学科的发展。此外，还要注意创造有利于学科发展的体制政策环境，形成良好的人文氛围，要避免发展一个，抑制另一个的现象，让新的学科不断冒出来，相互协调发展。

有良好的"学科生态"，就能避免学科建设投入的两个误区：一是可以落实"成熟原则"，学科点成熟一个摘一个，避免花大力气催熟；二是有适度的丛林原则，适者生存，哪个学科点生存能力强就多投入，哪个项目前途好就大投入，避免以学科为单位，按山头分资源。

（2006年10月11日为国家专家局
高校领导海外培训项目所作的讲座）

人文社会科学发展的若干问题

一、人文社会科学的价值问题

现在关于人文社会科学的界定,党和政府用哲学社会科学,学界讲人文社会科学。我倾向于后者。人文科学和社会科学是有区别的。人文科学主要从事人的精神方面的研究,社会科学主要从事社会现象的研究。我比较赞同人文科学和社会科学的提法。光提哲学社会科学,容易让人们忽视人文科学。

从党和国家领导层面来看,对人文社会科学价值的认识,语言表达上已经高得不能再高了。2001—2002年,江泽民同志对人文社会科学有一系列的重要讲话,提出四个"同等重要"。关于人文社会科学的意义,他提了两句话:"哲学社会科学是人们认识世界改造世界的工具,是推动社会发展和人类进步的重要力量。"所谓"四个同样重要",就是"哲学社会科学和自然科学同样重要,培养高水平哲学社会科学家与培养高水平的自然科学家同样重要,提高全民族的哲学社会科学素质与提高全民族的自然科学素质同样重要,任用好哲学社会科学人才并充分发挥他们的作用与任用好自然科学人才并发挥他们的作用同样重要"。这样讲是有针对性的。

江泽民同志的讲话不仅讲到人文社会科学的价值,还讲到环境问题、学风问题、时代特色和中国风格等。胡锦涛同志的论述更多地是从国家层面看,认为哲学社会科学体现着一个国家和民族的思维能力、精神状况和民族素质。他联系我们国家的现代化进程讲到,在实现中华民族复兴的伟大历史进程中,哲学社会科学有"不可替代"的作用。我觉得"不可替代",认识上比"同样重要"可能进一步。

人文社会科学的价值究竟该怎么认识?当前主要有工具主义和理性主义之争。无论是政府还是社会的要求,都过于强调工具性了。有两个倾向比较明显:第一,你有什么用?政府说,我投入经费不少了,你应该有回报,拿点东西给我看。人文社会科学是不是要有直接的回报?立项了,就要有产出;如果没用,就边缘化了。第二,急于求成。希望在短期里面,人文社会科学对GDP增长有促进,对一个时期某一个部门或者领域有重大建树。强调用或者急于求成,有工具主义的倾向。

人文社会科学的作用首先是启迪社会。一种重要的思想或者一个重要的观点,可能对整个社会都有作用,可能改变整个社会的思维方式。明年是改革开放30年,为什么划分在1978年,因为当时进行了真理标准的讨论。我们毫不夸张地说,一个观点可以启迪一个时代,改革开放的闸门就打开了。反过来,拒绝一个观点,也可能对一个国家或者民族带来损失或灾难。当时,拒绝马寅初,就增加了今天社会承载的负担。

第二,传承文明。社会发展,文明怎么传承?文明就是靠人文社会科学传承的。当然,如果从大文化角度,我们生活中的很多东西都是文明。但是从成果角度,还要靠人文社会科学。

第三,资政育人。大学对社会的最大贡献,就是育人。像复旦这样以基础学科见长的大学,在社会的建设中,难得有一线的发言权。即便是承担政府课题,还是不能在工程建设方面直接贡献。大学最大的贡献还是培养人,培养人就离不开人文社会科学。还有资政,最近经常讲思想库,国外叫智库。谁的思想库?一般来讲,我们这种思想库是政府的思想库。最近有个提法,叫党和人民的思想库。我没读懂。人文社会科学还是有资政的功能。关于思想库的问题,我有点想法。我们力图要成为上海市政府的思想库,并争取成为中央政府思想库的一部分。

对于思想库有不同的认识。思想库是不是工具？我个人认为思想库不一定是工具，更多的应该提供一些战略性的思考，提出的方案不一定直接有用。这里面都有分工的。换句话说，怎么样才能搞得好思想库，这个思想库不要做政府现行政策的诠释，反而要做一点现行政策的批判。思想库最好和政府保持一定的距离，最好有相对独立的话语权。思想库是研究的主体。兰德公司对外标榜，我不是美国政府，和美国政府有区别。

所以，对人文社会科学的价值，我们要深入思考，希望不要对我们提过于工具性的要求，让我们有时间、有空间，研究重要的问题。

二、人文社会科学的学术创新问题

现在是一个到处讲创新的时代。知识创新、科学创新、理论创新，创新型国家、创新型城市，还有人提出创新型大学。我有很多困惑。我们的《辞海》中间没有"创新"一词。《辞海》里面只有创始、创见。当然，不等于《辞海》里面没有，现实就没有，例如"关爱"。为什么我们提出创新？因为我们国家民族需要发展，需要用创新这个词来鼓舞我们。江泽民同志讲创新是一个民族的灵魂。不能再高了。创新是需要以传承为基础的。牛顿说，他的成就是站在巨人的肩膀上，所以才能居高望远。恩格斯也说，在古希腊人那里，我们可以发现后人许多观点的萌芽和胚胎。创新总是在前人成就的基础上。现在改变了，只讲创新，不讲传承，还用了一个词——原创性。如果我们要追求一个从真空里长出来的创新，就如同相信上帝是推动力一样荒唐。

创新一定要有知识的积累，而且还要有点批判的精神。好多问题，是要积累到一定的程度，才能提出自己的观点的。我们读书的时候，就怕提不出问题，提不出问题，就是因为你创新不够。最近中科院院士吴文俊主张"推陈出新"。

创新和实践的关系怎么样？创新的源泉还是来自实践。实践会对我们以往的知识和经验提出问题。不仅是建设的实践,还包括我们文化方面的实践。

　　人文社会科学方面的成就,是不是都以创新为标准?你重复人家老话,不算成果。但是,你不重复人家的老话,也不一定是创新。很多博士生论文自称,他的××观点是第一次提出的、最新颖的,我都觉得有问题。在人文社会科学领域,哪怕是精品、上品,都不一定是创新的。校勘、考证,纠正前人的谬误,就不是成果吗?人文社会科学领域里,还有编撰、集成,都有精神的劳动,这些是创新吗?

　　现在大家提出,学术观点、学术体系、科研方法上都要创新。这个要求很高,我也泼点冷水。首先,有学术观点的创新是很不容易的。可能会有突破,但是要花工夫。科研方法的创新,这是我们需要大力去做的。科研方法的创新也许会带来很多成果。最难的是学科体系的创新。学科是科学的分类,是几百年沿袭下来的。我们为什么分为文学、史学、哲学?这些分类不是哪个人随意安上去的。我们现在又不赞成分类过于细致,我们是在原有的大盘子里逐渐修正。整个学术体系要创新,又要原始性创新,这就是颠覆性的创新。我有点怀疑。

　　我们应该对青年学者提倡一定要打好基础,不要急于创新。功底厚,才能底气足;底气足,才有可能创新。人文社会科学很大的一点特色,就是要靠积累。没有积累就奢谈创新,很容易胡说八道。

三、人文社会科学的学术评价问题

　　人文社会科学要繁荣,就涉及学术评价问题。这个繁荣,也是一种评价。繁荣是要求很高的,套用毛主席的话,就是百花齐放、百家争鸣。我问一些问题。

　　第一,繁荣就是成果数量急剧扩张吗?就是有许多眼前看起来很有用的成果吗?繁荣能自封吗?

　　现在的学术评价,一个很大的倾向是重量不重质,学术成果定量化统计。这个方法在一定范围内是很普遍的。但是过于定量也是有问题的，现在科研立项、成果评审，都是把量化指标放到不恰当的位置。我觉得，这是 GDP 思维在学术领域的渗透。这样就造成了我们研究人员难免心浮气躁，难免粗制滥造。我逛书店，好书较少。学术著作，也是良莠不齐。现在有几个人甘愿十年磨一剑？教授说，你们文科科研处都是拿数量来统计我们。我从内心，更看重质，不看重量。人文社会科学工作者还是要看重传世之作、警世之作。我们社会长期没有动荡了，这个时期应该出传世的东西。传世之作，不是一两年能出来的。复旦中文系的陈尚君教授，不做系主任，埋头搞了 14 年，写了《旧五代史新辑会证》，我深受感动。外文系的陆谷孙，编《英汉大词典》，从黑发忙到白头。我们要给这样的学者创造宽松的环境。作为智库，要搞一点宏观的、长期的东西。

第二，学术成果谁来评价。学术成果应该有时间的评价。人文社会科学成果不是一下子能说得清楚的。这个时间，就是实践和历史。有些成果，当年不起眼，若干年以后，发现是有价值的成果。我们现在老是想搞工程，结果是"有心栽花花不开，无心插柳柳成荫"。我们学校文科科研方面，在扶植重点的时候，也重视非重点。既要组织集体项目，也不可以忽视个体的作用。

第三，学术成果不能只有圈内的同行评价，行政机关也不要干预学术。单位只不过有点调控资源的行政权力。刘大椿提出评价者失范，严厉批评同行评议变成等价交换。我们学校提出来，评价能不能国际化一点？当然，也不要唯国外是从。

如何对待人文社会科学的成败问题。人文社会科学的研究成果，短时期内根本就看不出来。或者短时期内有点反潮流，有点异类，要不要保护？学术研究要求成功的指数过于高，其实是研究不出来的。自然科学容许失败，为什么不允许人文社会科学修正观点？"五四"时期有遗老遗少，也有极端的。我觉得，只要他活着，就有修正自己观点的权力。

四、人文社会科学的学术生态问题

如何营造有利于人文社会学科繁荣的环境。媒体常常炒一个观点,可是没有人纠正他们。例如,中国为什么没有大师?有的单位企图采取有力的措施,来造就几个大师。大师哪里来?我先讲讲如何给人文社会科学的发展营造一个有利的环境。

第一,保障学术自由。学术自由问题,现在变成一个不大敢碰的禁区,这是不对的。学术自由的前提是思想自由。思想能不能自由,不是谁说了算的。但是造成思想禁锢,可以是一个社会办到的。在中世纪,思想自由的对立面是神学,所以有资产阶级启蒙。启蒙的很多观点,我们还是认同的。百年校庆的时候,我们总结了四条复旦精神,其中一条是思想自由。我们这个社会如果要提创新,一定要有思想创新。

第二,要有研究的自由。研究是要以兴趣为前提的。如果没有兴趣,一天也研究不下去。还必须要有学术交流的自由,要有思想碰撞,要有批判,要有对话互动。只有碰撞、交流、批判,各种学派才能形成,才能繁荣。我们现在非常欣赏战国时代的百家争鸣。同样,在欧洲,文艺复兴时代的百花齐放,使今天的欧美文化源远流长。

学术自由也应该遵守学术规范,恪守学术道德。法律应该保障学术自由,不应该限制学术自由。政府的政策应该提倡学术自由。学术交流可以分许多不同的层次。学术交流不等于宣传:宣传要通过张扬的方式,让广大群众产生认同;学术交流并不一定要求大家认同我们的观点。学术交流只要有层次的区别,就应该保障自由。学校里有一条很清楚:学术交流,就意味着很多观点很不成熟,但是学生是一张白纸,对学生教育强调正面。

还有两个问题,也要涉及。一个是以马克思主义为指导的问题。以马克思主义指导人文社会科学的研究,提得非常好。不是领导,更不是替代。什么叫以马克思主义为指导?我们总的想法,主要以马克思主义的世界观和方法论来武装我们的人文社会科学工作者。最突出的成就是唯物辩证法。马克思主义的成果，在某些领域的成果，也可以成为我们某些领域里面的指导。现在喜欢把马克思主义变成百科全书、万宝全书。马克思主义有关特定政府和工人运动的新闻论述，你要生搬硬套，套不到今天来。马克思、恩格斯这些经典作家，学识非常渊博，但是他们精彩的观点，一定要放到特点环境下面。要用这些东西来编教科书，就更行不通了。他们自己也反对建立囊括世界的体系，例如《反杜林论》。现在动不动就要构建体系的做法，实在不好。

还有一个是人文社会科学联系实际的问题。这个命题肯定没错，但是不能庸俗化。人文社会科学有很多领域，有的领域很难联系实际，就是文化的创造。当然，我们的研究者要了解当前社情民意和社会思潮。研究者要保持独立的品格，和政府决策保持适当的距离。研究毕竟是研究，有自己的特性。

环境问题还很复杂。与其造大师，不如营造促进繁荣的环境。环境造好了，大师自然就会出现。大部分大师都是在自己高峰期过了以后，才成为大师的。大师的问题也不能太迷信。

（2007年12月11日在上海社科院高层论坛上的演讲）

融通人文学科

创建一个学术贯中西、研究通古今、没有现代学科之限、没有门户之见的人文研究机构,是复旦同仁多年的夙愿。纵观近代以来的人文学术史,一个好的学术机构可以汇聚一批好的学者,催生很多高质量的学术创造,形成优良的传统和学风,有的还可以开创一个学派,甚至影响一个学术研究的时代。今天,大家汇聚在这里,构筑我们共同的理想。

当前,在中国文化研究日益国际化的背景下,在民族现代化的进程中,中国本土的人文学科建设越来体现出重要性和迫切性。我们的文科学者不仅要传承、发展中国文化,要引领当代中国社会,还肩负着沟通不同文化的职责,向世界准确诠释中国文化,并在国际学术领域取得自己应有的发言权。不论是出于学术天职,还是出于社会责任,当代中国人文学科所承载的使命光荣而艰巨,人文学者任重而道远。

文史研究院为着理想和责任而生。理想凝聚人心,责任催人奋进。我们期望着把文史研究院建设成为"推动世界视野中的中国文化研究的国际性开放平台"。为达成这一目标,我们衷心地欢迎所有热爱中国文化的学者关心、参与文史研究院的建设,并将为亲身投入研究院建设的专家学者提供最大可能的支持和帮助。

文史研究院将坚持自己的学术理念和方向。我们确定学术方向,既不拘泥于传统,也不必盲从他人,而是致力于开拓中国文化研究的新路径。葛兆光教授提出,要在中国背景下重建中国的自我认识。我们认为这一命题具有建设性和前瞻性,意义重大。希望研究院的诸位同仁能持之以恒地走下去,办出自己的特色。

文史研究院将努力促进各人文学科的交流和融合。基于科学专门化而形成的近代学科体系，基于教学需要而建立的大学系科制度，不应成为学术创新和思想创造的阻碍。中国文化的传承与发展，需要各学科的力量，需要不同专业背景的人才。只有融通学科之限，消除门户之见，才能调动各方的积极性，产生传世之作，并培养出有渊博学识的学术人才。

（2007年3月10日在复旦大学文史研究院成立仪式上的讲话）

缺少艺术教育的人文教育是不完全的

美国综合性大学艺术学科的特点:

1. 在建校以来的几百年逐渐发展,已融为学校教育的一部分。

艺术教育就是人文教育。缺少艺术教育的人文教育是不完全的。

2. 都有专门的艺术学院(或音乐学院、戏剧学院),或设在文理学院内的音乐系、美术系等等,承担的任务是:

培养人数较少的专业学位学生,从本科到博士都有,还有辅修学位。

开设公共课程,面向所有学生,计算学分。通识教育核心课程也包含其中。

3. 课程中艺术史的分量很重,且介绍世界各国不同历史时期的艺术,介绍经典作品和杰出人物。

技艺类的占一定比例,主要面向学位生。

还有面向更多学生的技巧基础课程。从中可以看到设置这些课程的目的主要是培养学生的艺术修养。

有的学校电影、戏剧很有特色。

4. 教师总量不少,专、兼职都有。

5. 设施很齐全,博物馆、剧场等不是一个。

6. 艺术社团历史悠久,有社会声誉,而且数量不少。

(2007年4月1日读书笔记)

全面推行学分制是一项重要改革

一、全面推行学分制，是办学理念的重要转变

搞不搞学分制，看起来是教学管理制度的变革，实际上涉及对人才培养目标的认识。讲到底就是，大学归根到底是要培养什么样的人才。美国、欧洲大学实行学分制至今已有100多年了，尽管学分制已经成为他们的教学制度，但理念上还在讨论。我们国家现代意义上的大学刚刚过100多年，对大学的认识可以说是很不完整的。半个世纪以来，我们对大学培养什么样的人才有过很多反复，认识也在不断地前进。20世纪50年代培养专业人才的思想比较根深蒂固，采取的是苏联专业人才培养的模式；恢复高考制度后，又进行了摸索；随着改革开放后国外教育思想的引进，引起了我们办教育者思想上不断地变动。

第一个问题是我们怎么实现从培养专才到培养通才。复旦提出"通才教育"已经八年了，我认为这段路没有白走，为全面推行学分制打下了基础。现在教育学术界提出通识教育，与通才教育还是有所不同。无论通才还是通识，关键在一个"通"字，培养的人才要在科学与人文、传统与现代、民族与国际、知识与能力、能力与教养等方面都"通"。国外对通识教育的认识，对我们不无启发，如美国常春藤学校提出的"博雅教育"，认为大学教育的目的在于"提供心灵的训练（扩展心能的力量）和教养（充实具有知识的心灵）"。哈佛大学1945年提出的通识教育，提出培养四种能力，即有效思考的能力、清晰地沟通思想的能力、作出合适明确判断的能力，以及辨识普遍性价值的认知能力。归纳起来，

就是思考、沟通、判断、吸纳的能力，实际上是知识与能力、能力与教养等方面的结合。所以古人说得好，我们培养的人才应该是"才学通天人，睿智识古今"，不在于装进去多少知识，而在于这些知识能够融会贯通。

培养全面素质的人才，是历史发展的必然趋势。现在有两个方面在推动着我们，一方面产业结构、经济结构和社会结构的变化，不再需求过于狭窄的人才；另一方面科学发展由分化、深入以后，现在又趋向综合交叉，要求后备力量更具有通才。复旦通过实行学分制培养人才的目标，不是一般意义上大学要求的目标，而应该是瞄准世界一流大学的人才培养目标。有人提到，有的学科没有专业证书和专门训练不行。能够通过专门训练，拿到一本职业技能证书，绝不是复旦大学高标准人才培养的要求。我们与其他大学的区别，绝不是社会上风行的各种证书，如果复旦大学学生考一个计算机二级证书，就引以为自豪，还通过报纸报道，那将是复旦大学的耻辱。

第二是以学生为中心的问题。学分制很重要的出发理念就是以学生为中心。以学生为中心，第一层意思是尊重学生，视学生为教学活动的主体，调动他们的内在积极性。我认为教师和学生都是教学活动的主体，但是把学生视为教学活动的主体，这不是所有人都达到的认识。现在学生的积极性，从小学的应试教育开始，到大学已经被扼杀得差不多了。学生的积极性在于兴趣，包括对人生、科学、追求外部世界的兴趣；在于对人生的追求，对人生需求的感知；在于环境对他的激励，而不是环境对他的束缚。所以，教学相长、教学互动始终是教育发展的趋势。一定要通过教学相长、教学互动，让学生生动活泼地学习、成长。

以学生为中心，第二层意思是尊重学生的个性发展。批量生产是近现代教育的特征。中国古代的私塾教育有它的局限性，受到教育的是极少数人，但是教育大众化以后，势必是批量教育，存在与个性发展之间的矛盾。我们在进行现代化学校教育时，不要过分强调模式教育，应注意到不要使我们的教育太多地抹杀个性，还是要提倡因材施教。

从以学生为中心这个出发点考虑,学分制的实质是给予学生更大的选择空间。给予学生更大的空间,大家都很担心是不是会影响质量,会不会"自由放羊"。这就给我们提出了一个严峻的问题,就是在学分制之下,教育目标要怎么样实现?这一实现是教育要求的引导和学生选择的互动结果。我们提出教育要求、教育引导,课程设置本身就是强有力的引导,课程板块本身就是教育思想的体现,但同时要给学生选择的自由,调动学生的积极性,通过引导互动,来达到教育目标的实现。学分制的实行,是给学生选择自由,目前这种自由是有限的,特别是目前课程建设得很不够,学生的自由是非常有限的,他们自由的张力是得不到满足的,我们要尽量地想办法扩充这方面的自由。压缩学分不是为了减负,是为了有所不为而有所为。不要用课程和学分把学生压得喘不过气来,多出的空间,要用新的课程、新的选择提供给学生有所为。这里是有风险,压缩了传统的课程,压缩了部分的专业课程,可能会暂时降低质量,但是学生自由选择后,其他方面的创造性会不会激发出来,现在谁也没有把握说,但是没有有所不为,就不可能有所为。所以,压缩学分是一定要做的,否则学生就没有选择的空间。与此同时,我们遇到另外一个瓶颈,就是课程的增加。课程的增加首先是量的增长,然后是质的提高。量和质的增加都有一个观念指导的问题,增加什么东西?是不加选择把本系的东西放到全校的篮子里来么?这是不行的。拿到学校篮子里的东西,是要专家经过设计的,要引导大家的,不要把误导的东西拿过来。

二、学分制是教学管理上的重大改革

"重大"两字表现在,我们要变计划配置为市场配置。当然这个"市场配置"不是完全意义上的,还有一定程度的计划。我赞成教务处方案里的提法,学分制的核心是选课。为了让学生选课,就要构筑"市场"、形成机制,这是两步工作:首先压倒一切的任务是课程怎么设置,怎么开新课,这是关键的关键;第二是形成机制,要有好多教学管理体制和机制方面的变革来配套,比如弹性学制、双学位等,真正实施起来中间的措施很多很多。

　　这一教学改革由谁来完成?应该由全校来完成,谁都不可能置身事外。主要有三部分:一部分是学校和院系负责教学的管理人员,而且要扩大到这次成立的四个小组,任务是构筑有一定量的、有一定设想的课程框架,要制订分步实施计划,甚至还要制定一些规则,包括收费的规则;第二部分由广大的教师来完成,提供课程,只有全体教师全身心地投入到学分制建设中去我们才能够成功,这要接受"市场"的检验,这将是一个非常痛苦的过程;第三部分是学生,学生也要适应"市场"选择的机制,要有自我设计、自主选择的适应阶段,实行学分制后,学生是不会轻松的。根据哈佛大学的经验,实行学分制,每次选课的时候,学生是最痛苦的时候,不知道怎样才能选到好的课、才能把自己的兴趣跟学分结合起来。我们的学生长期接受应试教育,突然要自己安排了,他会吗?所以要有一个适应的过程。我们的学生都很聪明,他们应该有自我选择、自我设计的能力,但这种能力是要培养的,通过学分制训练他们,通过几届学生的训练,他们才能适应。因此要加强导师的作用,加强引导,这个工作是不能少的。

　　学分制是教学管理的重大改革。提高本科教学质量有多种抓法,也可以不从学分制着手。学分制的问题,领导班子讨论了差不多一年,现在下决心啃这块硬骨头。学分制这种"市场"的配置,引起了观念的变化,引起了教学管理体制的变化,牵一发动全身,怎么调动教师的积极性?最好的方法是把他放到课程的市场去检验,当然要配之以规定,再加上教师的责任心。

　　　　　(2002年1月28日在复旦大学本科教学工作会议上的讲话)

推进通识教育

中国大学本科教育面临的挑战

大学对社会最大的贡献是什么？不是对 GDP 的贡献率，也不是发表了多少篇论文，而是培养一代又一代推动社会前进的"人"。这是大学的使命。本科教育是大学教育的基础，也是立校之本。当代中国的大学本科教育，至少面临四个方面的挑战。

第一，社会市场化的挑战。社会向市场化转型，带来普遍的功利心理和浮躁情绪，人们漠视人文精神和生活意义。这样的社会背景深刻影响着青年的成长。市场化不仅改变了社会，也全面渗透了大学。在人才培养方面，大学一味地跟着市场走，社会和家长对学生的期望更多地和职业联系在一起，使大学的专业设置围绕市场的需要，学生的课程选择紧跟职业的需求，教学成为知识叠加和技能操练，而忽视了品性的培养和思维的训练。过分功利化的教育培养不出优秀的人才。学生如果不知道自己想要什么，只是追逐社会热点、听任市场摆布，而市场是多变的，社会也很无情，到时候也有可能抛弃他们。

第二，教育大众化的挑战。随着时代的进步，人们对教育的需求和期望与日俱增，优质教育资源供不应求。统一考试成为竞争优质资源的唯一公平方式。中小学教育、家庭教育和社会教育都围绕着升学这一目标进行。教育的本质在这里被遗忘了，被扭曲了。应试教育愈演愈烈，危害也越来越大，它严重束缚了学生自由活泼地成长，扼杀了青少年的兴趣和创造力，遏制了学生实践能力的培养，甚至影响了学生的身心发育。面对已经在应试环境中挣扎了十多年的中学毕业生，我们该怎么教育，怎样激发他们对科学和生活的兴趣，怎样培养他们的自主意识和能力，怎样改变他们的思维方式？这实在是摆在大学本科教育面前的课题。

第三，教育模式转变的挑战。新中国成立后，为了适应国家快速工业化的需要，我国的高等教育制度学习苏联经验，形成了计划经济体制下的专业教育模式。这种教育模式在中国的土地上是成功的，它培养了数以百万计的国家建设需要的专业人才，为我国的工业化作出了历史性的贡献。但是随着时代的发展，这种模式已经不能适应当前的需求。当今科技发展日新月异，中国的经济社会结构日趋复杂，要领导社会进步，就需要有综合素质，而不是单一化的知识或技能。即便是国家和社会需要的专门人才，也是建立在综合基础上的专门人才。一个人的知识结构，终身都在调整，不可能通过一所大学的本科学习就被一劳永逸地确立。

第四，全球化文化冲突的挑战。全球化并非是一个文化融通、太平盛世的概念，这背后潜藏着冲突和挑战。在开放的环境中，中西文化的冲撞是必然的。倚仗着经济实力的西方文化保持强势地位，占据传播优势，也是一个历史时期内不能改变的。在这种态势下，大学既要积极面向世界，培养学生的全球视野和国际化能力，也对承续和发扬中华民族的文化，肩负有不可推卸的责任。大学是民族精神和传统文化的守护者，民族意识和中华文化必须充分融入中国大学教育。

（2008年5月11日在大学通识教育论坛上的主旨发言）

何谓通识教育？

通识教育是欧美一些高水平大学相当成熟的教育理念。关于它的定义，大致可以归纳为四个方面：一是基础知识的传授，二是个性品质的训练，三是公民意识的陶冶，四是公共能力的培养。可见，通识教育不是单纯的知识性的教育。通识教育属于素质教育的范畴。

(2005年11月4日在复旦大学通识教育研究中心成立仪式上的讲话)

通识教育是什么？我们认为，通识教育首先是一种教育理念。它有普适性，反映了对教育本质和大学使命的追求，就是培养有健全人格的人。它也有时代性和民族性。例如，20世纪20年代，在中国高等教育刚刚起步的时候，蔡元培先生提出要培养"硕学闳材"，"融通文理两科之界限"，主张让学生文理"兼习"。稍后一些，梅贻琦先生提出"通识为本，而专识为末"，"通重于专"。40年代，潘光旦先生还特别提出，中国的工业化应培养通识型的技术人才。

其次，通识教育也是一个操作体系。一所大学实施通识教育必须要有自己的课程体系，还要有课堂以外的教育渠道和管理模式。所以，它也是一个系统的任务。对于中国的大学来说，推进通识教育将牵涉到系统的改革，包括本科核心课程改革、选课制度改革、教学管理制度改革、学生管理制度改革，等等。

[2006年7月19日在"中国—耶鲁大学领导暑期研讨班（厦门）"上代表中国高校做的主题回应发言]

面对挑战，我们不断思考大学教育的本质，也不断加深对大学使命的认识。大学教育的本质，到底是功能优先，还是以人为本？

大学作为一个社会机构，必然有一定的功能。学生将来走上社会，也必然要履行社会个体的功能。但是，功能不是教育的根本目的。所谓功能，就是实现其使用价值。如果大学在教育的过程中，实际贯彻功能优先的原则，以培养学生是否有用为目的，就会掩盖教育的根本目的，甚至违背教育的本质。教育的本质是育人。我们培养"人才"，希望他们能够经世致用、实现科技强国，但是不能在培养的过程中，只见"才"，不见"人"，只有专业，没有素养，只有知识，没有思想。大学应在对"人"的认识上，表达出我们的理解和作为。

大学应该"以人为本"。许慎在《说文解字》中这样解释"人":"人,天地之性最可贵者。"也就是说,人是万物之灵,是宇宙中最珍贵的存在者。所谓本,就是根本,"木下为本"。所以,以人为本,就是把人理解为万事万物的根本。在大学教育中,"以人为本"包括两层含义:一是以学生为本,学生是教育的对象。学校一切工作都应围绕育人来进行,否则就没有意义;二是以学生个体为本,为实现"每个人的自由发展"创造良好条件。马克思说:"每个人的自由发展是一切人的自由发展的条件。"让每一位学生实现全面发展,为实现个人的自由发展打下基础,是复旦作为一所大学的理想。

正是在这样的意义上,我们积极推进通识教育。通识教育的目的,就是为了让学生不仅成为人才,也成为一个完整的人,让他们为了迎接迅速变化的世界作最好的准备。通识教育不是一般的文理交叉,也不是所谓的通才概念,而是深入到人的内心,希望学生具备完全的人格。通识的"识",不是知识的"识",而是识科学、识社会、识人类。一个在复旦受过通识教育的学生,应该具有强烈的社会责任感,具有前瞻性的思维和历史的眼光,能够融通中华文化和外来文化。这里需要强调一点,深厚的中华文化是中国大学推行通识教育的宝贵财富。通识教育是西方首先提倡的,是先进的教育理念。我们实行通识教育,但并不是照搬国外的理念。教育思想应该博采众长,教育实践则切合时代和国情。

我们理解,通识教育是一种全面素质教育。素质教育和通识教育有一个共同的立论,就是着重于人的培养,而不是知识或技能的传授。从训练技能到培养素质,这是对教育目标很大的提升。国家提出加强素质教育,是对整个教育作出战略性的调整。但是,素质教育是一个宽广的概念,需要逐步深化认识、细化操作;面对困难,更需要自觉的行动。我们推进通识教育,从某种意义上说,就是在推进全面素质教育,推进通识教育是我们实施全面素质教育的一个重要举措。

(2008年5月11日在大学通识教育论坛上的主旨发言)

通识教育的核心课程建设

核心课程在通识教育体系中具有基础性的地位,是复旦各专业本科学生的必修课程。课程的设计体现了我们在人才培养方面两项最基本的要求:一要唤起学生的时代责任和社会责任,使之获得成为栋梁之才和领袖人才的潜力;二要培养学生的学术精神,使之放弃急功近利的求学观念。

复旦通识教育的核心课程包括六个板块:(1)文史经典与文化传承,以中华民族历史和文学为主要内容,旨在培养合格的当代中国人;(2)哲学智慧与批判性思维,旨在展示中西学问体系及其知识成果在根基上的差别,训练学生的批判思维能力;(3)文明对话与世界视野,让学生了解当代西方文明的本质,促使学生深刻理解本民族所处的关键性历史阶段,深入思考本民族的现代化道路;(4)科学精神与科学探索,帮助学生从科学史的角度加深对科学思想和科学精神的理解,鼓励人文与社会科学专业的学生涉猎理科知识;(5)生态环境与生命关怀,帮助学生理解生态、生命与伦理三者之间的关系,思考生态环境与生命伦理问题;(6)艺术创作与审美体验,以艺术实践类课程为主,旨在实现艺术赏析和引导学生亲自创作相结合。

核心课程并不是对以往课程的修订,而是基于通识教育理念,重建一个课程体系。这是一项长期的、全校性的系统工作,有质和量的双重要求,要动员最好的教师授课,要给学生充分的选课空间,还要有专门的预算、课程准入机制、保障措施和教学质量监控体系。重建核心课程将带动全校的本科教育课程建设,使"体验性、实践性、讨论性"三大特性涵盖所有的本科课程,包括规范课程准入制度、加强助教工作、鼓励学生读经典等。

[2006年7月19日在"中国—耶鲁大学领导暑期研讨班(厦门)"上代表中国高校做的主题回应发言]

书院:通识教育的体制探索

2005年,我们创立了复旦学院。复旦学院既是一个本科教学单位,也是一个学生管理单位。学院下设教学、学生工作和导师办公室,并包含若干个住宿书院。学院规定了通识教育的学制,所有本科新生,包括外国留学生在内,不分专业,统一接受一至两年的通识教育(一般为一年,但临床医学八年制专业为两年)。

"书院"是学生管理的基本单位。建立"书院",既承续了中国书院的文化传统,也借鉴了国外大学住宿学院的有关做法。我们以复旦历史上德高望重的老校长的名字命名,组建了四个书院。其中包括以李登辉、颜福庆先生而命名的"腾飞书院"、"克卿书院",这两位老校长都毕业于耶鲁大学。每个书院都有院衫、院歌,有独立的公寓楼,楼内挂有书院牌匾、楹联,设有老校长的事迹陈列室,以强化学生对书院文化和学校历史的认同。书院制度鼓励有不同兴趣、专长、天赋及学科背景、不同地区、不同国家的学生朝夕相处,促进多元文化融合和国际化交流,也可以弥补研究型大学容易导致师生疏远的弊端。

在复旦学院,学生除了完成通识教育课程修读计划,还要接受关怀教育,包括全校性的素养拓展训练、学业方法指导和大学生活导航,来自落后地区和农村的一部分学生会得到额外的课程补习。

复旦学院的成立,为学校组织学生修读通识教育课程提供了体制保障,实现了通识教育教学内容与学生培养管理机制的有效结合,并为进一步推进通识教育搭建了工作框架。复旦学院正式运作,也在校内竖起了厉行改革的大旗,向全社会发出了加快推进通识教育的明确信号。

[2006年7月19日在"中国—耶鲁大学领导暑期研讨班(厦门)"上代表中国高校做的主题回应发言]

一项系统改革

推行通识教育,必然牵涉到系统的改革。根据我们的实践,我想至少包括四个方面的改革。

一是通识教育体系的建设,主要包括核心课程建设和学生管理体制改革两个方面。核心课程建设是实施通识教育的根本,是标志性的工作。建设核心课程相对于原有的课程,在教学理念、内容和方法上都有脱胎换骨的变化。复旦学院同样会冲击原有的学生管理模式。

二是统筹本科教育教学制度的改革,包括修订本科培养方案和本科培养计划、改变学生选课体系、教学管理制度改革。这些改革在学分和资源分配,以及教务管理上都起到了支撑保障作用。归根结底,改革是需要投入的。改革和投入必须列入全校的一盘棋。

三是协调与专业教育的关系。通识教育离不开专业院系的参与和支持,特别是在师资方面。但是,随着改革的推进,新体制往往会和专业院系产生激烈碰撞。我们既需要作积极的协调沟通,也需要发挥政策的杠杆作用。最终的目的,是要通过通识教育改革,对专业教育改革提出要求,促进专业教育提高课程质量,加速改进专业教学方式。

四是统筹推进本科教育的所有环节。例如推行自主招生改革,选择适合通识教育理念的学生;推进本科生导师制度改革,让导师真正进入复旦学院的各个书院;补充大批高质量的师资队伍,降低生师比,推广小班化教学;兴建艺术教育学科,增加通识教育的内涵;加强校园文化建设,建设有民族特征和复旦特色的书院文化,等等。

总之,只有统筹改革本科教育教学的各个方面,通识教育才能顺利推进。通识教育顺利推进,本科教育教学的质量就一定会提高。

(2008年5月11日在大学通识教育论坛上的主旨发言)

实施通识教育面临三个问题

一、设置核心课程是贯彻通识教育思想的根本途径。

核心课程建设是通识教育当前的成败所在,也是最核心的问题。如果学生觉得核心课程和其他课程没有差别,通识教育就很难立足。从长远来看,大学的课程改革和建设是不间断的永恒主题。通识教育核心课程建设就是新一轮本科课程建设的一部分。

经过教授委员会的顶层设计,我校的核心课程初步确定为文史经典与文化传承、哲学智慧与批判性思维、文明对话与世界视野、科技进步与科学精神、生态环境与生命关怀、艺术创作与审美体验六大板块。最近我们讨论还要增加一些板块。这些课程具有综合性、思辨性、批判性的特点。经过三年的努力,已经开到145门。在一个学生的本科课程中,核心课程有12个学分,占总学分的将近10%,可以贯穿四年。显然核心课程还要大大拓展。

在核心课程开设过程中我们感到,课程创新的瓶颈在于教师的素质准备不够。核心课程是全新的课程,许多内容都是学科交叉内容,这就要求任课教师本身要有交叉的研究。一般光有专业造诣的教师还不够,还要学习提高,在学科交叉上要有见地。所以开设新课程就像做科研,不仅要熟悉学科,还要熟悉学生。框架、内容、教学方法等等都要有所创见,就特别需要教师的全身心投入。现在能开设符合要求的通识课程的师资远远不足。

二、教学体制机制的改变是通识教育推进的必要条件。

事实证明,围绕人才培养目标,交替推进教学内容和教学体制机制两个系统的改革,就像用两条腿走路;每一轮改革,内容创新和体制机制改革都互相支持,互相带动。

改变教学体制机制,首先要理顺本科生课程板块分布,它在学分和资源分配,以及教务管理上起着支撑保障作用。客观地承认,现有本科生课程板块分布比较僵化，缺少弹性，留给核心课程的空间很小。我们在设想逐步分解文理基础课程和部颁课程，形成以专业课和通识教育课程组成的本科生课程。二是完善课程管理的体制机制。课程管理是教学管理的核心任务，集中体现了大学教育的基本关系和管理原则。各板块课程应该建立相称的校级或院级委员会，由委员会决定课程设置和质量标准。如通识教育核心课程的课程目标、指导原则、课程引导目标、操作思路步骤等，都应交给核心课程设计专家委员会进行顶层设计。随着改革的推进，通识教育核心课程在师资方面往往会和专业院系产生激烈碰撞，也会涉及机制调整。既需要积极的协调沟通，也需要发挥政策的杠杆作用。

三、建设中国式书院将改变现行学生教育的方式。

在通识教育体系中，核心课程建设和学生管理形态是相辅相成的。从2005年开始，我们创立了复旦学院，以复旦历史上德高望重的老校长的名或字命名，设置了四个书院。新生进校不分专业，分散居住到各个书院和寝室，开始一到两年的共同学习生活。这种中国式书院，既承续了中国书院文化传统，也借鉴了国外大学住宿学院的一些做法。它的建立不是简单的空间格局的变化，而是整个学生管理体制和对学生教育方式的变革。

书院中的两项功能有着非常强的现实意义，一是读经典，二是对话。通过阅读经典传承民族文化，建立共同的价值观；通过师生之间、同学之间的相互砥砺，帮助学生训练心智、养成批判性思考的能力。去年，我们3000名新生中有1120名学生参与并组建了103个读书小组，103名教师自愿、无偿、全程地参与了读书小组的指导。在阅读过程中，学生摆脱了应试教育的负担，找回了学习的乐趣，体会到了智慧撞击的火花和团队合作的愉悦。在这一过程中，第一课堂和第二课堂也在书院中有机地结合了起来。长远地看，借鉴西方本科生院的经验，我们设想未来文理基础学科全部纳入复旦学院，将教学与学术研究更好地结合，用强大的基础学科优势培养本科生；而且把书院建成一个家，形成书院文化。

　　这其中最关键的是推进本科生导师制度改革,真正让导师进入各个书院。这样一来,老师不只在课堂上见,在书院等生活空间也可以见。导师到书院来不是专门来讲专业教育,而是讲对某一门学问的思考和对某一种人生的体验。老师和同学之间形成一种超越功利的,深笃、融洽的师生关系。

　　需要强调的是,书院是社区属性的,而不是专业属性的。最初,可能有相当多的老师和同学会不太适应,因为它撼动了专业教育的基本模式,而专业教育的习惯在中国大学是根深蒂固的。但从长远来看,书院更有益于学生在本科期间的全面发展。

　　(2009年10月9日在一流大学建设系列研讨会上的发言)

大学招生必须改革

为什么要强调自主选拔?

培育人才是大学的神圣职责。招天下之精英培育成才,是每一所大学的内心愿望和冲动。复旦大学作为国家重点建设的一所大学,重要的使命就是要为社会培养和造就栋梁之材,而设法招收到具有这种潜质的可造就之才,是完成使命的前提。招不到适合我校培养要求的学生,完成使命就是空话。

综观当今世界一流大学,无一不是根据自己的使命来自主选拔录取学生的,并形成了富有特色、卓有成效的招生办法,值得我们借鉴。比如,招生由专门机构人员和教师、校友志愿者合作完成,全球范围的访问和面试、申请资料的审核、生源的分类平衡、录取的最终裁决等。各校的做法虽不相同,共同的经验就是根据学校培养目标定位招生要求,着重考察学生的全面素质,包括知识基础、能力和潜质等。多样化的灵活的招生办法,保证了招生要求的实现。这是高度统一的招生体制下无法实现的。

我们国内大学的选拔意识不强,选拔能力很差。长期以来,我们习惯在统一的考试中,按分数段择取考生。分数段决定了各个学校的地位,这与各校的选才要求、培养特色没有关系。作为招生的主体大学,却很少思考培养目标与招生的关系,可以不思考选拔的内容、标准、方式和程序等问题,因为这一切已由统一的招生考试决定了。

对于任何一所大学而言,招生的环节和培养的环节是不能分离的。

培养的目标要求不仅应体现在学生进校后的日常教育中,而且应体现在招收学生的过程中。招生是基础,培养是关键。从某种意义上讲,招生等于成功的一半。国外一流大学不惜成本,到世界各地寻觅优秀学生,原因就在于此。

自主选拔是冲破应试教育、培养创新人才的前提。从小学到大学,应该为培养更多的创新人才及早动手。可是目前形成的应试教育的模式和环境,无法使素质教育落到实处,无法培养出大批创新人才。对于应试教育对中国未来发展、对民族素质养成所产生的长远不利影响,一定要有切肤之痛,要有清醒认识。

应试教育片面强调知识点的灌输,忽视了对学生思维和能力的培养;应试教育以分数为唯一的评价体系,扭曲了初等教育、中等教育的本质,加重了学生、学校、家长的负担,扼杀了青少年的兴趣和探索活力,束缚了学生主动的生动活泼的发展;应试教育已经成为一种教育理念、思维定式,渗透到各个领域的人才培养和评价标准中。在应试教育的环境中培养出来的,是以分数为目标的"高分数的学生",而不是"高素质的学生"。

在应试教育模式中,大学处于高端。因此,高考这一"指挥棒",对中学教育影响极大。高考的命题要求和范围、考试的方式等,左右着中学的课程教学和其他教育内容。

从另一个方面来看,尽管我们每年招收到大批高分数的学生,总体上看都很优秀,但他们有一些共同的缺陷,就是基础不够宽广(中学文理分科太早)、独立思维、自主学习的能力不够,社会实践少,动手能力差。这也是长期在应试教育模式中成长必然会有的缺陷。

应试教育的模式一日不打破,大批创新人才就无从培养。改变应试教育,关键是改革高等学校招生制度。

选拔如何体现科学性?

选拔的要求要明确体现学校的培养目标。我们首先必须清楚把学生培养成什么样的人,才能对自主选拔的各个环节进行有效设计,才能对参加选拔的教师和工作人员进行培训。

根据培养目标的定位,我们经过教师的广泛讨论,对面试的对象提出了四点基本选拔要求。这就是:品德纯正、有社会责任感、有理想,具有学习研究的潜力,具有社会活动的能力,或有特长专长、人所不及的天赋。门门成绩优秀不是我们追求的,我们着重看他是否会学习,是否会想问题,是否有批判精神。招收的不是现成的人才,而关键是是否具有成为人才的潜质。

选拔的特点要体现在环节的整体设计中。自主选拔和统一高考有很大的不同。自主选拔是以面试为重点的多环节考核挑选过程。它不是只看一次书面成绩,而是要看平时成绩;不仅看成绩,而且看思维、看能力;它改变了学校和考生只通过试卷接触的状况,大学(通过教师)和考生可以面对面接触;它改变了学校单向挑选的做法,学校和学生可以互动,学生有较充分的自荐权和选择权。社会上有些人误以为自主选拔是以"一次面试定终身"代替了"一考定终身",其实是不了解自主选拔的全过程。自主选拔的优势体现在所有环节的整体效应中。相信这样的选拔会更全面、更真实、更准确。

选拔的正确理念要贯彻到每个环节中去。在设计每个环节的细节时,都会涉及教育思想是否正确,所以遇到问题都要先想一想。自主选拔考生报名是面向所有中学,还是面向重点中学?最后决定面向所有中学,这对于打破应试教育下中学分三六九等格局,对于不拘一格录人才,意义深远。

报名资格测试(笔试)的难度如何掌握,看似是学校组织考试能力问题,实际上对今后中学考生影响很大。我们着眼于全覆盖中学课程,着眼于"双基"即基础知识和基本能力,不出怪题偏题。

考生报名材料准备哪些为好,应该学会在考生自我评价和他人评价中比较判别。

面试如何体现我校选拔要求,是自主选拔中的核心环节,而参加面试的又是有不同学科背景、经历、资望和个性的教授。我们的做法是统一和多样化相结合,个人发挥和集体商讨相结合。

局部之和是整体,整体又不等于局部之和。只有站在整体的高度去设计自主选拔的各个环节,实施时又不放过细节,才能保证整体的成功。

如果说,统一的高考只是一把尺子的话,那么这次自主选拔就是多把尺子。用多把尺子从不同的角度去衡量一个考生,是不是比一把尺子更全面更科学?选拔人才,摒弃了科学,何谈公平?

改革需要宽松的环境

统一高考是全社会习惯的,被认为是最公正的招生办法,即使如此,时而发生的试题泄密事件仍把人们的心绪搞得乱乱的。我们提出了自主选拔的"公开、公平、公正"三原则,并作了解释。"公开"就是选拔录取的方案、要求、录取的结果公开,欢迎社会监督。"公平"就是报名测试面向全社会,提出入学申请面向所有测试合格者。"公正"就是经过选拔全过程、符合条件者方能录取,被录取考生不受性别、民族、家庭贫富等限制,拒绝"条子生"。我们进行了严格的制度设计,保证杜绝泄密、"走后门"等现象发生。

舆论上要争取社会各界的支持。舆论都支持这次探索,看到了改革的意义。这说明改革高等学校招生制度,改变应试教育的教育模式,是民心所向。当然舆论中还有些不和谐音,这也是正常的,提醒我们要把试验做得更好。

全社会教育理念的转变和诚信体系的确定是推进招生改革的基础。理念的转变是改革的先导。许多对自主选拔的不理解、质疑乃至诘问,都源自理念没有转变。许多提出问题的人心目中仍然以应试教育作为价值判断的标准,于是就不理解不通过考试怎么也能录取入学,不理解面试这种方式,不理解面试提出的各种问题,等等。有的重点中学,把改革视为一个学校招生方式的改变,为了保持升学率,不鼓励学生参加选拔测试。还有的大学,把这次试验看做是同他们争夺生源的手段。看来,教育界的内部环境也并不理想。更为可笑的是,自主选拔尚在进行,针对面试的应试教育惯用的考辅班已经出现。可见,应试教育的惯性有多大。

社会诚信的缺失也为自主选拔增加了难度。因此,制度设计就要让社会放心,不能有缝隙,这就要求我们万无一失。学生自荐材料和他荐材料的真实性问题,也无力条条去核实。

宽松的环境是改革所必需的。改革有成功,也会有挫折。允许试验,允许失败,才会有成功。

(2006年4月24日秦绍德、蔡达峰
为2006年自主选拔招生工作结束后所做的工作总结)

高校人才队伍建设的两大问题

人才资源是第一资源。高校是吸纳和汇聚人才的高地,是培养高素质人才的摇篮。一支高素质的师资和管理队伍,对于办好一所学校具有决定性的作用。因此,我们必须高度重视人才资源的培养、开发和使用。

一、高校人才资源配置必然会走市场化道路

长期以来,我国高校的人事制度和人事工作一直与计划经济体制相适应,人才资源配置的计划痕迹很深。在这一制度下,教师是"单位人",教师队伍在"铁饭碗"和"大锅饭"的基础上"自产自销"。由于缺乏竞争,教师既无激励,又无约束和淘汰之虞。整个队伍"死水一潭",年龄老化,学历偏低,学缘结构差,越来越不能适应经济和社会发展。随着社会主义市场经济体制的建立,在市场经济大潮的冲击之下,高校人才流失严重,优秀大学生留在高校的不多,高校吸引其他各界优秀人才的局面更远未形成。所以我们应该清醒地认识到,随着市场经济的发展和社会进步,市场对人才配置的作用日益凸现。高校人才队伍建设也应该适应市场的规则,树立人才市场化的理念,在市场机制的主导作用下,建立一支开放、流动、竞争、择优的高素质师资队伍。

从 1999 年起,我们开始进行大规模的人才引进工作。首先,要从战略上认识引进人才的意义。提出引进人才,最初的缘由是因为某些学科出现人才断层现象,不得不从外引进来补充队伍;而现在,我们则更多的是从学科建设的需要出发,主动引进人才。引进骨干人才,特别是引进领军人物,有助于从根本上改变某些学科的面貌,实现跨越式发

展;有助于改变师资队伍的学缘结构,改变"近亲繁殖"的现象,带来一股新鲜空气;还有助于在师资队伍中形成竞争的态势,打破一潭死水的状况。人才引进的最大效应就是打破了计划配置人才资源的局面,引进了市场配置人才的要素。国外一流大学的经验表明,师资队伍要一直处于流动状态,不断引进人才,淘汰人才,才能保持先进的水平。从某种意义上说,引进人才是一流大学永恒的主题。因此,我们把人才引进作为促进学校发展的一项长期的战略性措施。其次,努力采用适应市场经济的多种灵活的手段与方式,去解决人才引进中的资金"瓶颈"和体制机制"瓶颈"。我们采用了与市场经济契合的全新的准入机制、薪酬机制和管理机制。实行"户口不迁、身份保留、来去自由"的柔性引进政策,采用"成组引进"、"哑铃方式"(一头在国内,一头在国外)、"球链方式"(系列人才集聚)等各种方式筑巢引凤。此外,我们还试行了吸纳企业资金引进领军人才,扩大外聘兼职教师等。

　　人才资源配置,要有进有出,才能形成一池活水。如果说引进人才不易,那么建立教师退出机制更难。随着全社会市场机制的逐步确立和人事改革的实施,确立退出机制的困难逐步减小。实行人事代理制度和全员聘用合同制,不仅使受聘的教师摆脱了过去以人事档案为核心的对学校的依附关系,保证他们个人有充分的选择权,而且也落实了学校的用人自主权,变终身雇用到聘期雇用,初步建立起一种退出机制,使得人员"能进能出",从而达到流动、竞争、择优的目的。

　　以市场机制为主导,进行人才资源配置是总的趋势。流动既是师资补充的需要,也是优化队伍结构的需要。但目前,在发挥市场配置人才资源的作用方面,仍存在不少问题和难点。

　　从外部市场来看,充足的人才资源是人才流动的前提,完善的市场环境是人才流动的必要条件。目前,高端人才资源的外部市场还没有形成,整个社会还没有形成按质论价的教师人才资源市场评估机制。学校间薪酬差异没有充分体现市场原则。高端人才流动的中介机构鲜见。在与高校以外的高薪酬行业以及海外高校的人才竞争中,国内高校处于不对称的弱势地位。

从现行有关政策上看,高校办学自主权还不够大,职称比例控制、编制总量控制等行政性干预过于刚性,现行工资制度无法适应新要求,社保体系还不健全(不同地区、不同单位之间存在着社保制度壁垒),外籍人士无国民待遇(如无法申请大型科研项目、没有社保福利等)等,限制了高校在人才资源合理配置和优化基础上的规模适度扩大。

从高校自身角度来看,一些干部教师的思想观念还没有转变,不同类别人员的分类管理尚未实现,分配机制不能完全柔性地体现市场原则,教师退出和合理分流机制还需进一步完善。

总之,要最终建立符合现代大学规律、符合时代发展要求的高校人才资源管理体制,归根到底,还是要把市场机制作为人才资源配置的主导方式。市场、政府和学校的关系还需要进一步理顺。高校也要学会用适应市场的办法去思考和解决师资队伍建设中的问题。

二、开发人才资源必须改革体制机制

进行人才资源优化配置,仅仅是高校师资队伍建设的第一步,实施人才资源的开发,才是师资队伍建设的根本。开发和配置是分不开的。过去,高校人事工作的一项重要任务就是管人、管编制、管工资。实施人才资源开发,就要充分调动和发挥各类人才的积极性,应该从着眼于管人到着眼于人才资源的开发与管理,坚持把实现学校的发展目标作为人才资源配置及其开发的根本出发点,并努力扩展战略性人才资源的总量。

人才队伍建设规划要服从于、服务于学科发展战略,一定要在人才队伍建设和学科发展之间建立某种机制。我们在职务评聘时强调"按需设岗"。所谓"按需设岗",此需就是学科建设之需。

人才资源开发与管理要着眼于建立有效的激励机制。实行激励机制的前提是建立科学的社会化的人才评价机制。现在高校人才评价机制的普遍缺陷:一是重量不重质;二是心太急,评价周期短,只评眼前成绩，不看长远效果；三是校内、圈内、国内自我封闭，结果也助长了一些不正之风。所以全国高校应当联手研究如何建立科学的社会化的人才评价机制。建立科学的激励机制，没有一定的物质激励不行。当然，这并不是说实行毫无根据、互相攀比的报酬制度，而是对骨干人才实行与他的社会价值和地位相称的、体面的报酬。实行物质激励的同时，也必须以精神激励为辅助手段。否则，物质激励的效应也是不能持久的。顶尖人才重视精神激励的原因，是因为这是社会承认的标志。

人才资源要实行分类管理制度，疏通互相转换的渠道。学校发展需要的人才多种多样，既有教学、科研的，也有管理以及后勤保障的，还有实验技术人员。不同类型的人员应该进行分类管理，应该按照不同岗位需求配置人才，按照不同岗位特点评价和考核人才。除了分类管理以外，还有几支队伍相互沟通的问题，特别是教师队伍和管理干部队伍。在高校，不可能将两支队伍划得太清楚，"双肩挑"的历史经验不会过时，关键要有配套政策保证两支队伍可以方便转换。

应该建立灵活多样的人才聘用制度。高校的人才聘用制度应该体现稳定性和流动性的结合，允许灵活多样。比如，可以通过不同岗位聘期的合理组合，建立长期聘用、短期固定聘用、临时岗位聘用、项目聘用等多种岗位聘用制度。2003年，复旦大学推出了科研协议制，也就是一个教师在承担院系的教学科研的同时，可以到某个研究中心从事科研工作。他同时被两个校内的单位聘任，以协议的方式确定各自的职责和权利。同样，在教学方面也可以实行这种联聘制，鼓励不同领域的教师，特别是科研或教学方面有专长的教授，承担教学工作。在实施了主聘的同时，可以进行兼聘；联聘以院系协议确定职责、权利和待遇；鼓励到公共教学部门兼聘，鼓励兼任本科生基础课等。

(2004年1月8日在教育部直属高校工作咨询委员会第十四次会议上的发言)

科研体制的重大改革

"985工程"二期建设规划的重点是科技创新平台和哲学社会科学创新基地,促进一批世界一流学科的形成,使之成为攀登世界科技高峰、解决重大理论和实践问题、带动相应学科领域发展的重要基地。

我们分析高水平研究型大学的办学规律和办学理念,可以发现拥有国际一流的科技创新平台是这些大学营造开放竞争环境、汇集一流人才、建设一流师资队伍、支撑一流科学研究、产生一流创新成果的主要载体,更是支撑其作为世界一流大学和高水平研究型大学的重要标志。

要加快建设研究型大学,要为若干学科达到世界一流水平奠定基础,那就要把有限资源集中到出成果的地方去,从瞄准学科前沿和国家战略目标出发,从发挥学校长期积累的比较优势出发,从学校学科的整体布局出发,凝练方向,突出重点,举全校之力,建设好国家级科技创新平台和哲学社会科学创新基地。

我们理解的平台、基地不是仅仅联合起来申请经费的一个"壳"或一个虚体,而是一个实体,那就要有自身的管理体制和组织、运行机制。平台、基地的出现,标志着综合性大学里诞生了一种新的科研实体。这种实体,方向更前沿,学科更宽泛,力量更强大,任务更繁重,目标更集中,它的目标指向是要为将来进一步出重大成果打基础。这种实体的出现是对现有学科架构的冲击,会引起各方面关系的变化,会对旧体制、旧机制、旧规定提出挑战。我们强调,要参照国际惯例,也要结合中国国情进行创造,但是绝不能旧瓶装新酒。因此，原有的科研管理体制、组织运行机制一定要创新，平台和基地成功与否，关键在体制机制创新。平台和基地应该是体制机制创新的特区，应该参照国际惯例，允许大胆探索。

体制机制又包括很多方面的问题。比如，平台、基地建设的关键是人才，首席科学家怎么遴选，人事怎么管理等？平台、基地一定是实体，不是虚体，那么实到什么程度？学校怎么管理，目标管理和过程管理如何结合？具体管理体制、组织运行机制如何制定？我们设想，平台和基地可以实行管理委员会领导下的首席科学家负责制，并积极探索首席科学家领导下的民主决策机制、重大事项报告机制、协调机制、国际化学术评估机制、人事关系协议制、科技资源共享机制、运行成本分担机制等。

平台和基地建设是"985"二期建设的标志性工程，是学校科研体制的重大改革，是向世界一流大学进军的新的发动机。所以要集中全校之力做好这项工作。

平台和基地建设是"985"二期建设的重点，但不是全部。在重点建设好平台基地的同时，其他方面的建设也千万不能忽视。

平台、基地和院系的关系至关重要。关系很复杂，但是处理得好，也不一定会发生尖锐的矛盾。院系是平台和基地建设重要的依托和支撑。平台作为源头创新、科学研究和集聚优秀人才的重要载体，是院系共同的平台，是全校的平台，是集中各种力量进行科研冲顶的平台，平台的资源（资金、人才）、设备、制度条件为院系共享。

平台以学科建设为基础，学科达不到一定的水平，平台建立不起来。平台的目的就是要在高原上形成高峰，在平台上更多的是做一些学科交叉的工作。因此，平台建设不仅不会损坏学科的框架，而且有利于提高学科的水平。

平台和职能部处的关系代表的是平台和学校的关系。职能部处履行一些什么职责？首先应该是推动建设而不是阻挠建设，要分类管理，要总结经验完善制度,要提供保障。要本着创新的理念支持平台建设,不是说什么事情能不能做,而是问这样的探索合理不合理。同时这也是机关实现职能转变的契机,要主动适应,探索管理体制和组织机制的创新。

(2004年7月14日在复旦大学十二届六次党委扩大会上的讲话)

大学是国际交流的窗口

尊敬的莱文校长、各位同学：

很高兴能有机会与莱文校长，共同面对中美两国最优秀的青年学生，一起讨论全球化背景下中美大学的交流与合作问题。

这是莱文校长在过去五年里第四次光临复旦，也是我们在过去14个月里第三次会面。这样的会晤频率超过了两国领导人的会晤，可见中美大学的交往是走在了两国外交的前列。

事实上，现代意义的中国大学，就是近代中国知识分子学习西方的结果。90年前，大家现在所处的复旦校园，还十分荒芜。当时的复旦校长、耶鲁大学1899年的毕业生李登辉先生，和副校长、耶鲁1904届法学博士王宠惠先生等人在海外募集资金，不仅为我们留下了一个美丽的校园，而且把美国大学的办学理念、管理方式和人文精神引入了复旦的教育实践，赋予了复旦重视教学、努力培养学生独立工作能力、提倡学术自由精神的优秀品格。

今天的复旦，进一步拓展了和美国高校的交流。复旦不仅和耶鲁大学签署了全面合作的协议，和MIT、华盛顿大学（圣路易斯）等高校合作设立高水平的学位课程项目，也和加州大学系统、北卡州立大学系统等公立高校建立起了广泛的联系。我相信，两国的高校都可以举出许多生动的例子来证明中美高校之间广泛而深入的交流。

大学之间之所以能建立起广泛的联系，是大学特性所决定的。大学是探索科学与真理的场所，科学没有国界，真理不分语言，国际科研合作已经成为一种趋势。许多重大的和重要的研究工作是在多国科学家的合作下完成的。1991—2002年《科学》和《自然》杂志发表的论文中28.9%的论文为国际合作论文，2005年中国大陆科研机构发表在《科学》和《自然》上的67篇论文中，59篇是国际合作论文，占88%，其中和美国科研单位合作的论文是35篇。在今年10月召开的中美科技合作联委会上，美国总统科技顾问兼白宫科技政策办公室主任马博格博士说，中国的科技发展和美中科技合作规模的增长甚至超过了中国经济的增长速度，美国已从参与美中科技合作的中国科学家的贡献中获益。

　　大学最具包容性和多元性，是各国文化、价值交流传播的中心。世界上许多知名的高校不仅是本国、本民族文化的代表，同时也是世界学者聚集的全球化大学。耶鲁大学为学生提供了52门外语、600门有关国际事务的课程，有来自世界100多个国家的留学生和访问学者3000多名。在复旦，留学生的数量也达到了2600名，今年新生中女生数量首次超过了男生。在大学的课堂里，学生可以听到最新的学术研究成果，例如"美国中期选举对中美关系的影响"，也可以通过"同性恋研究"等课程自由讨论一些在社会上还不太能被接受的现象，还可以通过选修"甲骨文研究"等课程，从中国最早的可识文字了解几千年前人们的思想和生活。

　　大学追求学术独立，鼓励自由探索，超越了狭隘和偏见。大学的学者在研究国际关系的时候，不会像政府、企业等一样陷入利益的考虑和纷争，大学学科的综合性和多样性，也减少了因为文化隔膜所造成的偏见，这些都使得大学的学者在处理诸如中美关系等问题时更有可能得出更全面的结论，提出更好的建议。而许多人类共同面对的全球性问题，也需要各国大学的学者合作来寻找解决的途径。20世纪40年代，正是由于哈佛大学费正清教授等人的极力建议，美国选择了正确的外交政策，客观上推动了中国的民族解放事业。正如美国前总统福特在评价中美关系恢复时所说的，"两国间的学术交流是双方加深理解，并为恢复中美关系这一共同目的提供物质基础的关键。"

如果说大学是国际交流的窗口,那么大学生就是国际交往的使者。因为大学的活力,来自成千上万在这里学习、生活的青年。中华人民共和国的缔造者之一毛泽东曾经用诗一般的语言说,"青年是早上八九点钟的太阳"。这包含了两层涵义:早上八九点钟的太阳,处于上升阶段,潜力无限;早上八九点钟的太阳,普照全世界,光芒万丈。

最说明问题的一个例子和耶鲁有关。中国近代第一个留学生叫容闳(Yung Wing),他1854年毕业于耶鲁大学。正是在他的推动下,中国培养出了第一批工程技术人才。1908年,以美国退回部分庚子赔款为契机,中国知识界发起了一场从强化留学教育入手的自救、自新运动,先后有数万人留学美国、欧洲,带回最新的科学知识、先进的思想文化,正是在这群富有活力的青年人的带动下,中国建立了现代教育体系和现代科技体制。

1978年后,中国再次打开国门,启动了新一轮留学的高潮。至今已有超过30万的学生赴美国留学,在读的留学生超过5万人。据统计,在美国取得博士学位的外国留学生中,中国学生占到20%,其中大多来自北大、清华、复旦等中国知名高校,他们成为了美国科技发展重要的组成部分。同时,到中国留学的美国学生也逐年增多,2005年这一数字首次超过了1万人。这个不断扩大的群体已经成为两国交往中的重要组成部分,并为中美关系的稳定发展做出了不可忽视的贡献。他们代表着中美关系的未来。

面对未来中美关系的广阔前景,我希望能有更多的美国青年来中国学习。很多美国学生可能会因为觉得中文是世界上最难学的语言,而放弃来中国学习的机会。其实中文是非常美丽的语言,中国文化更是博大精深。我掌握的有限资料告诉我,在"二战"中为中国抗日战争作出过卓越贡献的史迪威将军开始学习中文时是36岁,著名的中国科技史专家、英国剑桥大学教授李约瑟博士学习中文的时候是37岁。他们的经历告诉我们,学习中文并不是想象的那么困难。如果在座的学生还没有学习中文,现在学还是来得及的。复旦是中国最好的大学之一,又位于中国最具活力的城市上海,复旦正在建设的新校园也专门开辟了留学生基地,十分欢迎大家来复旦学习。

22年前,美国总统里根来到复旦发表演讲。他说:"未来终归要由年轻的一代来创造。"他希望,由青年人开拓的新旅程,能够使两国人民"永远生活在友谊与和平之中"。斯坦福中美学生论坛就为我们开启了这样一个崭新的旅程。

(2006年11月16日在斯坦福中美学生论坛上的演讲)

学生教育编

在新形势下,学生工作可以更宽泛地理解为培养学生的全面素质。培养学生的全面素质,体现在学校制定的人才培养目标中,体现在人才培养模式中,也体现在学校设定的课程和编写的教材中,还体现和渗透在其他方方面面。

学生工作要以素质教育为核心内容

　　培养全面发展的高素质创新人才是一流大学的重要使命。要培养高素质创新人才，就离不开高水平的学生工作。

　　正确的定位是做好学生工作的前提。学生工作的内涵随着时代而不断变化、扩充。五六十年代的学生工作比较强调政治教育，当时叫政治思想教育、政治思想工作等，主要是为了端正学生的政治思想。当时以阶级斗争为纲，不断搞运动，为发动群众投入运动，就要通过政治思想工作统一思想。"文革"结束后，进入改革开放时期，学生工作改叫思想政治工作，因为那时以经济建设为中心，政治运动不搞了，但随着改革开放的深入，思想问题日渐突出，要求通过思想政治工作保证改革开放的顺利进行；以后，学生工作又拓展到对学生进行思想道德教育，强调学生工作就是德育工作。现在看来，进入新时期，对学生工作的理解还需要进一步深化，随着时代的发展，学生工作应该被赋予新的内涵。

　　要从人的全面发展出发，着眼于素质教育来理解学生工作。马克思在《共产党宣言》中有一句名言，"每个人的自由发展是一切人的自由发展的条件"，表达了马克思对于未来社会，特别是对人的自由而全面发展的关注和理想。毛泽东同志曾提出"德、智、体全面发展"的号召。邓小平同志也曾提出要造就和培养"有理想、有道德、有文化、有纪律"的社会主义新人。

　　我们的学生工作也要始终围绕这样一个崇高的目标，着眼于学生的全面发展。在新形势下，学生工作可以更宽泛地理解为培养学生的全面素质。培养学生的全面素质，体现在学校制定的人才培养目标中，体现在人才培养模式中，也体现在学校设定的课程和编写的教材中，还体现和渗透在其他方方面面。其中,学生工作是全面素质教育重要而不可分割的一部分。缺少了学生工作,培养人的全面素质就是一句空话。

在学生的各种素质中,思想道德素质是最重要的素质,是灵魂。思想道德教育是素质教育的重中之重。在新的条件下,就思想道德教育而言,有些因素是在不断变化的,有些因素则是不变的。思想道德教育的重要地位没有变,正如江泽民同志所说的,越是发展经济,越是改革开放,越要重视思想政治工作;思想道德教育的指导思想和原则没有变,做好思想道德教育,最重要的是"一定要以马克思主义为指导",这体现了思想道德教育的根本性质;思想道德教育的核心内容和主旋律没有变,对学生进行爱国主义、集体主义、社会主义教育,树立正确的世界观、人生观、价值观,培养"四有"新人的核心内容没有变。

与此同时,在新时期的素质教育中,我们还要高度重视培养学生的创新精神、创业精神和实践能力。我们的学生工作,要创造各种条件,拓宽学生成长、成才的途径,培养学生的创新思维,鼓励学生积极参与社会实践。大学生积极参与社会实践,是培养学生实践创新能力的最佳途径,也是对学生生动地进行思想教育、道德教育的有效方法,有利于培养学生的全面素质。

我们要从学校工作的全局来理解学生工作。学校是培养人的地方,学生工作是学校工作全局中十分重要的组成部分。全校同志都要站在全局的高度看待学生工作。

那种把学生工作与教学、科研割裂开来,认为学生工作是非主流工作的观点是错误的。学生工作不是可有可无,而是非有不可。学生工作不是时有时无,发生问题才值得重视,而是要一贯、长期地重视。我们有的同志说,学生工作是"中国特色",只有中国才有思想教育,只有中国才有辅导员、宿舍管理员等,事实并非如此。实际上,各个国家包括西方发达国家,都善于利用各种手段对学生、对人民进行道德教育、进行爱国主义教育。例如,一些欧美一流大学的导师制非常完善,导师在很多方面充当了辅导员的角色。学校在对教师的考核中也有一条,就是你每周有多少时间在办公室里接待学生，回答学生的问题，与学生交流。他们的学生公寓也有管理人员，而且管理严格。

那种认为只有搞不了业务工作的人才去搞学生工作的观点是错误的。学生工作是进行素质教育的工作，这就要求做学生工作的人具有全面的素质，不仅有较高的思想道德素质，还要有较好的业务素质、心理素质和其他素质。学生工作就是做人的工作，做人的工作就要讲究艺术，讲究方式方法，注重针对性和有效性。如何做好学生工作也是一门学问，做学生工作也是大有可为的。我们要把从事学生工作的同志看成是教师队伍不可分割的一部分，要不断地选派一些业务素质好，又善于与学生沟通、善于做学生工作的同志进入学生工作队伍。

那种认为学生工作就是管好学生、不出事情的观点也是片面的。学生工作既包含思想道德教育，也包含了一部分管理工作。现在有这样一种倾向，有的同志觉得教育麻烦，管理简单，教育抽象，管理具体，以为做了很多具体的管理工作，就把学生工作做好了。实际上，管理工作是抓手，思想道德教育和其他素质教育是主要内容，寓教育于管理不等于说管理可以代替教育。千万不要以为管理能解决一切问题。

我在这里特别强调，学生工作一定要提高思想性。党委学生工作部门、各级领导干部和从事学生工作的同志，都要经常了解和分析学生的思想道德状况，每一阶段要有针对性地提出思想道德教育的任务，收集材料，设计方法，将思想道德教育落到实处，还要不断地总结检查，学习交流好的思想道德教育方法。学生工作队伍在紧急状况下是要"救火"的，但学生工作不是为了"救火"，不是为了不出事。只有平时有针对性地加强思想道德教育，关键时刻才能掌握工作的主动权。

(2002年11月6日在复旦大学学生工作会议上的讲话)

大力呼吁人文素质教育

复旦作为文科很强的学校,要讲这个问题。什么叫人文素质教育?就是让学生更多懂一些历史、文化、艺术,让我们培养的学生更多具备这些素质。现在学校教育缺这块,我们国家也缺这一块。一个领导人如果缺少人文素养,就显得很呆板,没有亲和力。相反,人文素养好的领导人,就有个人魅力,可以弥补领导能力方面的偏误和缺陷。如果一个大学校长缺乏人文素质,就很难倡导全面培养人的理念。同时,辅导员、老师如果缺乏人文素养,即使科研教学好,但对学生的影响不一定那么大。

所以,需要培养一个理念,一个环境,渗透到教学、思政、科研中去。学校在讨论学科发展战略时认识到,学校作为综合性大学,还不够综合,还缺艺术门类,学校提出重点建设五大社团(合唱、管弦、剧社等),还缺教育学院,作为大学教师的培养基地。

从思政角度讲,人文素质培养是民族精神教育的具体体现。中华民族精神教育,具有凝聚力。不能空洞地谈教育,而主要应以中国历史、文化、艺术为主教育,也不排斥西方先进文化、艺术。

春节期间去苏州木渎,看到一副对联——"求闲何时闲,偷闲便闲;待足几时足,知足自足"。江浙一带文化底蕴深厚,都是非常生动具体的,而非教条生硬的。

人文精神培养与科学素养教育相辅相成。文科师生要补科学素养课,理科师生要补人文精神课。社会上误解以为文科生都是因为理科读不好的人,非也!哲学是自然科学和社会科学的结晶。理科同学如果缺乏人文素养,论文写不好,描述科学规律干巴巴,建筑设计图线条就不润滑、无诗意。应该提倡、鼓励理科师生写好报告、做好发言。

具备人文素养是高素质人才的基础,复旦培养的学生才叫得响。社会有浮躁心态,包括就业、成才观等都有偏误,比如,学生热衷考职业证书,为了便于就业。如果学生们都热衷于此,就是复旦大学教育的悲哀,这不是博雅教育的象征,只是职业教育的象征。

现在大公司招募,也主要看素质,而不是以证书来衡量的,这个证不是人才衡量的标准。我不否定社会上各类证书的存在,也不否认其价值,但那是高等职业培养的象征。有些东西不是一刀切可以衡量的,我们高素质人才培养,要反"考证"潮流。

最近看了部电影——《蒙娜丽莎的微笑》,讲英国传统的卫斯理女子学院闯入一位现代观念的好教师引发的故事,很有意义。

我们的教育教学要改革,也要以人文素质为基础,否则很难形成正确的理念。在此大力呼吁,全校开展人文素质教育,包括医科学生,人文素质提高了,对于病人也就会有更多的人文关怀。

(2004年1月10日在复旦大学学生工作总结研讨会上的讲话)

培养学生要以学生为本

复旦的学生来自大江南北、五湖四海,都是最优秀的高中毕业生。他们聪明好学、朝气蓬勃、勇于开拓,是复旦最宝贵的财富。把学生培养成为各行各业的栋梁之材和领袖人物是复旦的责任。为了实现这样的崇高目标,我们必须坚持以学生为本,以学生的成长成才为中心。

以学生为本,就要为学生创造尽情探索、张扬个性的机会。兴趣是最好的老师。只有尊重学生的个性发展,调动学生的内在积极性,才能最大限度地激发学生的潜能。这些年来,我们先后推出了第二学位、第二专业修读计划,放宽了学生转专业的口径,招收插班生等,学生在满足兴趣、选择专业方面有了一定的自由。今后,我们要进一步深化教育教学改革,为学生的成才、发展创造更多的机会,使学生能够尽情地探索知识、钻研科学,尽情地发挥个性。其中一个重要举措就是深入开展通识教育。复旦培养学生,不是培养单纯地从事某一特定职业的技术性人才,而应该培养可以适应各种领域、综合能力强的人才;复旦培养学生,不是仅仅局限于某种特定的模式,而是要把教育的主导性和尊重学生的个性发展结合起来,激发学生的潜能,培养具有宽厚的知识、创新的能力、开放的胸怀和高度的责任感的栋梁之材。正是基于这种考虑,学校正在筹建文理学院。

以学生为本,就要为学生提供健康成长、全面成才的环境。培养学生成才不能局限于课堂。课堂教学是重要方面,但课堂外的培养也不容忽视。丰富多彩的校园文化是学生健康成长的重要条件。这些年来,我们投入了专项资金,支持学生社团建设、科技创新和社会实践活动等,着力培养学生的创新精神、创业精神和实践能力。团委、学生会等在校园文化建设中发挥了重要作用。我们希望每一位同学都能在校园文化的舞台上找到自己的位置,生动活泼地成长。

与此同时,我们还要加大校园建设和改造的力度,为同学们的学习、生活创造更好的环境。要把学生使用率最高的公共设施的建设作为重点,比如教室、图书馆、体育馆等。即使资金再紧张,钱只要花在学生身上,有利于学生全面素质的培养,再多花些也是值得的。

以学生为本,就要营造尊重学生、服务学生的氛围。学生是受教育的对象。全校教师都要从学生出发,尊重学生成长的规律,尊重学生的人格和需求,关心学生,热爱学生,了解学生,理解学生,爱护学生,帮助学生,教育学生,引导学生,相信学生,依靠学生,倾听学生的意见,竭诚为学生服务。我们现在深感教师与学生之间的沟通和交流还很不够。学校要为师生之间的交流和沟通创造空间。每一位老师每一个星期都应该安排专门的时间来接待学生,与学生交流思想,为学生释疑解惑。广大党政管理人员和后勤职工也要创造一切条件方便学生,想学生之所想,急学生之所急,处处体现为学生服务,满面春风地面对学生,不断提高工作能力和服务学生的水平。

我们要进一步畅通师生交流的渠道,充分尊重学生参与学校民主管理的权利,创造更多的机会让学生为学校的发展建言献策。学校各部门、各单位都要始终把教师、学生的呼声当做第一信号,把他们的需要当做第一选择,把他们的满意当做第一标准。

学生会是党领导下青年学生的群众组织,是联系学校和学生的桥梁和纽带。学生会还要不断加强自身建设,树立服务意识、公益意识,为同学多办实事。学生会要成为培养学生骨干的熔炉,让大家在这里锻炼能力、服务同学。

(2004年12月18日在复旦大学第三十八次学代会上的讲话)

去年在讨论"十五"规划的时候,我们就响亮地提出了"以学生为中心"的口号。一些同志对此不理解,认为以学生为中心,教师的地位、作用怎么体现？以学生为中心，是不是要事事顺从学生、迁就学生？其实不是这样。我们讲"以学生为中心"，并没有否定教师在教书育人中的主导作用。对于一所学校来说，教师始终是对学生进行教育的主体。我们要塑造什么样的学生，要倡导什么样的价值观，都要通过教师的行为去体现。实际上，我们说"以学生为中心"，就是要求我们从学生出发，尊重他们成长发展的规律，不断满足其接受教育的需求；就是要求我们尊重学生，调动他们的内在积极性；就是要求我们尊重学生的个性发展，强调因材施教；就是要求我们处处想到学生，热爱学生，倾听他们的意见，竭诚为他们服务，为他们的成长创造良好的环境；就是要求我们以学生全面素质是否得到提高作为判别学校工作做得好不好的重要标准。

(2002年11月6日在复旦大学学生工作会议上的讲话)

号准学生的脉搏

做学生工作,第一要义就是要了解学生,在了解学生的基础上才可能理解学生,在理解学生的基础上才能做好学生工作。如果一个辅导员连自己的工作对象——学生都不了解,他们想什么都不知道,那么我们的工作很可能就是无的放矢,这是一个基本的规律。了解学生,向学生做调查研究,是辅导员和学生干部的基本功。了解学生什么?

一是把当代大学生本身的情况了解透,研究透。现在同学们在学习生活中碰到了什么问题,他们有哪些困惑?先是中学生,跨入复旦大学的校门以后变成了大学生,以后又变成了研究生,在他们成长的道路上,有哪些因素影响他们的人生观、世界观、价值观?我们讲"80后"如何如何,现在已经是"90后"了,再过几年就是新世纪的了。一代学生终归与一代学生不一样。辅导员尽管刚刚脱下学生装不久,但对于你们的工作对象还是要了解透。

二是把学生成长的环境摸透。我们的学生五花八门,来自全国各地。家庭背景很不一样,有富有的,也有非常困难的,"山沟沟里飞出来金凤凰",还有国外的、港台的。他们的成长环境、人际关系、家庭背景、成长经历、业余生活都不一样。还要分析各种环境对他们的学业、生活、思想产生的影响,例如社会舆论、家长期望、就业压力、多元文化等。

我这里特别强调,一定要到学生中间去,了解最直接、最具体、最鲜活的东西。一个好的辅导员,两个礼拜可以把所有学生的名字全都叫上来,甚至把他们的生日也记住了。了解人的办法是一样的,你学到基本功了,以后到社会上任何部门工作,提拔成干部,到任何单位去做领导,都能胜任。

作为党委的职能部门,学工部、研工部应该对学生的整体情况有准确把握,对学生群体的倾向和特征有定性的、深入的分析,对学生成长周期有较为贴切的描述。因为整个的思想政治教育在设计计划时要着眼于大多数学生,因此对面上的情况一定要掌握。每个院系的学工组也要对本院系本专业的学生做一些中观的了解和分析,有些职能部门对特殊的人群要进行分析。例如外事处、留学生处,要对外国留学生和港澳台学生做一点深入的分析。团委的调研,以往由学生自己搞,比较贴近学生,选题、材料都比较鲜活,但他们也有缺陷。你不能指望团委的学生调研很有深度,它是一种描述,这种描述是很有必要的,我很喜欢看这种描述。我们也希望团委在这个基础上提高灵敏度,要能够提炼典型。辅导员的了解要落实到学生个体。

搞调查研究,不能够满足于问卷和量化分析。量化的东西,不能没有,但也不要太迷信。量化一般来讲只能描述面上的东西,量化的质量高低取决于问卷的设计。问卷设计取决于你对学生有多少了解。了解学生,才能设计出贴近学生的问卷,而且问卷调查还有一个深入分析的问题。我们做辅导员的工作,做人的工作,很重要的还是要落实到个体。张三与李四是不一样的,喝醋的地方和吃辣椒的地方出来的人也是不一样的。家里单亲的,父母离异的,与有一个完整家庭的也不一样。最近一两年来,发生了几例学生自杀的个案,悲剧发生后,不知道他们为什么选择轻生。究竟是恋爱问题,还是家庭困难,是读书读不下去,还是父母的疾病重,搞不清楚。辅导员也说不清楚。如果辅导员说得清楚,这个辅导员就很权威,如果辅导员也说不清楚,这就很麻烦了。所以,在调研过程当中,我们一方面要有量的调研,一方面应重视个别访谈。过去一些好的辅导员、有经验的辅导员常常做一点工作札记。今天我谈了一个什么问题就记下来,很鲜活。学生快毕业的时候翻翻,过几年后翻翻,都觉得很有意思。

调查研究还有一个前提,一线的辅导员一定要和学生打成一片。我们有住楼辅导员和一般辅导员之分。其实严格地讲,辅导员在带班期间最好还是以住楼为主,因为在和学生的沟通中,在日常观察中容易发现问题。等问题出现的时候去谈,有的时候是谈不出来的。我们的职能部处、分党委、总支的领导,还有我们的学工干部,不可能像辅导员那样与学生朝夕相处,但也要尽可能找时间接触些个案。通过这些个案,了解第一手的材料。所以我们要提倡做学生工作的同志,不论年龄、不论专业、不论职务,都应该努力成为学生的知心朋友。辅导员里面要把这个口号响亮地叫出来。什么叫老师?亦师亦友,这是最好的老师。

现在的研究生基本是80年代生的,本科生已经进入80末期,以后就是"90后"的大学生。不同的年代有差异性,学生之间的经济条件、家庭背景显著不同,甚至还有民族和宗教信仰的差异。同学们思想活动的独立性、选择性、多变性和差异性增强,所以我们要关注学生中出现的新情况,研究有倾向性的问题。

现在的同学们受社会、家长的影响很大。在中学里面,为了考上好的大学,打上了应试教育的烙印,而且在市场经济社会有比较强的功利心态。所以我们现在发现不少学生进校以后,缺乏理想,缺少对于科学的兴趣,对于职业的兴趣倒是关注的。视野相对比较窄,独生子女思想比较主观,但是还没达到自由的程度,既不希望人家管,又离不开家长背后的扶植,素质和能力都有先天不足。所以如何让我们的同学们在大学期间,通过内容丰富、针对性强的各方面的教育,通过多彩多姿的校园文化,激发他们树立远大的理想,激发他们产生强烈的探索未知的欲望,这是非常要紧的。

还有,学生出国接受开放教育的速度很快,在校学生一年有1000多名学生被派到国外的大学里去。这项指标列全国第一。我们基于一个理念,就是能够让我们的学生尽可能多地到国际上去看一看。但与此同时,多元价值观和复杂的国际政治经济背景也会对我们的学生产生影响。

对留学生,对港澳台学生,我们了解得太少了。2006年,留学生达到6000人次,读学位的达到2900多人,其中大部分是本科,少数是硕士生。港澳台在校学生400多人,其中台湾学生200多人,澳门和香港的少一点。现在虽然学生工作系统整个的教育管理趋同化了,但是对这些学生,我们还不了解他们的情况:他们的家庭背景也不知道,中学在哪里毕业也不知道,在上海有没有住宿的地方也不知道。不知道的事情很多,实际上是我们思想政治教育的空白,学生管理也存在薄弱环节。

(2007年8月22日在复旦大学暑期学生工作总结研讨会上的讲话)

我们该怎样对待学生？

一、如何认识我们的学生？

我们了解我们的学生吗？我们理解我们的学生吗？辅导员工作最扎实的功底就在了解、理解学生。我不大赞成公式化的指标，我想用一点生动活泼的语言来描述我们的学生。我认为，我们的学生都非常优秀，非常可爱，非常阳光，非常健康，非常单纯。学生是一个很大的群体，首先应该从整体上看，从基本面看。所以我用了不太确切、没办法进行精确统计的词。当然，这么大的群体，没有阴暗的东西，没有龌龊的东西，也不可能。但毫无疑问，阴暗和龌龊不是主流。

现在的学生，特别是一、二年级的学生，容易迷茫，不知道该怎么读大学。就好比高考爬一座山，爬到山顶，前面是开阔地，不知道是继续跑步前进，还是匍匐前进。高年级以后，学生开始对学校工作不满，对课程不满，对有些老师不满，对学生社团不满。这四年中学生面对N个岔路口，还会有成长的烦恼，包括人际关系的烦恼、个人感情的烦恼等等。他们在18岁到22岁的过程中，正在逐步把握自己，这就是我们的学生。正因为是这样的学生，才需要有人生的导航。

有的辅导员对学生的思想问题和实际问题分析得很细，工作做得很好；但也有辅导员心比较粗，几年下来还总结不出所以然。无论如何，做好辅导员工作，一定要正确认识我们的学生，正确理解我们的学生。

二、如何对待我们的学生?

正确对待学生,应该站在一个负责任的教育者的角度来思考。一个负责任的教育者对待学生应该有三个态度:

一、要始终调动学生的积极因素,鼓励他们实现自己的理想。学生都是对未来充满着憧憬,他们的理想是需要鼓励和呵护的。学生那么优秀、那么阳光、那么健康,我们就要调动优秀、调动阳光、调动健康。这是我们所有工作的出发点、立足点。为什么要搞那么多活动,不是形式主义吗?为什么组织社会实践,不是劳民伤财吗?我们都是调动积极因素来鼓励他们实现理想。但是在肯定学生的同时,也不要捧杀学生。优点不能讲过头。以学生为中心,不是学生讲什么都是对的,如果这样的话要我们教育者干什么?捧也会把孩子害了。

二、要千方百计地消除和抑制学生的消极因素,教育引导学生克服自己的弱点和缺点。学生有弱点,也有缺点。他们生活在社会中,会受到不良社会风气的沾染。我们要开展有针对性的教育。但是,也不要不计后果地棒杀学生。捧杀害人,棒杀更害人。尤其要警惕,不要让媒体把大学生妖魔化。我讲得是不是有点耸人听闻?我是有感而发。关于复旦大学"黄山门"[*],媒体有不同的报道。大家知道,民警的牺牲不是学生愿意。学生下山以后没有来得及告别、悼念,有很多细节原因。媒体报道说复旦的学生如何没有良心,现在的大学生怎么道德堕落到这个地步,只顾自己不顾别人。这是我们的大学生吗?尽管我们的学生有这样那样的缺点,应该批评教育,但是内心有这样阴暗和黑暗吗?作为老师我容不得媒体这么来丑化学生,哪怕学生有天大的缺点,那都是成长中的缺点。大学生是社会中最优秀的一群人,如果把大学

---

[*] 2010年12月12日夜,以复旦大学学生为主的18名上海驴友在安徽黄山遇险,民警张宁海在营救过程中不幸坠涯殉职。

生丑化成这个样子,这个社会还有救么?社会上有没有阴暗面,有;大学生中有没有阴暗面,有。但是阴暗面是不能让它沉渣泛起的。让阴暗面沉渣泛起的是什么时候?是"文化大革命"。为什么要正面宣传、正面教育,就是这个道理。

前两天又有一篇文章,某大学一位副教授写的,说"团委、学生会堪称大学敞亮校园中最阴暗的一角,不知道还有什么地方比这里更加乌烟瘴气";认为有些大学生选举有不规则行为,学生组织一味执行团委的意见;希望"大学生组织自治,脱离团委的指导";觉得"党团学生会组织的存在是诱人堕落、逼人为娼,可谓毁人不倦";说"某些学生本来对学生工作没兴趣,为了保研,千方百计做学生干部";认为"团委学生会某种意义上是我国官场的缩影,我国体制内最糟糕做法的复制";说"学生干部是大学生中的特权阶层,是高校藏污纳垢之地。中国的大学实际上是被党团及其附属的学生会搞得精神全无,灵魂缺失。"

不看不知道,一看吓一跳。这位老师如此攻击学生会和团委,也受到了学生的批评。学生说得很客观,"这位老师像一位怨妇一样,用垃圾、帮凶、蛀虫、奴才这些字眼来形容自己的学生,不知道这位老师的教师资格证书是怎么得来的?一个可以这样说自己学生的老师让我叹为观止";另外,"你讲到你亲眼目睹的例子,你做了哪些努力去改变它呢?"学生问得好不好?问得好。我们要警惕媒体将大学生妖魔化。

三、教育者不是袖手旁观的批判者,要揽过自责。毋庸讳言,今日的大学生中存在不少问题,但我认为大学生的问题总体上说是成长中的问题。大学生成长的环境也比过去复杂得多,这就需要全体老师加强对学生的教育。学生中存在的问题很大程度是教育的问题,不是不可教育的问题,因为有问题才要教育。教育者不是袖手旁观的批判者,我们应该揽过自责,研究加强教育的措施,改进方法的措施,优化环境的措施,这样才是一个负责任的教育者。古语说,子不教,父之过。自己孩子没教育好,父母还到处向人数落孩子的不是,这像话么?这个比喻不一定贴切,但学生有问题,教师首先要自责,要先分析自己的问题,然后思考教育的办法。

(2011年9月6日在复旦大学暑期学生工作总结研讨会上的讲话)

构筑全员育人的工作格局

素质教育是一项系统工程,学生工作是学校的全局工作,涉及方方面面,一定要调动全体教职员工来做好学生工作。

学生工作队伍是做好学生工作的重要力量,没有这样一支专门的队伍是不行的。要建设一支政治坚定、专兼结合、结构合理、素质过硬的学生工作队伍,各级党组织要下决心像选拔、培养学术骨干一样,选拔、培养学生工作干部,特别要重视把当辅导员、从事学生工作作为青年教师培养的一个重要手段。从事学生工作的同志或是一部分时间、一段时间从事学生工作的同志都要热爱学生,热爱学生工作,满腔热情地面对学生,经常深入学生,了解他们的思想,帮助他们解决困难;还要研究新情况,探讨新问题,经常性地分析学生的思想动态,不断提高自身思想素质和工作水平。

广大教师是学校里育人的主体。教书是教师的天职,育人也是教师的天职。一个良师,不仅仅要教好书,还要育好人;不仅仅业务能力要强,在业务上能为学生指点迷津,而且在政治上、道德上、人生上也要进行引导,释疑解惑,为人师表。课堂和讲台是非常神圣的,广大教师要自觉地把育人的宗旨贯彻到课堂教学工作中去,课外也与学生多接触、多交流、多沟通。担负一定的学生工作是教师在校内必须担负的社会工作之一。我们要把学生的评价纳入到对教师的评价体系中去,把学生工作做得如何作为考核教师是否称职的一项重要内容。我们还要继续加强和健全导师制。教师要以自己的言传身教影响和教育学生。教师是一种特殊的职业,它对从事这一职业的人员的要求是很高的。教师不仅要精通业务,更要有较高的政治素质、敬业精神、道德修养、人格魅力以及对学生的满腔热情和高度的责任心。只有具备了较高的自身素质,才能真正成为学生爱戴的名师,才能很好地完成教书育人的神圣职责。

党政管理人员要创造一切条件方便学生,广大后勤职工要全心全意为学生服务。要想学生之所想,急学生之所急,处处体现为学生服务,满面春风地面对学生,不断提高工作能力和服务学生的水平。管理和服务也是育人。机关、公共服务体系、后勤等很多部门都是"窗口",是直接面对学生的,要通过我们的优质服务,用好的作风去熏陶学生。

在校园规划与建设中,也要处处体现以人为本的思想,为学生创造适合成长成才的良好校园环境。

总之,全校教职工要以学生的成长成才为中心,坚持教书育人、管理育人、服务育人、环境育人,努力构筑全员育人的新格局。

(2002年11月6日在复旦大学学生工作会议上的讲话)

寓教于管

现在的学生管理工作与多少年之前大不一样。学生成分复杂，缺乏公共交流，比较分散。那么在这种情况下，如何管理学生？现代管理告诉我们一定要建立制度。适当的制度是必要的，管理离不开制度，但是一定不要让学生管理走上行政化的道路，甚至让学生工作带有强烈的行政管理色彩，这是非常可怕的。一定不要把你们的工作满足于让各院系填写、递交你们设计好的表格。在学校里，学生管理工作是面向18岁到二十几岁的最活跃的青年学生，如果用行政手段束缚学生，学生就没有创造力了。另外，辅导员在一线从事学生管理工作，我们一定要为辅导员创造一个发挥个性的空间。我主张，辅导员带班，要能带出个性来。优秀的班级都应该有自己的个性。学工部、研工部提出基本工作要求，各院系提出具体工作要求，但是要让辅导员发挥主观能动性和创造性，我们如果有两三百个有个性的辅导员，我们的学生工作一定改变局面。

辅导员怎么管学生？我们提出来要以学生为本，以人为本。那么究竟什么是以人为本？就是学生管理要与服务相结合，让管理体现出服务的功能。学生需要我们服务的地方很多，不仅是一年级新生，二三年级的同学也会碰到学习、生活中的问题，辅导员要帮助他们解决问题。当然也要让学生在接受服务的同时学会尊敬师长、遵守规则、尊重他人；还有管理要和教育相结合，把思想政治教育融化到管理工作中去，贯穿于管理的全过程。一个好的学生管理设计本身就是一种教育。比如过去中学里，有的班主任设计了一种模式，三年六个学期，班长是轮流当的，好的学生只能当一个学期班长。这种模式本身就培养了人，因为有6个班长成长了，不是一个。

学生管理和服务工作要周到，到位但是不能越位，不能包办，更不能代替学生本身。辅导员不是保姆。应该发动学生自我管理，尤其是研究生。辅导员不越俎代庖。辅导员的管理能力，要体现在学生干部的培养上。过去我们提出"四自"——自我管理、自我服务、自我约束、自我教育。"四自"原则要继续坚持，学生自立奖还是要评。奖助学金和困难补助的发放工作，也要帮助学生自立自强，强化对学生的教育功能。

加强学生管理，要充分发挥学生骨干队伍的作用。研究生的经验就是培养党支部书记，党支部书记就是学生骨干。学工部也提出"党员成长计划"。经过几年发展以后，把党支部建在班上。这就是靠学生管理。还有一类学生骨干大家不要忘记，就是学生中的天然领袖，我们称之为群众领袖。群众领袖也很要紧，这样的骨干在学生中往往有号召力。比如网上的资深"水鬼"、文体活动中的学生明星以及学生自发组织的社团中的领导人等。这些人在学生当中很有威望，他们都是在特定的场合，特定的学生团体中发挥作用。

我特别要提出来，老师们一定要关心那些生活、学习上特别困难的学生（弱势群体的提法不好）。这些学生往往心理上可能有些问题，我们要在工作中更加重视人文关怀，增强他们克服人生困难的决心和对未来前途的信心。

（2007年8月22日在复旦大学暑期学生工作总结研讨会上的讲话）

德育工作贵在落实

党委制定的贯彻落实 16 号文件*《实施意见》一共 15 条,言简意赅,突出了一个"实"字,就是说,我们要做什么,三年以后要达到一个什么样的目标?

第一,建立全员育人的体制和机制。推动全员育人,这是贯彻落实 16 号文件的一项重点,也是一个难点。只有在全校形成全员育人的格局,我们的德育工作才能有真正的突破。这项工作一定要大力推进。这里既有思想号召、宣传发动的问题,也有推动形成全员育人的体制和机制的问题。因此,我们一方面要大力宣传全身心奉献给学生的教师典型,用崇高的理想来鼓舞教师,引导教师教书育人、为人师表;另一方面要加强岗前培训,制定《教师守则》,完善教师职业道德规范,严格教学纪律,进行师德考评等。要把学生的评价纳入到教师的评价体系中去,考核办法要具体,要把育人工作做得如何作为考核教师是否称职的一项重要内容。对某些师德不好的教师,无论在职务评聘、岗位评聘还是在其他评奖的时候,都要严格执行"师德一票否决制"。我们还鼓励教师与学生多接触、多交流、多沟通。我们明确要求,每位教师每个星期都应该有不少于半天的固定时间来接待学生,与学生交流思想,为学生释疑解惑。接待学生的时间要广而告之,各院系要加强督促检查。

---

* 2004 年 10 月,中共中央、国务院印发《关于进一步加强和改进大学生思想政治教育的意见》(16 号文件)。《意见》强调指出,大学生是十分宝贵的人才资源,是民族的希望,是祖国的未来。加强和改进大学生思想政治教育,提高他们的思想政治素质,把他们培养成中国特色社会主义事业的建设者和接班人,对于全面施科教兴国和人才强国战略,确保我国在激烈的国际竞争中始终立于不败之地,确保实现全面建设小康社会、加快推进社会主义现代化的宏伟目标,确保中国特色社会主义事业兴旺发达、后继有人,具有重大而深远的战略意义。

青年教师在晋升高级职务之前,必须做一定时间的学生工作。我们还鼓励老师尽可能多地参与到学生的活动中去,在与学生接触、交流、沟通的过程中实现育人。

第二,改进和加强思想政治理论课教育教学。思想政治理论课是对大学生进行思想政治教育的主渠道,体现了社会主义大学的本质要求。复旦的"两课"改革过去一直走在全国前列,我校的"两课"教师也为此作出了很大贡献。但同时我们也要看到,在新的形势下,思想政治理论课教学碰到了不少问题,尤其是针对性、实效性、吸引力、感染力不够强。我们将于今年9月率先启动新一轮思想政治理论课改革。改革的指导思想和原则包括:课程设置要强调系统性、科学性、稳定性,课程内容和教材要少而精,课程教学要联系学生、贴近学生、教学互动,寓思想政治教育于知识教育之中,等等。改革后,将开设《马克思主义基本原理》《当代中国马克思主义》《中国近现代史纲要》《思想道德修养与法律基础》等核心课程,同时结合学校的学科优势和学生的需求,丰富选修课的内容。要加强课程建设和教材建设,实行开放式的教师管理制度,吸引相关专业教师从事思想政治理论课的建设和教学,改进教学方法,实行中小班教学,增加教学互动等。我们要抓紧改革,探索创新,全校要给予大力支持。

同时,我们还要用当代中国马克思主义指导哲学社会科学的教学。既要破除对马克思主义错误的和教条式的理解,解放思想,繁荣学术,又要坚决抵制各种否定马克思主义的错误观点,把马克思主义中国化的最新理论成果贯彻到哲学社会科学的教学中去。

第三,进一步加强学生思想政治教育队伍建设。我们对学生思想政治教育工作队伍的理解要有所突破。大学生思想政治教育是全体教职员工的共同职责,而学校各级党政干部和共青团干部、思想政治理论课和哲学社会科学课教师、辅导员和班主任是思想政治教育的骨干力量。我们要加强这三支队伍的建设。

这里我特别强调一下辅导员队伍建设。团委的一次调查结果显示,在学生心目中,优秀辅导员应该具备如下特征:一是具有较高的自身修养,二是能够坚持公正公平公开原则,三是处事老练能干,四是为人亲切随意,五是能够有效凝聚集体。在现实中,超过2/3的被调查同学给自己的辅导员打80分以上。同学们对辅导员普遍的评价是"亦师亦友",辅导员的工作任务很多,有人形容"纵向无底,横向无边"。但是,还有55%的学生认为辅导员工作能力不强,少数学生认为自己的辅导员不常与学生接触。调查还显示,班级人数的多少对于辅导员工作有着明显的影响,辅导员与学生之间的熟悉程度随班级人数的增加而下降,60人以下的小班和200人以上的大班更是体现出极大的差距。

这些调查结果反映出了我们辅导员队伍建设中存在的一些问题。辅导员队伍的低龄化,一方面说明我们的辅导员队伍年轻,有魄力,更了解学生;另一方面也要看到,年轻辅导员也会有一些弱点,可能对一些传统不大了解,生活阅历不够丰富,思想理论准备不够充分等等。因此,我们要加强对辅导员队伍的培训,提高他们的工作能力;同时要加强辅导员队伍的梯队建设,建设一支年龄结构合理的专兼职相结合的辅导员队伍。有的院系辅导员队伍中"人才工程"队员的比例过高。我们还要适当降低辅导员和学生的生师比,以更好地开展个性化的工作。要进一步完善"人才工程"预备队制度,落实培养政策,鼓励优秀队员留校工作,健全这支队伍源源不断向党政管理部门输送干部的体制和机制。各级党组织要下决心像选拔、培养学术骨干一样,选拔、培养辅导员。

第四,加强对德育工作的领导。为了加强对全校德育工作的领导,学校将成立德育工作领导小组。领导小组的主要职能是加强党政协调,研究涉及德育工作的重大问题,统筹推进全校德育工作。我们要抓紧完善党委统一领导、党政齐抓共管、全校紧密配合的领导体制。各院系、各医院要把德育工作作为一项重要工作来抓,建立健全工作责任制。要把学生工作队伍建设好,把全体教师教书育人的工作发动好,把学生全面素质教育的各项措施落实好,包括要进行必要的投入。各级党组织负责人要从政治上、思想上、工作上、生活上关心从事特别是长期从事学生德育工作的同志,帮助他们解决实际困难。

(2005年5月20日在复旦大学德育工作会议上的讲话)

共青团的舞台更大了

回顾复旦一百多年的风雨历程,我们看到,青年与复旦的兴衰、学生与学校的荣辱息息相关。一代又一代青年奋发有为,奠定了今日复旦的基础,形成了复旦的精神传统。青年始终是推动复旦前进的重要力量。有着一代又一代青年在这里学习求索,复旦才那么生机勃勃。如果说复旦是日月光华,那么复旦学子就是太阳燃烧的能量。同时,复旦也不断铸造着很多青年,影响着许多青年未来的人生道路。所以,有一本书就叫做《复旦改变人生》。

复旦青年的传统,归结起来,大致有三点。第一,爱国荣校。爱国才能荣校。在民族危亡的岁月里,秉承创校先贤的爱国传统,复旦的青年培植了"团结、服务、牺牲"的精神品质。新中国成立后,在每一个历史年代,在祖国最需要的地方,到处都有复旦青年不畏艰难、无私奉献的身影。第二,为国成才。复旦是中国大学的"国家队",复旦的学生也一向有"堪为国器"的志气和能力。一代又一代的复旦青年从未停止过追求卓越的脚步,不断创造出骄人的业绩,也不断集养着勇攀高峰、问鼎世界的气质和信念。第三,引领时代。不论是"五四"上海第一钟,还是 50 年代"向科学进军"、80 年代文化热、90 年代的建设社会主义市场经济,复旦青年都站在时代的潮头,表现出敢为天下先的勇气,有锐意进取、开拓创新的朝气和活力。

1949 年 9 月,中国新民主主义青年团复旦大学总支成立。到今天,复旦的团工作已经经历了 58 个年头。半个多世纪以来,复旦的团组织始终坚持以理想信念教育为核心,围绕青年学生的成长成才,开展工作,组织活动。在每个特定的时期,团组织都有相应的工作重点,每次团代会都提出鲜明的口号。凝聚青年人心,树立远大志向,服务学生发展,引领校园文化,做好党的助手和后备军,已经成为复旦团组织的光荣传统。今天的团组织是继承和发扬复旦青年传统的重要阵地,复旦学生的成长离不开团组织的帮助和引导。

进入新世纪以后,复旦共青团工作的面貌有了翻天覆地的变化。一是起点高了。经受了百年校庆的洗礼,迈上了创建世界一流大学的征程,复旦的共青团工作更加有历史感和责任感,视野更加开阔。二是舞台大了。学生科技创新、社会实践、志愿者和学生社团,都已经成为全校性的育人平台。六年来,学校对于这几块的投入翻了几番。共青团工作正在走出传统的思想政治教育范畴,以学生全面发展为核心的大团建格局正在形成。三是手段多了。校园文化的形式越来越多样化,内容越来越丰富,团组织的形态也正在趋于多样化,校园媒体和网络渠道对学生的影响越来越大。总的来说,共青团工作的抓手和途径越来越多。

继往是为了开来。共青团的工作,就是做青年人的工作。青年人是多变的。工作形势不断变化,工作对象不断变化,做工作的人也在不断变化。团干部都很年轻,流动很快,工作需要学习,工作就是学习。因此,只有看清时代大势,摸准青年脉搏,才能够适应种种变化,做好工作。

理想是青年的精神支柱。高尚、远大、美好的理想催人奋进,给人以力量;短视、卑下、丑恶的生活目的,给人带来功利、消沉或是低级趣味。复旦的学生应该有崇高境界的人生追求,这是成长为高素质人才的首要条件。帮助广大团员青年树立远大的人生目标,践行社会主义核心价值体系,是共青团工作的首要任务。各级团组织应该大力发掘学生身边和生活中的教育资源,发挥同辈互助的特点和优势,鼓励他们互相砥砺,共同进步。

共青团是党领导下的先进青年的群众组织,是党的助手和后备军。

团的工作一定要务实事，求实效。广大团干部应该保持勤奋好学、踏实肯干、勇于奉献、创新开拓、不畏艰难、谦虚友爱、勤俭节约的优良作风，努力在品德、修养、能力上锤炼自己。

（2007年3月24日在复旦大学第十九次团代会上的讲话）

和毕业班党员谈理想

　　无论今后你们走到什么岗位上,作为复旦的毕业生,有两条基本的东西不能丢掉。
　　一是一定要有理想,通俗地说就是经常做梦。梦是理想的表达。现代社会,家长的期望、竞争的压力、市场的氛围,可能会让人变得非常现实。但是人不能为现实而活着,人还是要为理想而活着。到西部、下基层、去创业、参加科研攻关,无论到哪里,到什么岗位,都不能缺少理想,而且这些理想一定要和国家的富强、民族的振兴、人民的富裕结合起来。比如到西部去,就要通过自己的努力改变西部的面貌,当然不可能马上改变,但随着一代一代年轻人把青春献给西部,西部地区的面貌就逐渐改变了。前不久我到宁夏看望在西吉县支教的13位同学。我问他们为什么要支教,支教了一年后悔不后悔。同学们回答得非常令我感动,都很实在。共同的一点就是不安于现状、不留恋城市、不留恋优越的生活。一定要让自己吃苦,一定要把自己的青春献给西部的教育事业。复旦大学的学生就是要有这样的志气! 有了理想,一定能在平凡的岗位上做出最伟大的成绩。这个伟大不是用金钱、知名度和排行榜来衡量的,而是牢牢留在人民的心里。大家到新的岗位后任何时候都不能把理想泯灭掉,它会支撑你一生。
　　二是要有从小事做起的务实精神。当你怀揣着理想踏上新的岗位的时候,等着你的可能不是鲜花和掌声,而是困难和荆棘。道路是崎岖不平的,可能是弯路,也可能你的第一步不那么成功。这就需要有务实的精神,从一点一滴的小事做起。一般来讲,越是一流大学的学生越容易不屑做小事,社会刻板印象觉得,你是复旦大学毕业的,肯定不愿意做小事。事实上，小事最能锻炼一个人的才华，最能帮助人把理想变成现实。小事做好肯定能做大事。希望同学们把务实精神和远大理想结合起来。结合得好，你们的事业一定能成功。

（2009年6月19日在复旦大学研究生毕业班党员座谈会上的讲话）

什么是理想？理想是人生的航标，人活着不能没有理想。没有理想的人生混混沌沌，糊里糊涂。理想有高下之分，有个人、社会之分，但是没有抽象的理想。理想是崇高还是不崇高，需要实践来检验，需要历史来证明。光凭想象、超越历史条件是无法实现理想的，这样的理想也就成了空想。共产党人都讲树立崇高的共产主义理想，这不是空想。一是共产主义理想是建立在唯物主义剖析基础上的。这就是理想的理论基础。人类有很多理想，但是有很深厚的理论基础的理想不太多，共产主义是其中之一。二是共产主义理想是分阶段的。大家去读马克思的著作，马克思从来没有说过今天要实现共产主义，而是革命阶段论。共产主义理想需要经过不同阶段的奋斗来实现。小平同志很伟大，其中一个非常伟大之处就是提出"社会主义初级阶段"理论。共产主义是通过不同阶段来实现的，中国处于什么阶段？社会主义初级阶段。我们是在这样的历史阶段进行奋斗，这是对革命阶段论最深刻的理解。

每个人的理想都有重要的对应物，谁也躲不开，这个对应物就是祖国。在这个世界上，人不可能没有祖国。祖国是每个人的归属，没有祖国的人就像大海中的一叶孤舟，不知道漂到什么地方。我多年来比较坚定的想法，就是认为个人的理想只有和祖国的命运紧紧联系在一起，才是可实现的理想。

不知道大家有没有注意到一个非常有意思的现象，改革开放以后复旦的不少毕业生纷纷出国，到美国、到欧洲，经过二三十年的奋斗，不少人取得了成就。但是近几年他们回来的越来越多，越来越频繁。有些海外回来的科学家跟我聊天经常谈到，国内的人都不知道，在国外的人是最爱国的。尽管在国外社会地位还不错，但是始终觉得自己的家、自己的语言文化归属在祖国。所以我觉得每个人的个人理想，对应的就是祖国。祖国的命运和个人的命运息息相关。

祖国的兴衰决定了个人理想实现的可能，个人理想只有融入到为祖国繁荣昌盛的奋斗中才能真正实现价值。拿我们这代人为例，"文革"的大动荡使我们丧失了受教育的机会和奋斗的机会，而拨乱反正改变了一代人的命运，好多人纷纷进入大学，把"失去的时间"补回来。随后的改革开放又给许多人提供了奋斗的机会。

对同学们来说，当前我们国家处在一个什么样的大背景下，大家踏上新的岗位后有没有和祖国一起奋斗实现理想的机会？我认为，中国的大趋势，有这样四点：

第一，经过30年的改革开放，国力空前强盛，而且可以预期还会持续高速发展一段时间。同学们如果有心，只要把30年前的指标和今天对比就会明白四个字——翻天覆地。我举个小例子，这周六我到祖国第三大宝岛崇明，从我家到崇明的陈桥镇，半个小时就到了。大桥9公里，隧道10公里。而更长的杭州湾跨海大桥34公里，在建的舟山五座桥加起来已经43公里。这在30年前是不可想象的。同学们毕业以后正处于祖国的强盛期、持续发展期。中国已经高速发展了30年。根据日本的规律看中国，可能还要发展二三十年。

第二，国际格局深刻变动，中国的国际地位上升。经济格局的变动必然影响到政治格局、国际关系格局。中国这两年要参加的国际会议多了，话语权也在提高。我觉得不要估计得过高，也不要估计得过低。平心而论，在世界经济复苏的过程中，中国的发言权是在逐步提高。从中国威胁论到中国危害论，西方社会对中国的议论没有停过。法国和德国对我们始终是负面报道为主。美国比较实用，中美关系你中有我，我中有你。对这些我们要有清醒的认识，准确的把握。

第三，中国体制、中国共产党的领导有比较优势。我们自己说不算数，要人家说。最近西方有些政治家和学者在研究，世界经济危机中中国受到的影响不大，是因为共产党的领导体制能稳得住大局。我们党内有很多问题,腐败现象也不少,但我们在处理经济危机的时候,处理干旱、洪水、地震等特大自然灾害的时候,处理港澳台问题和民族边疆重大事件的时候,党的领导和举国体制发挥了核心作用。

第四,中国的继续发展,给毕业生提供了良好的奋斗的机会。一是中国持续快速发展,一定要调整产业结构,转变经济发展方式,一定要通过科技创新来提高生产力。这是我们今后几十年的任务。谁在科技竞争中取得优势,谁就能占领最高点。在这个历史进程中,有太多问题等着我们去创新。二是大规模工业化、城市化带来的社会问题、民生问题,也是摆在我们面前的重要课题。现在全国已经有超过5亿人口居住在城市,这个趋势还在发展。农民工已经转移了1.7亿,还有2.1亿没有转移出来,再加上农民工家属、子女,将来会有4亿多农民在未来一二十年内成为城市居民。户籍、入学、医疗、社会保险等大量民生问题,一定要想办法解决,这是学习人文社会科学同学的强项。三是资源和环境问题,也隐藏着很多机会。研究资源的,有老能源的科学利用问题和新能源的开发问题。研究环境的,不仅是环境科学系,物理系、化学系、材料系、生命科学学院都和环境有关。四是中国要应对国际经济不确定因素所带来的一系列挑战,特别是金融。随着对外开放日益加深,我们和世界经济的联系越来越密切。中国持有2万亿美国国债,美国经济发展不健康,中国经济就受影响。当然美国也不敢轻易得罪我们。我们制造业很发达,拿了很多国外订单,我们实体经济受损的时候往往是世界经济不景气的时候。

我们年轻的毕业生、党员同志们,到哪里去寻找实现理想的机会?在中国。当然我们不能否认有些人毕业后到国外深造,但实现个人理想最大的机会,全世界来看在中国。很多人回来创业也是奔着这个。解决这四大问题,至少需要一代人的奋斗,甚至一代人不够,需要两三代人。如果把我们的一生献给了祖国的发展,我们的人生理想就被赋予了崇高的意义。这不是一个抽象的问题,是一个现实的问题。

缩小理想和现实的差距要靠奋斗。投入多少，收获多少。这里我用了收获，不用"产出"。因为投入产出是经济学的概念，人生不能用比价计算，产出不一定大，但收获可能很大。中国有老话，种瓜得瓜，种豆得豆。有两点可以肯定，第一，现实和理想之间差距很大。这是肯定的，没有差距就不需要奋斗了。第二，在改变现实、实现理想的过程中，个人的力量是有限的。但是我们是共产党员，我们背后有党组织，有7600万同志共同奋斗。我借用解放前复旦革命烈士一句很朴素的话，"我看到为了一个崇高的目标是有一群人来奋斗的。"

（2010年6月28日为复旦大学研究生毕业班党员所作的党课报告）

光荣，属于支教队员

　　这是一本令我激动、感动的书。那些率真的叙述，像是从心底流淌出来的一首首诗。

　　也许是因为我在西北生活过许多年，我对那片土地总有一种挥之不去的情感，因而也对任何支援大西北的志愿行动，有一种特殊的亲近感。1999年初夏，团委的同志告诉我，他们将送一批研究生志愿者去宁夏西吉支教。我非常高兴，即刻决定要为他们送行。那是一片贫瘠的黄土地，中国最贫困的地区，被联合国称之为"不适合人类居住的地方"。在那里支教一年是不容易的，让我这个老西北对他们叮咛一番。想不到这一送，送了一批又一批，就送了十几年。据统计，到2012年复旦已有十三批161位同学去西吉支教。支教的点也从宁夏扩大到贵州、云南。相对于庞大的学生队伍而言，支教队员只是一个小小的群体，但他们是从广大踊跃报名的同学中选出来的；他们的行为激发了许多青年学子的社会责任感，改变了许多人的观念。复旦支教队员的影响扩展到全社会，塑造了新时代复旦人的形象。

　　为什么要去西部支教？这是很多人对他们的提问，其实也是对支教队员的第一考验。本书真实地袒露了支教队员的各种想法：有的不想生活在别人的预言里，要从"上海的容器"里跳出来；有的想"丰富人生"，看不一样的世界，体会不一样的生活；有的希望能为贫困地区做一些力所能及的事情……伟大来自平凡，支教队员没说豪迈的空话，他们的想法真实地来自他们的心底，但都体现了每一代青年都会有的可贵的理想主义。一开始谁都不可能想得很明白，随着支教生活的体验，认识逐渐深化，归纳到"感受西部、认识农村、了解中国"，为改变西部现状贡献自己的一点力量。2009年夏天,我去西吉看望第十批支教队员。座谈中也想问问他们支教的动机,我不想听教条式的回答,于是只问了一句:"你们来这里一年是不是后悔?"队员们毫不犹豫地异口同声地回答:"不后悔!"接着打开了话匣子,我深受感动。在我们那个年代,支农支边不算什么,是很普遍的事,但在今天的青年就很不容易。他们生逢盛世,条件优越。外界对他们有着太高的期望和要求,他们也有着太多的机会和诱惑。支教一年,意味着他们要改变出国深造的选择,拒绝高薪就业的机会。但是,他们没有犹豫,毫不后悔。这就是今天的青年。

许多人都以为,艰苦的生活条件是对支教队员的最大考验,其实不然。毫无疑义,宁夏贫困地区的生活是十分艰苦的。缺水,严寒,伙食差等等,对于在城市长大的青年确实要过"生活关"。但我们的支教队员都作好了吃苦的准备,反而不觉得苦,都说没有想象中那样艰苦。时间久了,还学会苦中取乐,向参观团大谈旱厕的妙用,让他们仓皇打道回府,而"涌起恶意的快感"。真是可爱而调皮的年轻人!对支教队员最大的考验,是能不能融入这块土地,融入群众(学生也是群众)。他们对学生、学生家长乃至这块土地,由忧到急,由急到爱,最后完全融入,为学生每一点进步而欢快,为当地每一点改变而骄傲。情感是在交流中建立的,付出多少爱,就能得到多少爱。一个支教队员在元旦清晨,一开门就受到学生集体的祝福,她感到,这是我"当老师以来最受感动的时刻","全身被幸福包围着"。一个支教队员在立冬的早上被学生叫醒,"给我手上塞了个塑料袋,打开一看,原来是几块还在冒热气的羊肉,心里那个温暖劲儿啊,快把外面的雪给融化掉。"支教队员们的行动逐渐被当地群众认同,他们的情感也在升华。一位队员说:"这里是我心中最美丽的地方。"支教队员中有一位同学两次主动要求来这里支教。还有一位马来西亚的留学生,也在这里支教一年。2009年夏我去西吉时,正好遇到他辗转千里,从国外回到西吉,来看他昔日的学生。风尘仆仆,然而十分兴奋。如果没有对学生、对这片土地的爱,这些行为都难以理解。青年的社会责任感,不是靠理论认识建立的,也不是停留在口头上的。只有了解了国情,了解了群众的疾苦,感情完全融合,才会建立起真正的社会责任感。

支教一年时间并不长,指望要改变同学们的人生也是不现实不客观的。但是,一年支教在支教队员的人生历程中却会打上深深的烙印。一个队员说:"支教与想象最大的不同,它是一种完全个人的真实体验,无法复制,独一无二。"有一个队员概括得最好,她说:"支教是我的成人礼。"人生是由经历组成的,经历就是财富。一个人不可能完全自主地选择人生,但每个人都可以把经历(无论是顺境还是逆境)变成财富,关键看如何对待人生的每一段经历。支教队员们珍惜这一年,获得了宝贵的财富。正如有人比喻,用一年时间把希望的种子撒出去,会收获一生的信仰。不知什么时候起,我们这一代中的一些人也变成了"九斤老太",老是对今天的年轻人缺乏阅历,缺少吃苦而絮絮叨叨,大有今不如昔的感慨。其实,与其抱怨,不如创造机会让年轻人去经历风雨、见世面(这句话现在不大用了)。他们有了经历,就会长大,就会成熟。我们自己不也是这样么!

复旦十三年支教的过程,充分体现了当代青年的精神风貌:那么有理想,那么有情感,那么能吃苦,那么有创造。这是主流,而不是支流;这是全貌,而不是枝节。去西吉采访过的凤凰卫视记者杨锦麟评论说:"这些支教队员让我感受到中国大陆'80后','90后'年轻一代的精神风貌。同样都是复旦大学学生,当人们对不久前发生在黄山的那一起复旦学生受困,一名民警不幸殉职的事议论纷纷时,我觉得,真正能反映和折射当代大学生精神风貌的,可能应该在这些坚持在西部山区的支教队员,这些普通的复旦大学学生身上。"每一个时代的青年都有共同的特点,那就是富于理想,充满朝气,敢试敢闯,能够吃苦。即使在功利主义、利己主义流行,人情淡薄、诚信缺失的环境里,青年的这些优点也不会泯灭。党和政府、学校和教师、全社会都应鼓励、支持青年中的积极因素和探索行为,让他们在和祖国、和民众的融合中成长。与其责备他们,不如责备自己;与其犀利地批评他们的缺点,不如有责任心地寻找自己教育工作的缺失。

　　支教的工作还在继续。很难说十三届支教队员的努力能改变当地什么。因为根本改变当地面貌的力量在于党和政府的政策举措和当地群众的努力。但支教毕竟给西部带来了转变观念的春风,在下一代心中播下了希望的种子,所以应该坚持不懈地做下去,总有一天,会撬动改天换地的石头。学校的各方面、我们的教师应当积极支持研究生支教。

　　光荣,属于支教队员。

　　希望,在那片黄土地上。

(为《我的青春我的团——复旦大学研究生支教团支教纪实》一书所写的序言)

爱家乡,才会爱祖国

(提起艾滋病,很多人都敬而远之,但复旦大学的五位同学却义无反顾地深入艾滋病高发村,把爱和真情带给那里的艾滋孤儿,您怎样评价他们的这次实践活动?)

我感受到了他们对于社会弱势群体的关心,同时也为他们朴素的家乡情感所打动。他们的行动说明他们没有忘记家乡,哪怕家乡现在正处于困顿中,哪怕家乡正在遭遇不幸,甚至是家乡对外的形象有些不堪,他们也不嫌弃,而是为改变家乡的面貌而焦虑,而思考,他们没有忘记自己的"根"。

大学生无论学习成绩有多出众,机遇有多好,前景有多广阔,都不能忘了自己的"根"。我认为有三个"不能忘记":第一,不能忘记家乡的山和水,不要忘了是家乡的山和水滋养了大学生,是当地山水孕育的文化培养了大学生;第二,不能忘记家乡人,是他们养育了大学生。我们知道,很多大学生的上学机会,是父辈用他们大半生的心血和积蓄换来的,是兄弟姐妹牺牲了自己的上学机会而得到的;第三,不能忘记改变家乡的面貌,这是每一个大学生应尽的责任。无论家乡多贫穷、多落后,那里都是生你、养你的地方,这种血脉相连的感情是割舍不掉的。

不能因为地理上远离了家乡,就在心理上也疏离家乡。我们现在进行大学生思想政治教育,教育大学生要爱国,而家乡是祖国的一部分,爱家乡就是爱我们的国家;爱家乡人,就是爱祖国的人民。爱家乡,是一种非常朴素的情感,很难想象一个连家乡都不爱的人会爱国。

当前,一部分大学生的社会责任感确实比较缺乏,而培养社会责任感也不是一蹴而就的事。经验告诉我们,在培养学生的社会责任感上,事实教育远胜过课堂教育。要让学生走出课堂,发现、了解、经历,通过实践了解民情、了解民意,才能更好地认识社会,他们的社会责任感就会被激发出来。

学校也给学生创造更多深入社会的条件。我们提倡学生参加实习,组织学生进行社会调查,暑期开展社会实践,学校几年来一直坚持开展支教、下乡送医、下乡送文化、挂职锻炼等活动。让人欣慰的是,大学生参加这些活动的积极性都很高。

上海本地的大学生很少跳出上海看上海,他们应该多走出去看看。上海不等于中国,中国很大。要知道,我们的国家有现代化摩天大楼鳞次栉比的城市,也有经济尚不发达的农村和山村;有城市博物馆里浓缩的历史文化,更有孕育着鲜活生命的山山水水。在上海这样一座受外来文化冲击很大的国际都市,很多人的眼光都向"外",这个"外"往往指的是外国,而不是外地。一个青年,如果连自己的祖国都不了解,又谈何能对整个世界形成客观的认识?

我是上海人,但23岁大学毕业就分配到了青海西宁,在那里工作了9年。那里有我的同事、学生和老乡,虽然那不是生我的地方,但却是我成长、成熟的地方。我把青春都献给了它,它也把一生的思念留给了我。现在我会像关注上海一样,关注青海的发展。

(原载《解放日报》2004年10月29日)

多读些文化底蕴深厚的书

我是一个热心的读者。我从小非常热爱读书、藏书,一生当中也买了好多书。一般来说,藏书要比读书多,有空的时候去拿一本翻翻,就是有一种乐趣。从小学高年级开始,出于兴趣,我读了大量的童话、小说和连环画。在小书摊上看《三国演义》《水浒》等连环画,一坐就不想回家。小说也读了很多,很早就接触了四大古典名著。初中阶段读了许多科普类的东西,比如凡尔纳的《海底两万里》《金银岛》等等,读起来真是津津有味。高中阶段的读书开始注重理论性。到了复旦新闻系读本科的时候,正好赶上"文化大革命",书读得不多,但经典的书和文章我也读得不少,比如毛泽东的《中国革命和中国共产党》《新民主主义论》《论人民民主专政》《论十大关系》等等。硕士、博士时期,我偏重于新闻史,所以又阅读了许多中国近现代史,尤其是上海的近现代史方面的书。读了历史以后,我发现一个人有了历史的眼光,看问题就有不一样的高度,看今天的时候会回想到过去,联想到未来。一个聪明的人无非是多读了几本书,遇到问题能够用历史的眼光、哲学的眼光、文化的眼光去看待,去分析,教养、层次就体现出来了。

上网不能代替读书。现在有了网络,同学们上网的时间多了。网上的确有很多好东西,但是不能就此代替读书。同学们固然也要接触社会,要去实习,有各种工作,但不能影响读书。"书到用时方恨少",书读下去是没完的。学生在校期间就是要多读书、读好书,学好"双基"(基础理论和基础知识),读好"两典"(经典和古典)。一个人书读得越多,思维就越活跃,谈吐就越非凡,不用去讲求什么技巧、诀窍,古今中外都能即兴发挥,侃侃而谈。

我觉得比较合适的安排是，每天在做好功课和工作外，花半小时浏览网上新闻信息，然后确保有一小时左右的时间，静下心来读书，以此养成读书的好习惯。

读有文化底蕴的书。现在学生们读书有很多倾向性问题，人文类、科普类的书读得少，实用性、技巧性的书读得太多，诸如《管理学实用大全》《怎样当经理》等等。这些是需要通过实践取得的，没有可读性。就像菜谱一样，读了菜谱就能烧好菜？读书，要读有文化底蕴、理论功底的书，散文也好，小说也好，读些有哲理的、折射社会人生的书。当然还有些有趣味的书，根据自己的兴趣，选择性地读一些。

大学是一个读书的好时机。大学比中学自由，中学应试教育就是读教科书、教辅书，学生全部在应付考试，根本没有时间真正地去读书。所以，同学们要利用大学认认真真、原原本本地读一些书，好好体会其中无穷的乐趣和快乐。望道书阁的一些活动我是很赞成的，比如组织读书会。我建议一个星期就读一本书，书不要太厚，认真地读，尽量读单本，不要读很多丛书。

读书的关键是要边读边想。大学教育、通识教育就是要致力于使学生培养读书兴趣，养成读书习惯，掌握读书方法。望道书阁有一系列丰富的活动，我很感兴趣。但活动内容是一方面，更重要的是要思考如何通过这些活动，达到大学教育的目标。我一直很想问辅导员们两个问题：第一，你们要同学们读书，你们自己每个礼拜读多少书？第二，你们会不会读书？各人读书的方法绝对是不同的，会读书的人既会横向扫描，又会纵向深入。那么这个读书的开关在什么地方？开关就是边读边想，在读的过程中不断思考，一旦想到问题，再带着问题深入地读下去。

读书是一件很享受的事情。希望通过望道书阁的提倡和活动，把同学们的兴趣激发出来，在书阁周围形成一个庞大的读书群，让大家在读书的过程中养成读书的习惯，将来离开学校，踏上社会，也能受益终身。

(2006年11月9日接受复旦大学南苑学生生活园区《风景线》专访)

练好思维体操

趁结果没有公布之前,我对这个第八届的辩论赛的决赛,发表一点意见和态度。但是在这些伶牙俐齿的同学们面前,我好像也要张口结舌了。我说的话没有那么快,他们的语速很快,我刚才没有算,每分钟吐多少个字,至少在我这样年龄的人的耳朵里面,听起来已经是有点困难了,所以我不断地要问边上的萧部长,他说什么。如果我参加辩论的话,肯定就输了。

我们为什么要支持演讲和辩论的学生社团,或者说支持在大学生中进行演讲和辩论的训练?我觉得,这是一种课堂外更有意义的学习。

现在我们国家,从小孩子,到大学生,到我们的各级领导,都缺少讲话的训练,缺少表达的训练,包括我自己。表达对人是非常重要的,它使自己的意见得到了抒发,使人与人得到了交流。如果我们去参加联合国竞选的话,肯定失败,因为我们离开稿子,都不大会表达。

演讲和辩论,又是思维的训练,形象地说,是思维体操。要正确表达自己的观点,首先要有清晰的思维。如果没有清晰的思维,别人不知道你讲什么,讲到最后你自己也不知道你讲什么,糊涂了,就此打住吧。这种思维体操,不是一天两天可以形成的。它的基础是学养。学习的学,养育的养,这个词现在不大用了,我们那个年代用得比较多。学养是多年形成,多年积累的,不仅仅是学校教授的,那只是很小的一部分,更重要的是自己学。学养的养成要具备学习的能力、读书的能力、听课的能力、记笔记的能力。现在同学们大概不大记笔记了,反正有电脑,弄个U盘拷一下就完了,何必那么费劲?我至今为止参加任何会议或者听任何人讲话,都还是记一点笔记的。我觉得,记笔记对我来说是一种思维的训练，不管这个人讲得好不好，我首先要把他讲的要领抓住。

演讲和辩论还要有自信。把某一种观点、某一种意见成功表达出来，没有自信是不行的。自信和学养有关系，学养越深厚，自信就越强。演讲和辩论与人的生活阅历也有关系，你们刚才辩论的问题，究竟是道义还是利益对人际关系影响更大，等你们将来走上社会，有了更多的体验以后，再来谈这个问题，可能比你们今天在台上讲得更深刻。

总之，一个人的表达、演讲和辩论，对于人的成长是非常有好处的。我相信很多老师跟我有共同体会，就是，当老师很值得。因为我们吃的是开口饭，每天要面对不同的学生。你别以为学生没有你高明，恰恰相反，很多学生比你高明，尤其是在网络时代，你可能看的东西没有学生多，考虑问题的角度也没有学生多。但是你站在讲台上就要能够表达，善于表达，至少能够给学生某种启迪和启发。不是"以其昏昏，使人昭昭"，不是三十年的教案不变，不是对学生一点吸引力都没有，那样，人家都逃你的课。对于教师来说，上课是一个很好的锻炼机会。

演讲与辩论在复旦有良好的传统。李登辉老校长就大力支持开演讲课，这是八九十年前的事情。20世纪90年代初，两场国际大专辩论赛使复旦大学蜚声中外。这里我要和大家说一下，我跟第二场国际大专辩论赛有点关系。因为我是幕后组织者，当时林克书记把这个任务交给我。我请了俞吾金教授、王沪宁教授，以及全校50位教授参与准备，准备了半年，最后队员们以非常精彩的表现，在新加坡夺得冠军。今天的新加坡总理李显龙，当年就在辩论赛的现场。复旦大学准备辩论赛有一个非常好的做法，就是充分依托我们的学术优势，对学生进行训练。凡是参加辩论队的学生，都在学养方面等得到了很大的提高，对他们的一生都有深远的影响。这种传统一定要传承下去。

(2008年5月13日在复旦大学系际辩论赛决赛上的讲话)

办好学生媒体

各位传媒人,我一直自认为是很支持,也很了解学生媒体的。但是参加了今天的活动,我认为我了解得还不够。没想到全校有这么多的学生媒体,没想到全校有这么多种类的学生媒体,没想到有这么多不同系科的同学参与到学生媒体的工作中来。所以,这对我来说也是一次很好的学习和教育。

第一个问题,大学里能不能没有学生媒体?一所大学如果没有学生媒体,这所大学肯定是没有生气的。大学的主体是学生和教师。其中,学生是人数最多的一部分,也是最活跃的群体。学生需要媒体。这么大的一个学生群体,如果没有自己的媒体,就会缺乏交流。

办学生媒体,首先是为了信息交流。几万人的学校每天都会发生许多事情,其中有很多可以成为新闻。校刊和内部信息渠道不能涵盖全部的信息功能,学生需要自己的信息媒体。其次是为了思想交流。大学是思想最活跃的地方。如果学生都变成只会上课、做作业、做实验,只求学习成绩的人,那将是一种悲哀。复旦的学生更应该重视实践和独立探索,应该努力做有思想的人。几万有思想的人汇聚在这里,一定需要交流。交流产生火花,交流促进创新。其三,媒体也是学生的舞台,为学生提供了机会。学生媒体是校园文化的重要组成部分,而且应该是非常活跃健康、最有生机和朝气的一部分。

复旦大学在创办初期就有学生媒体。复旦最早出现印刷媒体在1916年,当时的复旦公学学生会创办了一个刊物。之后的每一个时代,复旦园里都有学生自己的媒体,体现了时代特色,更反映了青年学生的心声和追求。80年代之前,学生办媒体的条件很差,能够刻蜡纸、油印,而且双面油墨,条件就已经算相当不错了。再差一点,就是手抄了大家传阅。就是在这样的学生媒体中,我们的同学得到了锻炼。今天活跃在社会上的一些成功人士,当年都曾是我们的青年学生。

第二个问题,什么样的媒体才是好的学生媒体?好的学生媒体,一定会受到广大学生的欢迎,大家对它感兴趣,有信赖感。具体有三个特点:

一是贴近。学生媒体要比较真实地表现校园里发生的事情,体现青年的热情,反映同学关心的问题。套话、官话是没人看的。我喜欢看学生办的报纸,就是因为校园里发生的很多事情都在上面得到反映,学生关心的很多问题也能在上面得到最直接的反映。我尤其喜欢看一些同学写的深度报道,很具体、很入微、很真实、很贴切。

二是活跃。大学生媒体很重要的一个特征,就是思想非常活跃。文科图书馆应该选购什么书,大学生应不应该炒股,这些报道都很活跃。结论正确与否,并不是最重要的。交流、碰撞、讨论、放出火花,这个过程才是最重要的。我觉得,大学生应该讨论很多问题。凡是关系到个人未来,关系到社会发展,关系到国家和民族命运,关系到社会民生,关系到青年前途的问题,我们都要反映。

三是用心。对于整个复旦来说,学生媒体是生生不息的。去年办,今年停,明年再办,后年又停。此起彼伏,此伏彼起。所以,统计的数字也是动态的,当然总量要比过去多很多。在这样的情况下,每一批传媒人,轮到自己创造的时候,都应该非常用心。用心做的媒体一定有人看,也肯定比较有价值。今天用心做,就会有一分收获,明天就能增长一种才能。

贴切、活跃、用心,这是我们都能够做到的。最后,我要强调一点。大家都算是小知识分子了,一定要记住:传媒,不论是手抄的,还是印刷的、上网的,都是公器。学生媒体的内容,一定要让公众能够感到有好的旨趣,有积极的意义。这就是社会责任感。孔子说:"随心所欲不逾矩。"不能只要随心所欲,不要矩。只有不逾矩的随心所欲,才能获得真正的自由。

(2007年5月16日在复旦大学第三届"望道"学生传媒奖颁奖典礼上的讲话)

维护好校园网

我们所处的这个时代,是一个科学技术突飞猛进的时代,特别是信息技术和计算机网络技术的发展日新月异。网络已成为高校师生获取知识和信息的最主要途径之一,成为学生通讯、聊天、游戏的工具,BBS已经成为不少大学生在校园里发表言论、交流感情的重要场所。BBS以及网络已经成为全校师生日常生活的一部分,我们的生活方式、学习方式、交往方式、娱乐方式甚至是语言习惯也因此而改变。所以,我们学校高度重视校园网的建设。几年前,我们专门成立了信息化办公室,实施信息化校园建设工程,在网络建设上不断加大投入,目的就是为复旦的师生提供现代化的、信息化的教学、科研、学习和生活条件。我们的目标是做到"网络无处不在"。今后,我们还将进一步加大投入,既要为大家创造良好的网络硬件条件,同时还要不断开发新的应用系统,为师生提供先进的个性化信息服务。

校园网和BBS是广大网友共同的精神家园,它的健康发展需要我们大家一起来维护。日月光华站从最初的只有1个版面、每天在线10来人的小站发展成为今天280多个版面、拥有9万多个注册账号、平均每天在线9000多人的一个大站,走过了一段不平凡的历程。能有今天这样的局面,靠的是广大网友对它的热爱和全体站务、版主的默默奉献,靠的是我们的网友发扬"自我管理、自我教育、自我监督、自我服务"的精神。这也是"光华"的可爱之处。我们高兴地看到,在大家的共同努力下,日月光华站已经形成了一套有效的运行机制,形成了高水准的、健康活泼的讨论氛围。今天这样的局面是来之不易的。我们每一位网友都要自觉地爱护它、珍惜它、维护它。我们要继续发扬"四自"精神,建设好我们的BBS。"四自"精神发扬得越好,日月光华站就越健康、越有生命力。

(2005年4月19日在复旦大学
日月光华网九周年站庆活动上的讲话)

反思马加爵案

"马加爵案"和"马加爵现象",是两个不同的概念。前者属于法律范畴,关注的是马加爵犯罪的动机、过程和后果。有人从"马加爵案"联想到高校中发生的暴力事件,把它称为一种"马加爵现象"。我不赞成这种提法,高校目前并没有频发暴力事件,马加爵是一极个别的案例,如果说是"马加爵现象",那就变成有一定普遍性的现象。千万不能"以木为林"。

马加爵案需要反思,不仅仅学校要反思,家庭、社会也要反思。但这种反思不能是简单的"归因",不能把个案和整个社会制度、教育制度简单地联系起来。任何国家、任何制度下,不都有犯罪吗?如果简单挂钩,我们的思考将会失去方向。反思需要一个正确的前提。如果以为马加爵就是当代大学生的写照,那是大错特错了。

我认为当代大学生的主流是好的。他们对祖国非常热爱,对党和政府正确的方针政策高度认同,对社会有着强烈的责任感。无论是眼界、理念,还是思想,他们都比过去的青年更加成熟、更加理性。当代大学生积极向上,他们是全面建设小康社会、实现中华民族伟大复兴的希望所在。事实上,这些年,一大批优秀的青年群体和先进个人不断地涌现出来,如我们学校的研究生支教团及杰出青年志愿者冯艾等,他们选择了西部,选择了基层,选择了祖国和人民最需要的地方,自愿到西部贫困地区去支教,用知识播撒希望的种子,将火热的青春献给了西部的教育事业,他们才是当代大学生的优秀代表。如果只看到马加爵,不看到这些先进典型,那是"只见树木不见森林"。

全社会的教育理念中确实存在一些不正确的东西,应该转变。现在我们教育中重知识技巧的传授,轻人文道德的熏陶的倾向很严重,没有把道德、心理、人文教育放在应有的地位。正是这种倾向产生了对学生的片面的价值判断标准,反过来,这个价值判断标准又强化了这一倾向,形成恶性循环,把"人"进行了不同程度的"异化"。

对家长来说,考上大学就是好孩子。马加爵被父母、乡亲认为是好孩子,最根本的原因不就是他是家乡第一个考上重点大学的孩子吗?对学校来说,升学率高就是好学校;对社会来说,唯学历,唯职称,轻素质,这些都是这种片面的价值判断标准的具体体现。而事实上,教育的目标究竟是什么呢?人根本不应该是分数、学历或职称的奴隶。青年首先要"成人",具备健全的人格和心理,然后才谈得上"成才"。

任何改革都是困难的,转变观念和风气尤其难。我们学校也一直倡导,教师不仅要教书,而且要育人。我们的教育改革一定要朝着重道德、重素质的方向前进。虽然困难,但一定要认定这条路,坚定不动摇。比方说,我就觉得升学率的统计和排名应该废除,另外制订一套标准来检验中小学的教育教学成果。只有当一所学校流传在社会上的不再是升学率,而是它的学术声誉、育人声誉时,这种片面的价值判断标准才能得到改变。

全社会都在反思马加爵案,以育人为己任的大学当然更应当反思。我们的大学教育有许多值得补正的地方。比如,学校应该加强对学生的心理教育。昨天,我看到一则报道,很高兴——云南的大学生开始进行心理测试了。其实,十多年前,复旦就开始进行这方面的测试。我们发现每年新入学的学生中,都有相当数量的学生存在不同程度的心理问题,也有一些比较严重。这说明,需要心理帮助的大学生不是一两个。在成长阶段中最需要帮助的时候帮助他们,才是"以学生的成长、成才为中心"的教育理念的真正体现。

由于中西部教育水平的差距,一些生活上困难的学生在学业上也存在一定的困难,成了"双困生",这就导致他们更容易自卑、孤僻,甚至走向极端。要看到,这些学生的"贫困"是双重的:他们很缺钱,但最渴望的还不是钱,而是心灵的抚爱和引导。我们帮助贫困生,除了物质以外,还要给予加倍的心理慰藉,舒缓他们的心理压力。最近,复旦学生社团心暄社组织一些贫困生参加沙龙,在轻松愉快的气氛中,大家纷纷对马加爵案发表自己的看法,效果很好。

城乡差别、东西部差别将是长期存在的,这种差别对一些贫困生造成的心理压力也将是长期存在的。这就要求我们探索出更人性化、更细致的工作方法,给贫困生端去一碗碗热腾腾的"心灵鸡汤"。

(原载《解放日报》2004年4月1日)

大学青睐什么样的学生？

大学的使命，就是把千千万万中学生培养成为各条战线所需要的、所欢迎的人才。大学千姿百态，培养目标和要求各不相同。这里只说像复旦这样的大学有什么要求。推而广之，到同类学校。

大学欢迎对科学充满兴趣、对未知有追求动力的学生。兴趣是学习的前提，是科学研究的前提，也是成才的前提。有兴趣就有学习的动力。有兴趣的人，会对周围事物的发展很敏感，观察很细致，思维很活跃，会不断提出问题。一些学生成绩很好，考入大学就失去动力，他们不是自己要学，而是为他人而学。大学，就应该是乐于追求真理之人的群居之地。德国哲学家雅斯贝尔斯这样形容大学，"人们出于寻求真理的唯一目的而群居于此"；并这样形容大学的学生，"一段特定的时光被专门腾出来，尽最大可能地培养最清晰的自我意识，以便于寻求真理"。我觉得这是对大学的理想写照。

大学欢迎不仅成绩好，而且会学习的学生。好成绩是我们需要的，但我们更加看重成绩背后的东西。一位成绩好的学生，不一定有非常好的学习观。但是，有好的学习观的学生，却一定会走得更远。我们必须反省当前在客观上比较盛行的学习观。在中学，应试教育已经成为一种习惯性的方式，它与考试升学制度相结合，引导着学生按照单一而既定的教学要求完成学习任务，使我们的高中教育局限于几门专门知识的传授。加上独生子女家庭背景与教育背景的因素，学生的成才意识更加具体化，学习的竞争意识更加自觉。这就在客观上，使学生对学习形成了一种特定的理解，即记住最有难度的知识，获得课程成绩与考试好名次。在大学，就业需求正在对学习发挥着重要的引导力，学生对学习也形成了特定的理解,即以最熟练的技巧迎合招聘的需求。

我们认为,一种积极的学习观,是基于学生长远的、全面的和内在的利益考虑的学习观。复旦青睐的学生应该知道,他们是学习的能动者,只要具备良好的学习观,他们就可以改变自己。他们应该知道,学习是终身的事情,如果学习的过程不能使自己更加热爱学习和善于学习,甚至在大学里就失去了学习热情,那不是真正的学习;学习是使人聪明的过程,如果学习不能使自己更加热爱生活,更加懂得人生价值,那不是真正的学习;学习是使人能干的过程,如果学习不能使自己更有思辨能力,甚至有了专业知识还不懂专业方法,那不是真正的学习。

除了正确的学习观,学生还应有一定的学习能力,包括搜索知识、阅读、筛选信息和思维的能力,以及较强的动手能力。理科、医科学生的动手能力主要表现为科学实验的能力,文科学生的动手能力则表现为找材料、搞调查、分析归纳和表达的能力。学习能力还有一个重要的方面,就是批判精神。有批判精神不等于怀疑一切。没有批判精神,就没有创造精神。一个人对一件事物怀疑以后,他就会去探究,哪怕探究的结果说怀疑错了,那也是一份收获。

大学欢迎对祖国充满爱,对人民有情义的学生。这样的学生具有社会责任感,对国家和社会充满热情。他不仅想到自己的问题,也想到社会的问题。他具有年轻人的朝气和活力,有"指点江山、激扬文字"的勇气。一个有社会责任感的学生,就会主动地担负责任,努力对自己负责,对家长负责,对社会负责;他将有更多的机会站在社会和时代的前列;在必要的时候,他甚至会为了理想,为了社会和家庭作出牺牲。

在复旦校园里,有不少学生富有理想主义和牺牲精神,并且得到了广大学生的普遍尊重。我们每年有10名左右的学生志愿到部队服役两年,报名的学生超过五倍。每年大约有20名毕业生到西部参加为期一年的支教活动,但报名的学生十倍于此。在他们看来,能够用一生中一到两年时间,去体验另外一种人生,是莫大的财富。

大学欢迎各科均衡发展,兴趣爱好广泛的学生。复旦有很多一流的学者、专家,他们普遍具有扎实深厚的知识基础,而且兴趣都很广泛。2007年的上海科技功臣李大潜院士有非常好的文笔,也会作很精彩的演讲;《英汉大词典》的主编、外文学院的陆谷孙教授不仅是国内研究莎士比亚的权威,而且有很深的中文功底,很多中文系的教师都比不上他。

在我们看来,中学阶段,甚至是大学本科四年,都是打基础的阶段。要想在尖端、前沿的科学领域有所建树,一定需要有扎实的基本功、开阔的学术视野和深厚的知识底蕴。在中学阶段,主要是培养学生各方面的兴趣和开拓精神,而不是要求他们过早地进入专业领域,这也符合青年人的年龄特点。具有扎实的基本知识和本领,也符合当今科学交叉综合的趋势。我们反对偏科教育以及过早划分文理科。

复旦青睐的学生应该兴趣广泛。因为兴趣广泛的人视野宽广,思维很活跃,容易产生思想火花,也就经常会有创造。兴趣广泛的人,对新生事物和生活总是充满热情。热情就是动力,而且能感染身边的人。有兴趣、有热情的学生,勇于尝试,不会患得患失,也就更容易抓住身边的机遇。

在复旦,每年有数以千计的讲座和报告,数以百计的学术集会和数以百计的文化体育活动,学生逡巡其间。我们每年还有超过2000名学生参加寒暑假和双休日的社会实践活动,有超过7000名学生参加各类公益服务。我们有十个大类、150个学生社团。三万学生共同构成了一个富有生机和活力的社区,支持这个社区的基础就是热情和兴趣。在大学里,课堂学习和课外生活同样都是大学精神生活的一部分。只有有热情和兴趣的人,才能感受到她的魅力。

大学欢迎交往能力强的学生。这样的能力包括很多方面。我们特别鼓励学生发展自己的国际视野、组织才华和社会交往能力。复旦青睐的学生,应该具有国际视野,有能力感受到多元文化的魅力。

复旦青睐的学生,也应该有参与、组织和领导一个团队的能力。这样的能力,无法依靠课堂教学,必须在实践中学习和掌握。我们要求,所有的学生活动项目申请和评选,包括优秀学生和集体的评选,出国交流、社团活动、社会实践和科技创新项目的申请,统一采用公开答辩或面试的方式,甚至有的课程考试也会采取面试方式,以提高学生的社会交往能力。

总之,大学特别看重那些有各种素质基础,发展潜力大的学生。当然,大学也欢迎个性独立、性格怪异的偏才、怪才。

(2008年1月24日在上海中学的演讲)

大学管理编

建立现代大学管理制度,通过管理创新增强大学的自主创新能力,进而增强大学的综合实力,这是当前中国大学发展所面临的重大课题。建立现代大学管理制度,要求中国大学的管理在理念、制度和运行机制上都有一个脱胎换骨的变化。这既是一项长期的系统工程,也可以被分解成很多具体的问题。

坚持和完善党委领导下的校长负责制

包括我在内的许多人原以为,《高等教育法》颁布13年了,实行党委领导下的校长负责制主要是实践问题。现在看来,不仅有实践上进一步完善的问题,也还有思想上进一步明确的问题。因为不断有新干部加入到领导班子中来,包括我们这样在高校领导岗位上工作多年的同志,也有一个不断学习、加深认识的问题。我在党委书记的岗位上已工作了12年,也就是说在这一领导体制下已工作了12年。现在遇到了许多新问题,新挑战,值得重新学习,总结经验教训。该坚持的要坚持,该改善的要改善,该提醒的要提醒。

为什么要坚持和完善党委领导下的校长负责制?

高校实行党委领导下的校长负责制,是中国特色,外国没有。其目的简单说来是为了加强党对高校的领导。

从法理上看,高校的这一领导体制,或者说根本制度,是不容置疑的。我国宪法规定,中国共产党是中国特色社会主义事业的领导核心。党的领导必须贯彻落实到社会的各个领域和各个方面,党在各种组织如政府、企业、学校中的领导地位,都需要一定的形式加以落实。国家机关实行的是党委统一领导,人大、政府、政协设立党组,向各级党委负责;国有企业有完整的治理结构,但明确了党组织是政治核心,发挥监督保障作用。1998年8月29日第九届全国人大常委会第四次会议通过的《中华人民共和国高等教育法》第三十九条规定:"国家举办的高等学校实行中国共产党高等学校基层委员会领导下的校长负责制。"这就以法律的形式规定了高校的领导体制。去年 8 月颁布的修订后的《中国共产党普通高等学校基层组织工作条例》是以党内法规的形式,确定了党在高校的领导形式,保证高教法的实施。实质上,实行这一领导体制是中国共产党在高校的执政方式,是党领导高校的制度保证。在第十九次全国高校党建工作会议上,刘延东同志说:"党委领导下的校长负责制是中国特色现代大学制度的核心内容,是高校坚持社会主义办学方向的重要保证,是党对高校领导的根本制度。""实践证明,党委领导下的校长负责制符合我国国情,有利于党的路线方针政策在高校的贯彻落实,有利于促进高校改革发展稳定,必须毫不动摇、长期坚持并不断完善。"

从实践上看,坚持和改善党委领导下的校长负责制,是坚持社会主义办学方向的要求。大学是个特殊的学术机构。它担负着为未来社会培养人才的职责,也担负着为经济和社会发展提供创新驱动动力的任务,因此存在着办学方向的问题。大学如何把握办学方向不能指望一两个明智者,必须依靠大学内整个党的组织及其领导机构。

在中国,我们这一类学校的举办者是国家。因此我们办学必须体现国家意志。国家制定了教育方针,教育方针的最新表述是:"坚持教育为社会主义现代化建设服务,为人民服务,与生产劳动和社会实践相结合,培养德智体美全面发展的社会主义建设者和接班人。"

坚持社会主义办学方向,体现在三个方面:

首先,要把握育人的方向。这是大学最重要的社会责任,也是大学党组织的首要责任。我们所培养的学生能不能担当起振兴中华的重任,能不能坚定地走中国特色社会主义道路,能不能具备领导者和建设者的素养能力,全在于我们的工作。要把育人放到学校工作的中心,真正要做到全员育人,环境育人,特别让教师花更多的精力投入到学生培养上还有很多事要做。育人要以德为先,把党和国家要求的政治教育、思想教育、道德教育等贯穿在教学和课外生活中,需要坚定不移,坚忍不拔,潜心研究,不断改进。要倡导、鼓励广大教师以健康正确的价值观,良好的师德师风教育、熏陶学生。

第二,要把握改革发展的方向。高等教育发展改革的方向和目标是党和国家制定的。因此把握改革发展的方向,首先就是要坚决贯彻落实好中央的战略部署。

把握发展改革的正确方向,就是要走中国特色社会主义大学办学之路。高等教育的发展改革历来有不同的意见分歧,我们要认准国家给我们设定的奋斗目标,树立正确的科学的办学理念,遵循党的路线、方针、政策,按照社会主义大学的本质要求,切合国情、民情、校情,来设计我们的发展和改革。特别是涉及大学内部的管理,无论是章程制定、制度设计、还是治理结构的确立,都不能照搬照抄国外的东西。在这个世界上,没有超越国界、普世适用的现代大学制度,我们说的现代大学制度就是有中国特色的现代大学制度。习近平同志今年4月6日视察清华大学时也非常明确地指出,建设世界一流大学的目标是"中国特色,世界一流",世界一流大学有一些世界公认的标准,我们应当引为参考;同时我们建设世界一流大学必须有"中国特色",最主要的是坚持党的教育方针,以服务中国特色社会主义事业为办学的根本宗旨,以培育社会主义建设者和接班人为办学的根本目标。

教授治学和教授治校是近年来大家讨论较多的问题。大学是以知识为中心的学术机构,专家教授是从事各类学术活动的主体,最清楚学术事务运行的情况,最理解学术和学科发展的规律,因此,理应在学术活动及其管理中发挥专家教授的主体作用。这是大学作为一个学术机构与政府组织、企业组织和军事组织的重要区别。学术评判应以教授(教师)的共同意见最后决定,学术事务应该由教授(教师)协商决定,这就是"教授治学"。但是,提出"教授治校",显然是不对的。今天的大学管理是一项很复杂、越来越专门化的工作,任何一个教授,哪怕是学术造诣很高的教授,都不可能天然成为一个好的管理者。教授的主要精力应该在学术活动中、在治学中,不应该让他们花很大精力介入行政管理。今日之大学存在着许多利益群体,包括教授这个群体。只有协调好各种利益关系,保持一个和谐的环境,才能使学校各项事业顺利推进。而担负这一任务,能协调好各方的,只有学校各级党的组织,党发挥着核心领导作用。所以不能脱离党的领导来讲"教授治校"。

把握改革发展的方向,还要把握好重大发展举措、重大改革方案,把握好发展和改革的关系,把握好改革的目标、步骤和方法,把握好发动群众和集中领导的关系,等等。总之,大学的许多发展改革,都具有方向性和长远性,因此宏观把握和顶层设计特别要紧。

第三,要把握意识形态的主导权。谈到意识形态问题,高校知识分子有种种疑虑。有的以为,这是谈政治,是泛意识形态化。事实上,意识形态是无处不在的。在现实生活中,在意识形态领域里,敌对势力和我们的斗争特别尖锐。大学是兵家必争之地,各种社会思潮以知识为载体通过大学传播到社会,各种社会力量和政治力量也通常会利用大学向社会施加影响,国际反华势力没有一刻停止过向大学进行意识形态渗透。境外宗教势力和境内所谓家庭教会对学生的传教活动不断升级;个别教师对我国政治制度、司法体制、新闻出版管理体制等看法片面偏激,而他们对党、对中国特色社会主义的立场和态度又会进一步影响到学生。复旦历来处于风雨的最前沿,各种社会思潮在校内都有反映,并顽强地影响着教师和学生。

我们一定要认识到,高校党委所维护的意识形态领域的安全是最大的国家安全,高校意识形态工作竞争对手来自全世界,意识形态工作的对象大部分是知识群体,意识形态工作往往是学术性和政治性交叉,非常复杂。在高校做好意识形态工作,是我们党的工作非常重要的一个内容。习近平同志讲,高校的意识形态工作,只能加强,不能削弱,只能改革创新,不能止步不前。

从以上几个方面看,坚持社会主义办学方向,并不是一句空洞的口号,而有着非常具体的指向;并不是一项简单的工作,而是难度很高的系统工作。它考验着高校党委的执政能力和水平。要把握好社会主义办学方向,高校党委必须依托党委领导下的校长负责制。

从历史经验看,坚持和完善党委领导下的校长负责制是维护高校和谐稳定的重要保证。党委领导下的校长负责制,不是任何人主观决定的,是我国高校领导体制经过长期探索的历史选择。我国大学的领导体制先后实行过"校务委员会制"、"校(院)长负责制"、"党委领导下的校务委员会负责制"、"党委领导下的校长为首的校务委员会负责制"、"党委领导下的校长分工负责制"等等。20世纪80年代后期,部分高校也曾短暂地实行过"校(院)长负责制",其消极作用很快在80年代末期的政治风波中显现了出来。党和国家是在多年探索,汲取历史经验教训的基础上,最终将党委领导下的校长负责制确定为国家举办的高校的领导体制。实践证明,这是一种适合我国国情、符合高校实际的领导体制。二十多年来,高校之所以能够持续保持稳定,实现跨越式发展,根本的一条就是我们始终不渝地坚持了党委领导下的校长负责制。高校稳定,是因为有党的坚强领导。党中央号令明确,高校党委执行坚决,稳定工作队伍忠诚得力。我们不能因为近几年高校没出影响全国稳定的大事,就忘记了稳定的这一制度保证。谁忘了,是一定要出大事、吃大亏的。

(2011年4月28日在复旦大学
分党委书记和党务负责人研讨班结业式上的讲话)

党委领导下的校长负责制的核心内容

任何一项制度设计,都有它的核心内容和精神实质。加深对于核心内容的理解,有助于总体上把握如何正确地执行。

党委领导下的校长负责制的核心内容是两句话、八个字——统一领导、集体领导。

(一)《中国共产党普通高等学校基层组织工作条例》(2010年8月颁布,以下简称《条例》)在总则中规定,高校党委"统一领导学校工作",在第10条又明确,党委"发挥领导核心作用"。这实际上规定了党委在高校内部的地位和作用。

很明确,党委在高校中的地位是领导地位。高校是一个庞大的组织,内部有教学、科研组织,行政机构,公共服务机构,还有相关企业和附属机构,师生、干部、员工人数众多,党委在和校内所有组织和个人的关系上,是领导和被领导的关系。《条例》中多处强调了高校党的委员会对校内组织的领导关系,如第10条,高等学校党的委员会"领导学校的工会、共青团、学生会等群众组织和教职工代表大会","对学校内民主党派的基层组织实行政治领导";第16条,"高等学校党的纪律检查委员会在同级党的委员会和上级纪律检查委员会领导下进行工作"。

领导不等于直接管理,不是包揽一切,包办一切,包括学术事务管理、行政事务管理和其他管理;领导是指在重大事务上有最终决定权。

领导前加上"统一"二字,是强调了领导的集中性和归一性:一是党委领导要覆盖到各个领域各个方面,二是党委领导要体现在思想上、政治上、组织上和制度上。强调这一点并不容易,领导就意味着责任,统一领导就意味着全面负责。在中国的高校,党委要向举办者国家负责。责任是很大的:办学是不是符合党的教育方针、社会主义方向、合乎法律规定,发展改革的重要决策是否正确,事业发展是否健康,学校是否稳定和谐,党委都要负领导责任。没有一个组织,没有任何个人可以替代党委所负的责任。

党委的统一领导和校长负责是什么关系?这是高校领导制度的特殊性。地方党委和政府的关系是十分明确的,党委领导,政府负责执行。高校和政府不同,高校是一个学术机构。学校的行政机构担负着组织管理教学、科研等具体学术活动事务,调配资源为学术活动服务的行政事务。作为行政系统首长的校长,有着《高等教育法》所规定的各项职责,还受举办者委任,担任高校的法定代表人,履行相关义务、责任。这种特殊性使得我们在党委领导和校长负责的关系上有着许多可以探讨的问题。

首先,党委统一领导体现在党委和校长的领导和被领导的关系上。

一般理解，党委领导重在决策，校长负责重在组织实施；党委领导更多在宏观决策上，校长工作更多在具体执行上。我们对照《高教法》和《条例》中关于党委和校长的职责分工，在同一件工作上，党委更多地承担决策职责，校长和行政更多地承担实施任务。如：党委"审议确定学校的基本管理制度，讨论决定学校改革发展稳定及教学科研行政管理中的重大事项"；校长"拟订发展规划，制定具体规章制度和年度工作计划并组织实施"，"组织教学活动、科学研究和思想品德教育"；党委"讨论决定内部组织机构的设置及其负责人人选，按照干部管理权限，负责干部的选拔、教育、培养、考核和监督，加强领导班子建设、干部队伍建设和人才队伍建设"；校长"拟订内部组织机构的设置方案，推荐副校长人选，任免内部组织机构的负责人"，等等。

第二，校长并不是被排斥在重大决策之外的。如果校长是党员、党委委员、常委，那就要参加党委集体决策；如果校长是党外人士，党委就要通过各种方式征求校长的意见反映到重大决策上去。

第三，党委作出了决策，校长是要执行的。这是集体领导和个人负责的关系。党委集体则支持校长在职权范围内独立负责地执行。如何支持，也是党委的职责。

第四，说到底，党委领导和校长负责在高校工作的许多方面实际上是分不开的。这是因为目标一致，都是为了完成使命，发展事业，还因为决策和执行总是紧密联系，相互补充的。

在以往的讨论中，有人认为，党委领导下的校长负责制是"领导的不负责，负责的不领导"，这是不对的。如前所述，党委统一领导，实际上是全面负责，特别在事关方向的大事上。校长负责，实际上也参加领导决策，而且在职权范围内要领导实施许多具体工作。

因为党委在高校内处于统一领导地位，因此党委在高校中发挥的作用就应当是领导核心作用。领导核心，主要是决策核心，同时也是行动总指挥部。党委发挥领导核心作用体现在四个方面：

一是把握方向。《条例》第10条规定，高校党委的第一条职责是

"宣传和执行党的路线方针政策,宣传和执行党中央、上级组织和本级组织的决议,坚持社会主义办学方向,依法治校,依靠全校师生员工推动学校科学发展,培养德智体美全面发展的中国特色社会主义事业合格建设者和可靠接班人"。

二是决定大事。《条例》第10条规定的高校党委第二条职责是"审议确定学校基本管理制度,讨论决定学校改革发展稳定以及教学、科研、行政管理的重大事项"。《高等教育法》中也有党委"讨论决定学校的改革、发展和基本管理制度等重大事项"的内容。也就是说,凡是涉及学校基本管理制度的,涉及学校工作中重大事项的,应该由学校党委集体讨论并作出决定。

根据学校的实际情况,"大事"主要是指事关方向的问题、影响全局的问题、涉及大多数群众利益的问题、影响未来发展的问题等等。大约有以下若干方面:一是学校的办学方向、办学理念、办学指导思想;二是学校的基本管理制度,如学校章程、学术治理结构的顶层设计、权力的运行和制约等;三是学校总体发展规划,如"十二五"规划、中长期发展规划等;四是重大改革的指导思想、目标和步骤;五是学校内部组织机构的设置及其负责人人选,这里既包括院系、医院、部处,也包括校内一些重要的委员会;六是涉及师生员工根本利益的重大举措,可能影响学校和谐稳定的重大事项;七是党的自身建设的重大问题和党委各条线的重要工作。

总体上看,党委主要是从宏观上进行把握,要抓大放小,多管目标、管方向、管大事,而不要过多地管过程、管细节、管具体事务;要多出主意、多出思路,不代替行政去插手操作。

三是管好干部。党管干部原则,是坚持党的领导的一条重要原则,不能有任何动摇。怎么理解"党管干部"原则的基本内涵呢?中共中央《关于加强党的建设的通知》(1989)中进行了明确,这就是:"党要加强对干部工作的领导,制定干部工作的方针、政策,推荐和管理好重要干部,指导干部人事制度的改革,做好对干部人事工作的宏观管理和监督。"联系学校实际，贯彻党管干部原则，体现在以下几个方面：第一，党委决定干部工作的方针、政策，干部选拔任用的条件、程序等。第二，党委决定学校内部组织机构的设置及其负责人人选，由党委集体讨论决定。在这一过程中，校长可以根据《高等教育法》赋予的职权，拟订内部组织机构的设置方案，推荐相关人选；在常委会讨论决定以后，校长按照行政程序的规定，签署任免文件。第三，推进干部人事制度改革，必须坚持党的领导，无论是采取民主推荐、公开选拔、竞聘上岗、海内外招聘中的哪种形式，目的都是为了充分发扬民主，扩大选人用人的视野，选出适合某一个岗位的人选，但最终都要由学校党委集体研究讨论作出决定，并按照有关程序进行考察、公示、票决等等。第四，党管干部，不仅要管干部的选拔任用，还要管干部的教育、培养、管理、考核和监督，要把这一基本原则体现在干部工作的全过程。第五，党委对学校党政干部实行统一管理，也就是说，其范围不仅是中共干部，还包括非中共干部；不仅要管理带有行政级别的干部，对不带行政级别、实行聘任制的干部也应该进行统一管理。即使将来高校干部取消行政级别了，党管干部这条原则也不应该动摇。

与党管干部相适应的，还有一条重要原则就是党管人才。《条例》第26条是根据全国人才工作会议精神和《国家中长期人才发展规划纲要》新增的内容。我体会，在高校强调党管人才，最根本的是要坚持人才队伍建设的方向，保证人才强国战略在高校的实施，营造有利于发挥人才作用的良好环境。党委管人才工作，不是代替行政去做具体的人事工作，也不是代替学术机构对人才的学术能力、学术水平、学术规范进行评价。中央对党管人才原则有一句概括，叫"管宏观、管政策、管协调、管服务"。具体到高校而言，一是要把握人才队伍建设的宏观规划，特别是重大的政策；二是要通过开展思想政治工作、健全激励机制、加强党的建设等，营造人才辈出、人尽其才，鼓励创新、宽容失败，各类人才都能发挥作用的良好氛围；三是加强对人才的教育引导，坚持德才兼备、以德为先的原则，提高各类人才的思想政治素质和业务素质；四是加强对重要人才,特别是重要学术骨干、有潜力的中青年学者的关心,帮助他们更好地成长。

四是协调各方。高校是个小社会,存在着不同的利益群体,也存在着不同的政治观点、价值取向和审美情趣,校内外、国内外交流频繁。如何协调各方关系,保持全校的和谐稳定发展是高校党委的职责。从某种意义上讲,这是党的群众工作在高校的具体化。

首先,要和校内民主党派基层组织及其成员进行合作协商,通过合作实现政治领导。支持他们依法依章开展活动,为国家和学校的事业发展献策出力,积极贡献。

其次,要领导工会、共青团、妇委会、学生会、教职工代表大会以及各类群众组织,发挥他们在诉求和维护群众利益,参与学校民主管理,进行自我教育等方面的作用。

第三,要关心群众疾苦,兼顾好各种利益群体的利益,妥善处理涉及群众利益的改革发展中的问题。妥善处理群众利益诉求行为。

第四,要把握好和谐稳定的大局。和谐稳定既是高校改革发展的前提,更是社会稳定的基础。影响高校和谐稳定的内外因素非常复杂,党委要经常审时度势,既要抓好平时的稳定安全基础工作,又要做好应对突发事件的准备。关键是抓好一支思想好、作风硬、拉得出、能工作的队伍。

协调各方的目的是调动各个方面,各种人的积极性,营造一个有利于发展和改革的和谐稳定的环境。这是对党委号召力、凝聚力的检验。

党委领导下的校长负责制的核心内容的第二句话是"集体领导",其实现方式是民主集中制。《条例》第3条第二段就阐述这个问题,并列入总则,可见其重要。集体领导是中国共产党的领导方式,也是执政方式。这也可以说是中国特色。集体领导是一条原则。为什么进行集体领导?这是因为中国共产党人坚持唯物史观,坚信"群众,只有群众才是创造世界的动力",而个人只能在历史上发挥一定的作用。这还因为集体领导,是科学决策、民主决策的重要保证。集体领导可以集中群体的智慧,避免大的决策失误。

强调集体领导,一定反对个人专断。个人专断不仅是不科学的,会增大决策的风险,而且也是不民主的,杜绝言路,抑制领导班子其他成员的积极性。

集体领导,是领导方式,也是组织纪律。坚持集体领导就意味着个人无权决定应由集体讨论决定的问题,无权改变集体决定。任何重大问题,不管是书记和校长个人,都无权随便表态。常委会成员对常委会决议如有不同意见,在坚决执行的前提下,可以在会议上或向党的组织提出或保留,并且可以把自己的意见向上级组织反映,但绝不能公开发表和决定相反的意见。

有的同志误以为党委领导是集体领导,校长负责是个人决定,这也是不对的。我们现在的高校大而复杂,学科迥异,事务种类繁多,内外关系错综。相比之下,我们每位校领导的学科背景、经历经验、禀赋能力都有局限,集体领导是弥补局限不足的好办法,集体领导还要与广泛联系群众,深入了解下情结合起来。所以校长负责也应该是通过校长所领导的行政班子集体领导实现的。

集体领导是通过民主集中制来实现的。民主集中制是我们党创造的一个党内基本制度,积累了丰富的实践经验。党章规定了民主集中制的四条原则,这就是:个人服从组织,少数服从多数,下级服从上级,全党服从中央。集体领导的决策过程如何贯彻民主集中制,江泽民同志做了生动而经典的总结,归纳为四句话:集体领导、民主集中、个别酝酿、会议决定。第一句是原则,第二、三句既是指导思想,也是方式方法,最后一句是集体决策的形式,是通过会议,而不是通过传阅批文或电子邮件。

通过贯彻民主集中制来实现集体领导,有两个关系要处理好。

一是民主和集中的关系。集体领导,发扬民主是前提,让每个领导成员都感到自己是集体领导的一员,积极参与,踊跃发表意见,让每个成员的意见得到尊重。当然作为领导成员,要有全局意识,关心全局工作,发表意见要尽可能了解实情,言之有据,言之有理。在发扬民主的基础上一定要有集中,集中正确的意见,集中共识,否则意见分散,久议不决,就达不到集体决策的目的。个别酝酿是发扬民主,会议决定是集中决策。会议要能作出集体决策,个别酝酿特别重要;个别酝酿中书记和校长交换意见是首要的,个别酝酿不充分,会议很难作出决定。

一般情况下不适合票决的问题,尽可能不采取票决,还是通过个别酝酿,争取达成共识,主要的原因是维护校领导班子的团结和统一。所以民主集中制的集中,是民主基础上的集中,民主是集中指导下的民主。

党委书记在集体领导中的作用,《党内政治生活若干准则》作了详细的解释,"在党委会内,决定问题要严格遵守少数服从多数的原则。书记和委员不是上下级关系,书记是党的委员会中平等的一员。书记或第一书记要善于集中大家的意见"。但同时,"在分工负责中,书记或第一书记担负着组织党委的活动和处理日常工作的主要责任。不应借口集体领导而降低和抹煞书记或第一书记在党委会中的重要作用。"

二是集体领导和个人负责的关系。集体领导是指运用集体的智慧来决策,执行决策的具体工作总要靠领导成员分工负责来实现。集体领导不能代替个人负责。集体领导和个人负责结合得越好,工作就推进得越顺利。现实情况往往是强调了集体领导,个人就不勇于负责,大事小事都拿到会上讨论就是明证。集体领导要创造一种让个人敢于负责的和谐环境。这就是毛泽东在《党委会的工作方法》一文中说的,委员之间的"谅解和支援和友谊,比什么都重要"。

(2011年4月28日在复旦大学
分党委书记和党务负责人研讨班结业式上的讲话)

当前中国大学管理中遇到的几个问题

建立现代大学管理制度,通过管理创新增强大学的自主创新能力,进而增强大学的综合实力,这是当前中国大学发展所面临的重大课题。建立现代大学管理制度,要求中国大学的管理在理念、制度和运行机制上都有一个脱胎换骨的变化。这既是一项长期的系统工程,也可以被分解成很多具体的问题。事实上,管理创新的过程就是解决问题的过程。

一、学术管理:如何发挥教师的主体作用?

教师是学校教学和科研的主体,也是学校的主人翁。但是,随着大学的事务越来越复杂多样,大学的管理越来越专门化,教师直接参与学校管理的难度越来越大,机会也越来越少。另一方面,随着现代学科的分支越来越细微、具体,教师个人在专业领域内的自主权越来越大,教师集体的权力相对被削弱。大学"民主办校、教授治学"的优良传统正在被弱化。

大学从本质上来说,是学术组织,有学术自由的特性和教师自治的传统。教师作为大学学术力量的主体,对学校的教学和研究应该有真正的发言权。现代大学在组织文化上的创新,都是为了更好地适应学术发展的规律,更好地发挥教师的主观能动作用。所以,我们要充分地发挥教师在学术管理方面的作用。

教师履行学术管理职能的主渠道,应该是教授会或者各种功能的委员会,而不是由个别教师依靠个人声望和影响把持学术权力。

近年来,复旦有一些院系积极探索"教授治学",形成了自己的特色。他们把院系的组织机构分为三层:(1)教职工代表大会代表全体教职工利益,由工会主席主持,每年召开一次。(2)教授大会由全体教授、党政领导班子以及教职工代表大会的主席团成员组成,是重大问题的决策机构,定期开会,下设学术、发展规划、本科生教学指导、研究生教学指导等若干个委员会;重大问题先由相关的委员会进行讨论,再提交教授大会讨论决定。(3)党政领导班子负责日常工作,执行学校的方针政策和教授大会通过的各项决议。这样的架构有助于激发教师的积极性,发挥教师的擅长,保证了科学决策,也明确了基层行政管理的服务和协调职能。

二、行政管理:如何调动校和院系两级的积极性?

现代大学的管理是世界上最为复杂的实体管理。所以,在大学内部,一定会有一些必不可少的行政管理事务。行政管理的基本职能,是为了提高资源配置的效益和系统运行的效率。必须看到,目前由于普遍存在资源短缺的状况和整个高等教育体制的原因,大学行政管理的权力越来越大,在一定范围内存在机构官僚化的倾向。所以,我们必须坚持集中和分散、集权和分权相结合的原则,把该集中的权力集中,把该下放的权力下放,通过推进大学行政管理改革调动学校和院系两方面的积极性。

例如,复旦正在通过人事改革,扩大院系的自主权。院系根据学科发展情况做好队伍建设规划,负责副教授以下的职称申报和审批,向学校申请资源,自主开展一段时期内的师资补充和人才引进工作,但是要定期接受学校考核。学校管布局,管顶尖人才的引进,管监督。学校不直接参与资源分配,但是它的资源调拨原则对院系的人事工作起到导向作用。参与这一改革的院系普遍树立了人力资源管理的理念,在师资补充和人才引进方面的积极性也大为增加。

另一方面,学校加强了对财和物的管理。资金统一归于大财务,院系禁止设立"小金库",二级单位禁止开设银行户头;大型仪器设备登记,鼓励共享;颁布《公用房条例》,按计划使用新增校舍;设立人才引进专项基金;等等。这些集权举措在资源有限的情况下,提高了学校集中力量办大事的能力,也为可持续发展积攒了后劲。

三、多校区管理:新课题能否避免成为老大难问题?

多校区管理是很多学校近年来遇到的新课题。多校区管理的基本原则可以归纳为"一主多辅、联络便捷、文化传承"。

一主多辅,就是要明确各个校区的定位,确定主校区和辅校区的具体功能,加强对辅校区的领导,施行条块结合的管理体制,加强校区之间的协调。联络便捷,就是要切实解决各校区之间的沟通交流问题,能妥善解决选课和交通等涉及面广的日常问题。文化传承,就是各校区要有相对统一、能反映学校传统和特色的校园文化元素,新校区的环境要体现出对老校区风格的继承,还要通过各种手段营造出浓郁的文化氛围。

从长远来看,如果一所大学各校区之间的距离较远,功能主次区分不明显,那么仿效国外大学"总校—分校"体例,改制为拥有多所分校的大学,也不失为一种解决之道。

四、外部管理:办学自主权需不需要落实?

各级政府与大学的关系是大学外部管理的主要内容。政府对现代大学具有举足轻重的影响力,理顺大学与政府的关系是建立现代大学制度的重要目标之一。虽然自1999年1月1日《高等教育法》施行以来,大学的办学自主权逐步有了提高;但是在总体上,《高教法》赋予大学的七项自主权仍不能够被完全落实。

　　政府如果既办学,又办校;既治教,又治校;既管宏观,又管微观,必然导致政校不分,政府和学校关系混乱。当前,政府手中的教育资源高度集中,专项计划和专项经费名目繁多,很多人忙于申请项目、跑门路,耗时耗力,且容易滋生腐败;主管机关事无巨细,事事上心,来往上下的过程耗费了大量的时间,效率低下;具体工作部门拿着管理权限不放,热衷于通过评奖促进工作,包装、申报和评审工作牵涉了各方大量的精力,拉关系风气蔓延。政府权力的扩张导致大学的办学自主权不断收缩,增加了内部管理改革的难度,限制了大学发展的道路,并最终会阻碍现代大学制度的建立。

　　要建立现代大学制度,政府就必须克服怕"一放就乱、一管就死"的心态,理顺政府与学校的关系。政府和学校,不是单纯地划分谁管得多、谁管得少,而是各自明确管什么和怎么管。政府对高等教育宏观管理的职责就是规范、调控、服务、监督,尽量避免出现"该管的事不管,不该管的事多管"。学校则要充分履行《高教法》所赋予的各项办学自主权,充分承担起享有自主权利之后所应肩负的责任。

　　　　（2006年11月18日在暨南大学中外大学校长论坛上的演讲）

　　大学校长有时候像一个城市的市长,管的东西很多。大学的管理比企业复杂。企业管物比较多,管物流、资金流,但大学管理的都是进行高等教育、接受高等教育的高文化层次的人,其中主体是活跃的青年,以及活跃的教师,因此大学的管理不能用企业的办法管理,更不能用军队的办法管理,绝对不能用政府的办法管理。大学的管理是最复杂的管理。

　　大学的管理有很多共性的东西,如学分制、研究生培养等,但大学的多样化也是绝对的,没有哪两所大学是一样的。

　　制度建设的核心是建立先进的现代大学管理制度。其要素包括学术事务和行政事务,如学生入学、学位评定、职称评定等是学术事务,大学的资源分配、规章的执行、教师的待遇、引进人才等是行政事务。学校越来越大,怎么管理?过去是校、系两级,现在系越来越大,扩成学院了,最近在探索校院两级管理。校内管理体制不能整齐划一,教学组织是一种,科研组织是一种,介于两者之间的又是一种。学科不断新陈代谢,机制和制度上就要适应它。大学体制应该是稳定与灵活相结合,应该鼓励体制创新。

(2002年11月26日为上海市教卫系统第九届青干班所作的讲座)

大学的制度建设

　　制度建设要与学校事业的发展相适应，与改革的措施相配套。这几年我们事业发展很快，无论是教育教学改革，还是人事制度改革、财务制度改革，都遇到了一些新的问题。制定制度是为了促进改革，促进事业的发展，是要办得成事的。一般人都觉得制度对人有束缚，但是大家一定要明确，有了严格的制度以后，是使随心所欲、不受制约的事办不成，是使我们少办错事，所以制度的制定一定要以事业的发展为出发点和最后的衡量标准。制订制度本身不是政绩，只有制订出符合学校实际、为学校改革发展保驾护航、真正推动工作的制度，才能说我们的工作成功了。

　　制度建设要从实际出发，向第一线调查。一项好的制度不是随便哪个人拍拍脑袋想出来的，而是实践发展到一定阶段的产物。它是成功的经验、失败的教训以及对一些事物规律性认识的升华。因此建章立制要非常慎重，要经过调研、立项、试点、起草、修改、论证、发布试行、修订、再发布等环节。对我们来说，每个环节都要认真听取来自教学、科研第一线的情况，把工作做细、做好，而且制定制度时一定不要把本部门、本单位的利益牵涉进去。

　　制度还要经受实践检验。一项好的制度一定是"于法周延，于事简便"。条条框框不一定多，关键是简明扼要、切实可行，这样的制度才行得通、管得住、用得好。

　　各种制度要协调、配套、形成一个有效的体系。制定制度之后有一个不断梳理、修订的过程。过时的要及时废止，有缺陷的要适时修订完善，需要细化的要尽快制定实施细则。同时，反腐倡廉制度是由许多具体制度组成的体系,互相之间紧密联系。修订的过程中要加强协调,既要注意单项制度的修订,又要注意与其他制度配合,科学合理,发挥整体功能。

好的制度如果不去执行,就会形同虚设;如果执行不到位,也难以发挥应有的作用。制度执行,关键在人。领导要下决心,做执行制度的表率。领导干部要率先垂范,树立法律面前人人平等、制度面前没有特权、制度约束没有例外的意识。凡是要求党员干部做的,领导干部必须首先做到,要求别人做到的,自己必须首先做到。

要坚决推行民主办校、校务公开的各项措施。阳光是最好的"防腐剂",人民群众的监督是推动制度执行的最强大的力量。我们要不断改进和完善校务公开制度、教代会制度、信访接待制度等,把这些作为接受群众监督的有效渠道,让群众帮助我们发现制度执行中的漏洞、制度设计中的薄弱环节。

(2010年6月2日在复旦大学加强党风廉政建设干部大会上的讲话)

要把握制度设计的方向。社会主义办学方向,很重要的体现在制度设计的方向上。现在很多场合都没有定语地讲现代大学制度,必须强调是社会主义现代大学制度。江泽民、胡锦涛同志给复旦大学的题词和贺信,也都讲要创建具有世界一流水平的社会主义综合性大学。

制度设计不能照搬外国,应该从实际出发,不要从是非出发。制度设计有什么是和非呢?关键怎么有利于把事业搞上去。不能说你的理念一定是对的,我的理念一定是错的。关键是有效、管用,老师们接受。为什么设立学术委员会、学位委员会等几个学术性委员会?主要是为了调动广大教职工的积极性,尤其是骨干教师、教授的积极性,让他们成为学校的主人,参与学校的事务。学术评判很重要的是要听专家教授的。为什么设立教职工代表大会?这是党领导下的群众组织,涉及教职工切身利益的问题要教代会讨论。党政联席会议、学术性的委员会、教代会都是中国特色。为什么在学院设立委员会的问题现在突出起来了？因为各高校都在推行校院系两级管理，学院一级的资源多了，问题和矛盾就开始涌现了。作为党的干部，要逐步学会用制度来管理，参与这些制度的顶层设计，把正确理念贯彻到制度中。真知从实践中来，各个院系的学科特点、历史文化以及当前的工作状态都不同，你们积极试验，怎么合适怎么来，各个学院可以不一样。

（2011年4月28日在复旦大学分党委书记和党务负责人研讨班座谈会上的讲话）

发挥教师在学术管理中的主体作用

现代大学是以知识为中心的学术机构,核心使命是创造和传授知识,基本任务是组织教学、科研等学术活动。学术事务的运行有其自身的规律,这种规律在各个学术领域又表现不一,相当复杂,只有专家学者自身才能深刻理解其复杂性。教授教师是一线从事各类学术活动的主体,最清楚学术事务运行的情况,理应在学术管理中发挥他们的主体作用。这是大学作为一个学术机构与政府组织、企业组织和军事组织的重要区别。从世界范围来看,一般情况下,学术事务都是由教授教师协商决定的。一个全球高等教育的普遍共识是,一所大学越好,其教师在"共同治理"中对学校的影响越全面。一项关于教师时间和精力分配情况的研究显示,在一个工作周中,除了有行政任务的成员外,美国大学的教师在学校事务上平均要花费10%的时间。当然,学术事务决策和行政决定有时会有矛盾。从美英一些大学的做法来看,董事会保留最后决定权。

改革开放以来,我校相继建立了学位评定委员会、学术委员会和本科教学指导委员会,分别在学位与研究生教育、学术水平评定和本科教学三个方面行使学术权力,在学术管理上发挥了重要作用,保证了学术运行的正常秩序。学位评定委员会根据《中华人民共和国学位条例》设立,履行与本科、硕士、博士和名誉博士学位授予有关的九大职能。学术委员会在重点学科评审、"211工程"和"985工程"建设项目审核、引进人才职称评审、兼职教授和顾问教授的学术水平认定、学术违规裁定、新建院系规划论证等方面发挥了重大作用。本科教学指导委员会在新专业审议、组织专业评估、课程结构调整、申报国家教学成果奖、处理教学争端、教学实验项目与经费划分等事务上发挥了重要的作用。

　　三大委员会的学术管理架构是比较有效的,也是稳定的,教授、教师积极参与各类委员会的工作。现在的问题是,三大委员会的功能尚待加强。学术管理职责有待进一步明确,学术管理程序和规范也有待完善。三大委员会和校长办公会议(或党政联席会议)在学术决策上的关系有待明确,建议重大学术决策由三大委员会审议决定,校长办公会议(党政联席会议)保留对某些事项的否决权或修正权。学术行政管理部门作为三大委员会的秘书处,职能有待进一步清晰,学术行政管理机构无权作出学术决策,但作为相应委员会的秘书处,根据日常管理的需要,要及时提出动议,准备和推动学术机构的决策运行,另一方面,学术事务形成决策后,学术管理机构要执行好。

　　（2009年4月"建立有中国特色的现代大学制度调研报告"）

院系是自主发展、自我管理的办学实体

建立现代大学制度的关键之一,是让每个院系成为拥有相当自主权和活力的办学主体。学校越大越应该进行差别化管理。如果还是学校集中划一管理,没办法把学校管理好。西方大学史表明,西方大学最早一般都是学院(college),到了近代,尤其是与市场和专业领域结合较为紧密的专业学院(professional school)逐个建设起来,最后才合成为大学,因此所有的二级学院(college或school)都拥有很强的自主发展和自我发展的能力。与西方大学的发展历程不同,我国是新建一个大学,根据学科,划分为若干个院(系),历史上已经形成学校层面主导,院(系)层面附属的格局,院(系)缺少自主发展的意识,也缺少自我管理的能力。2002年以来,学校为推动管理重心下移做了一些努力,一部分院系已经具备了相当的自主性,但更多的院系发展的积极性和能力都还不够。

院系要成为自主发展、自我管理的办学实体,大体应该有以下条件:

——有明确的办学理念、学科战略发展眼光、执行力强的领头人(院长、系主任);

——有明确的奋斗目标和学科规划;

——有较充足的可自主配置的资源;

——教授教师民主决策的作用发挥得比较好;

——有较为完善的制度体系;

——有一支管理能力强、敬业的教育行政管理队伍。

如何促进院(系)成为自主发展、自我管理的办学实体?

1. 将学术管理权力交给院系。作为一个办学实体,学术管理权力是院系的首要权力,拥有了学术管理权力,院系就会自主地思考和制定院系目标和学科规划。院系可以从实际出发,设立相关委员会,保证学术管理权力的运行。

2.逐步使院系具备更大的统筹资源的权力。统筹资源的权力是对学术权力的支撑和保障:一是规划权,二是人力资源配置权,三是财权。由于国家教育拨款体制的限制,财权暂时即使打包,也只是"过路钱"。学校将推动科研全成本核算,通过费用先上交学校,返还院系,有条件地适当增强院系财力,从而提高院系的统筹能力。

3.加快院系制度建设。院系制度建设是对院系权力运行的规范,建立了良好的制度体系就是建立了一种自我发展、自我管理的机制。一个较为成熟的学院至少应制定如下系统的核心制度:党政联席会议制度(院长办公会议制度、院务会议制度)、教职工大会制度、行政管理职责纲要、教职员工年度考核办法、科研管理办法、教师奖励办法、教师职务评审及聘任实施办法等。

4.逐步完善院系行政组织和人员的配置。院系行政组织和人员必要配备是管理权力运行的重要条件。全校要建立教育职员制度,院系要完善行政管理机构的设置和行政管理人员的配备,提高院系行政管理能力。

(2009年4月"建立有中国特色的现代大学制度调研报告")

大学校部机关的职责定位

在现代大学的运行中,校部管理机关的作用十分重要。机关处在学校党政领导班子周围,既为领导班子提供决策咨询,又直接参与制定校内的各项规章制度;既负责执行学校各项决策决定,又对学校每个方面进行宏观管理;既服务于领导班子,又服务于基层。就机关在整个学校中所处的重要职能、重要地位和重要作用而言,可以打一个不恰当的比方,机关好比是党政领导班子的参谋部,执行决策的作战部,制定学校规章制度的秘书处,服务基层的后勤部。

(2002年4月27日在复旦大学"转变机关作风年"动员大会上的讲话)

现代大学作为一个巨型组织,需要大量专门人才来承担各种行政管理事务,让教师能够更加专注于学术事务,因此,行政管理机构应当以服务和保障学术事务的良好运行为基本职责。长期以来,与商业组织相比,大学对管理是不够重视的,现代大学必须树立服务学术、服务基层、服务师生的理念,全体行政人员必须树立职业精神,促进行政管理服务的专业化和高效率。

现代大学的行政管理还面临着集权还是分权的抉择。在现有体制下,办学资源主要来自上级部门,校部机关代表学校联系上级部门,并从上级部门接受大量工作指令,这必然强化了校部机关的作用,同时使机关可能产生行政化倾向,只对上负责。由于办学资源的紧缺,学校在资源配置中只能相对集中。因此,一方面机关要适当下放权力,发挥学校和院系两个积极性,但另一方面,适度集中在现阶段可能仍然是不可避免的。

(2009年4月"建立有中国特色的现代大学制度调研报告")

现代大学是以知识为中心的学术机构，核心使命是创造和传授知识，基本任务是组织教学科研等学术活动。因此，学术事务应该处于大学的中心地位。行政机构以服务和保障学术事务的良好运行为基本职责。院系、平台、基地、所、中心（以下统称为院系）是教学科研等学术事务的基本组织单位，是教师、学生和专职科研人员等学术活动主体的基本管理单位，是学校主要的办学主体。建立现代大学制度的关键之一是，让每个院系成为拥有相当自主权和活力的办学主体。

校部机关是学校主要的行政机构，是学校运作的中枢系统，是学校领导班子开展工作的参谋和助手，是学校管理、协调和服务院系的重要渠道，是学校对外联系的主要窗口。校部机关主要通过从外部争取办学资源、优化资源配置、调动院系办学积极性、为师生提供优质服务来促进学校的发展。

我们要从现代大学建设的要求出发，把校部机关建设成为职能清晰、权责统一、管理科学、服务高效、作风民主、运转协调，以保障学术运行为中心、以服务师生需求为根本的行政机构。

从现代大学的要求出发，校部机关应该承担以下职能：

1. 参谋职能：调查情况，研究问题，制订规划，为学校领导提供决策建议；

2. 执行职能：执行学校领导班子的决定，监督和评估院系执行情况；

3. 管理职能：制订政策，建立机制，配置资源，规范运作，提高学校管理水平；

4. 协调职能：对外沟通联络，对内组织协调，为学校发展争取资源，促进院系之间的团结协作，完成单一院系无法完成的工作；

5. 服务职能：完成一些具体事务，为基层和师生提供服务。

可以把校部机关的部处大致归为八类：

1. 综合协调部门　这类部门的共性职能大致有：保障整个学校或校区的协调运转，对校内涉及多个部门的或责任不明确、工作不到位的事务进行协调，代表学校或校区与上级部门和周边单位沟通联络。

2.学术管理部门　学术事务主要包括学术规划(学科规划、科研规划、教学计划)、学术活动(科研、教学)和学术评审(职称评审、项目评审、论文评审等)。学术事务的权力属于学术活动主体。学术事务管理就是为学术活动提供行政支撑,确保学术事务规范有序地运行。

3.资源配置部门　这类部门的共性职能大致有:统计学校现有的资源,分析资源使用的状况,提出加强资源管理和利用的建议;通过制订政策、建立机制,合理配置学校资源,调动院系办学积极性;通过建章立制,规范资源使用和处置行为;服务院系和师生,为各单位用好资源提供业务指导。

4.支撑保障部门　这类部门的共性职能大致有:研究学校和师生的需求,规划全校支撑保障体系;参与学校支撑保障体系的建设,提供相关服务;对参与学校支撑保障体系建设的机构(乙方)实施监管;对院系的支撑保障体系建设进行统筹协调和业务指导。

5.公共关系部门　这些部门的共性职能大致是:代表学校联系社会机构和个人,开展公共关系活动;搭建沟通平台,促进校内外的联系与合作;对院系开展公共关系活动提供业务指导。

6.内部控制部门　这类部门的共性职能大致有:对学校师生员工开展政策宣传和教育,推动完善学校的内部控制机制;对学校的一些重要工作和重大项目实施过程监控和事后检查;针对出现的问题,查处个案,提出加强内部控制的意见和建议。

7.附属机构管理部门　这类部门的共性职能大致有:代表学校联系和管理附属机构,维护学校利益;促进附属机构之间的联系与合作。

8.党群工作部门　这类部门的共性职能大致有:执行党委的决定,提出加强相关工作的意见和建议;代表党委联系上级组织的对应部门,指导基层党组织开展某一方面的工作;深入开展调查研究,有针对性地做好特定群体的教育、管理和服务工作。

(2009年3月"复旦大学机关职能调研报告")

机关职能转变的目标和任务

　　机关职能转变应进一步确立行政为学术服务的方向。各机关职能部门要理清现有管理权力中的学术权力，尽快将学术权力全部交给学术主体。重大行政决策要建立教授和专家咨询制度，确保行政权力为学术服务；重要行政举措要充分听取师生意见，保障学术事务的运作；各机关职能部门要明确自身定位，不断理顺学术生产关系，促进学术生产力的提高。

　　机关职能应从"执行型"向"参谋—执行型"转变。各机关职能部门应在继续做好领导班子执行机构的基础上，提高分析、研判能力，根据国家政策、社会发展、学校改革、院校竞争等各种因素，调查情况，研究问题，提出议题、制订规划，供决策咨询，发挥领导班子的参谋作用，促进学校科学决策水平的不断提高。各机关职能部门参谋作用的发挥，应主要着眼于提高学术生产能力、争取发展资源和理顺生产关系，并将教学、科研和队伍建设作为中心工作；学校规划与规划执行评估是参谋工作的核心，要特别重视做好学科规划、财务规划、人事规划和校园规划，以科学的规划引领科学的发展；各机关职能部门要加强数据管理，统计方式要从年终统计向动态统计转变，发挥动态性统计数据对领导班子决策咨询的作用。

　　机关职能应从偏重微观管理向宏观管理与微观管理相结合转变。各机关职能部处应在提高微观管理效率的基础上，将工作重心向宏观管理转变，简化审批程序，主要是制订规划、制订政策、建立机制，调动院系积极性，使机关和院系分别发挥引擎的作用。各机关职能部门要重视学校政策的整体性，加强部门之间的主动衔接与配合，避免部门沟通、协作不够,带来工作冲突、资源浪费、效率低下等问题;各机关职能部门的微观管理要处理好管理规范与改革发展的关系,既保证规范管理,又不对改革形成束缚;资源配置类职能部门要加强总量调控,通过规划、规则的制订,提高资源配置和利用的效率,使资源向重点推进的工作流动;社会化程度比较高的部门,要及时转变职能,主要是发挥甲方的作用,加强对乙方的监管,促进服务水平的提高。

机关职能应从划一僵硬的管理向分类管理转变。各院系在学科属性、发展阶段、财政状况、规模、文化等各方面具有很大的差异性,各机关职能部门在全校性的政策规章制定和具体管理中,应在科学分析差异性的基础上,进行分类管理,使管理保持一定的弹性。

机关职能部门应优化服务职能,简化服务流程,提高行政效率和服务水平。各机关职能部门要为院系提供指导性服务,促进学校各项政策的执行,同时要完成具体事务,为基层和师生提供高水平的服务;各机关职能部门应在具体的管理中体现服务精神,增进对院系和教授的了解,为学术事务运行提供保障;各机关职能部门要梳理服务内容,简化服务流程,提高工作效率,提升师生满意度;各机关职能部门要大力推进信息化工作,开展网上办公和网络数据库建设,以信息化促进行政效率和服务水平的提高。

(2009年3月"复旦大学机关职能调研报告")

窗口的形象

机关工作具有承上启下、内联外通的特点,因此,机关的作风在建设一个精干、高效、高水平机关的过程中就显得特别重要。机关作风状况如何,影响机关的工作效率和工作成绩,影响学校领导班子的决策,影响学校改革发展的步伐,影响学校和院系、领导和群众的关系,影响到学校的对外声誉和形象。从某种意义上说,机关是学校对内对外的窗口。

我们是站在建设一流大学的高度来看待转变机关作风的。创建一流大学,一定要有一流的管理、一流的机关,因此我们的作风也必须是非常良好的。

转变机关作风,首要的是要转变观念。而转变观念的核心,就是要牢固树立"管理就是服务"的理念。所谓服务,就是要为基层服务,为一线教师服务,为学生服务。根本的问题就是你有没有站到服务对象的立场上,真正地为他们着想。我们在基层工作过的同志知道,往往是"上面千条线,下面一根针","上面一句话,下面一台戏",上面是举手之劳,下面就得忙活半天。因此,我们要把方便留给基层,千方百计地为基层减轻负担。转变作风,首先要转变观念。观念不转变,转变作风寸步难行。

当前,主要是强调两个作风,一是思想作风,二是工作作风。

我们要树立开拓进取、实事求是的思想作风。首先要开拓进取。所谓开拓进取,就是要解放思想、勇于探索。我们的同志在机关待久了,工作就不容易创新,也不容易每年向前跨一步。因此我们要防止陷入"老机关"的惰性,满足于按部就班。更不能无所作为,消极地执行上级的指令。有的同志就像算盘珠,"拨一拨,动一动",甚至拨还不动。我们要在机关工作人员中大力提倡积极进取的精神状态,创造性地做好本职工作。其次要实事求是。所谓实事求是,就是不跟风、不唯上、不唯书、只唯实。我们的机关千万不能变成一台机器,机械地执行上级的指令。实际上,上级的指令都会有一定的空间,我们不能机械地去理解,要善于结合学校的实际情况创造性地加以落实,必要时根据新的情况进行适当的变通和修正。要树立开拓进取、实事求是的思想作风,就要勤于学习,勤于思考,眼睛向下,紧密地联系基层,多做调查研究。当然,我们搞调查研究,不要扰民,不要增加基层的负担,可以采取多种形式,熟悉的人就打个电话问问,不熟悉的就迈开双脚到下面去走走谈谈,确实面大量广的也可以发放一些调查问卷。

我们还要树立优良的工作作风。一是要树立敢于负责的工作作风。要把对上负责和对下负责结合起来,不捣浆糊,不卸肩胛,不仅要提出问题,而且要进行分析,提出解决问题的办法,不要把难题都推给领导。二是要树立讲效率的工作作风。要在安排工作时列出比较明确的时间节点。基层的来文,要承诺在多长时间之内予以答复。三是要树立务实的工作作风。要提倡讲实话、办实事,当前特别要在求实效上下功夫,要和文牍主义、繁琐哲学、形式主义作斗争。文件、简报要精简,办公自动化系统也要加快建设,数据进行共享。复旦大学决不搞"政绩工程",全校上下都要讲实话、办实事、求实效,要把工作落到实处。四是要树立善于协作、协调的工作作风。五是要树立勤俭办学、勤俭办一切事情的工作作风。

转变机关作风,必须对机关职能进行准确定位,转变现有机关的职能。机关职能不转变,机关的作风就很难转变。

转变作风,还要有高尚的思想道德境界。同有些院系、有些单位相比,机关的工作相对来说还是比较清苦的。所谓"清",就是收入不太高;所谓"苦",就是工作紧张。当然,在机关工作也能得到在基层单位不能得到的锻炼,获取在基层单位不能获取的收获。我们要加强机关的思想道德建设,要在机关工作人员中大力提倡任劳任怨、乐于奉献的精神,树立全心全意为基层服务、为群众服务的思想。还要树立管理是一门学问、从事管理工作光荣的观念,大力提倡爱岗敬业的精神。

(2002年4月27日在"转变机关作风年"动员大会上的讲话)

如何完善多校区管理？

多校区的发展尽管解决了学校空间不足的瓶颈，但同时也增加了管理成本，加大了管理的难度，尤其是如何在现有空间格局下进行合理的学科布局更是学校宏观管理的一大难题。

以学科布局为基础完善校区布局。校区布局的基本依据是学科布局，从世界一流综合性研究型大学的发展历程来看，学校最终布局为文理学院和若干专业学院是较为普遍的。文理学院负责基础科研、本科生培养和科学学位研究生培养，专业学院主要负责应用性研究、专业学位研究生培养以及协助文理学院培养少量科学学位研究生。

逐步完善校区行政管理体系。在各校区逐步建立起统一、高效的行政管理体系，是对各校区学术机构开展活动的基本保障，行政管理水平跟不上，就会制约所在校区学术的发展。首先，进一步明确条块管理的分工。条块管理需要进一步优化，总体思路是"纵向到底，横向到边，条块结合，因地制宜"。纵向到底是指，各部处管理和服务都要到底，确保各校区师生办理各类事务在校区内就能完成，坚持"让部处跑，不让师生跑"；横向到边是指校区管委会办公室的协调功能要到边，通过协调功能的发挥，承担起协调校区、协调条块、协调校区与属地等全面协调的功能。其次，明确校区管委会办公室的职责。要求校区管委会能够对所在校区负责、托底，要更加准确定位校区管委会办公室的职责。校区管委会办公室可作为党、校办在校区内的派出机构，其核心职责是协调和稳定，要使其具备较强的协调权。在各校区业务较多的职能部处，可在新校区设立统一的办公点，块内事务由校区管委会办公室统一协调。

(2009年4月"建立有中国特色的现代大学制度调研报告")

民主办学的重要载体

高校教职工代表大会是教职工行使民主权利,参与本单位民主管理和监督,维护教职工合法权益的组织形式和基本制度,是高校管理体制的重要组成部分,民主办学的重要载体。对这个定位我们要深刻理解,准确把握,这是我们进行中国特色现代大学制度设计的前提条件之一。

作为代表群众利益的组织形式之一,教代会要及时反映、依法维护教职工的正当权益。在大学里,教职工是分为不同群体的,有教师,也有医务人员、行政干部、后勤职工等。教代会要善于收集大家的意见和建议,及时反映群众的愿望和呼声。当然我们不是激化矛盾,增加对立,而是通过反映、协调,改进学校工作,使群众得到实惠。学校是代表广大教职工根本利益的,但也要引导群众兼顾眼前利益和长远利益,维护最广大教职工最根本的利益。

我们要通过教代会这种形式,大力推进民主办学。我们为什么要推进民主办学,最根本的目的就是要挖掘蕴藏在广大教职工中的智慧,调动大家投身学校改革发展的积极性和创造性,为创建世界一流大学提供强大的力量源泉。

最近十多年来,学校稳步推进民主办学,不断充实和丰富这项工作的内涵,取得了一些成果,也积累了一些经验。比如,我们不断完善教代会制度,重大事项向教代会报告,重大问题和决策交教代会讨论;我们成立了各种委员会,发挥教师在学术治理和部分行政管理工作中的作用;我们逐步落实了干部民主评议、公示制度以及干部公开招聘制度,更广泛地征求群众的意见,体现公开、公平、公正的原则;我们坚持各种形式推进校务公开,不断扩大公开的范围和内容;我们坚持信访接待制度和校领导接待日制度,使之成为上下沟通、联系群众的重要途径。总之,群众参与民主管理和民主监督的渠道正在逐渐拓宽,保障教职工行使民主权利的各项政策制度也在不断完善。

同时,我们也要看到,在全校范围内用民主办学的方法集中群众的意见,是一个渐进的过程。我们要有计划有步骤地,积极稳妥地推进这项工作。接下来,我们要进一步完善大学的内部治理结构,让全体教职工依法、民主、有序地参与学校各项工作,并且注重发挥专家学者的主体作用和专业特长。各院系、各医院、各单位要牢固树立民主办学的观念,发挥二级教代会、二级学术委员会、学位委员会或者教授委员会的作用,调动本单位教职工的积极性,推进学校事业的稳步发展。

(2011年6月14日在复旦大学五届六次教代会上的讲话)

联系教职工的纽带

　　工会是党领导下的工人阶级的群众组织。党和工会之间是政治上的血缘关系,工会以党为政治领导,党则把工会作为自己的政治基础和依靠力量。工会的中心工作,简而言之,就是"围绕大局,带领前进,走在前列"。工会还是执行党的方针政策的模范,遵守国家法律法规的表率。

　　社会主义大学的特征,就是"党的领导、民主办学、依法治校"。办高水平大学,非全心全意依靠全体教职工不可,而我们实行民主办学,其目的就是要依靠广大教职工办好学校。教育工会在民主办学中具有很重要的作用。教育工会的特点就在于知识分子特别集中,民主决策、民主管理、民主监督,首先可以在这些地方实行。像我们这样的学校,高级知识分子很多,教工素质相对较高,民主办学、依法治校可以实行得更好。工会应该在凝聚人心,推动学校发展上发挥更为重要的作用。

　　工会是学校党组织和行政联系广大教职工的桥梁和纽带。是桥梁就要通畅,要沟通;是纽带,就要牢牢地系起来。党委希望工会切实负起责任来,最广泛地接触教职工,经常反映他们的批评、意见和建议,努力做到上情下达,下情上达。要充分发挥教职工代表大会在学校重大决策中的作用。学校党委明确规定,凡是关系学校改革、发展和涉及教职工切身利益的重大决策出台以前都要通过教代会讨论。

　　工会组织要切实维护教职工的合法权益。工会是全体教职工合法权益和民主权利的代表。工会要出面维护教职工的合法权益,否则就是工作不到位。我们这样一所大学校,有各种不同层次的人群,有各种不同的要求,有时候难免对一部分人的利益考虑不周。这个时候,工会就应该紧密联系群众,倾听大家的意见和呼声,帮助学校做好工作。工会要把维护职工群众的具体利益和全校的总体利益结合起来。新时期,群众的利益多元化,要求多样化,工会要切实维护教职工的权益,但主要还是要维护好共同利益、长远利益、根本利益,并把它们和群众的局部利益、眼前利益、部分利益很好地结合起来。在各种各样的利益和要求面前,工会干部要努力做到"三个善于":善于分析,善于集中,善于代表。要做到把群众的利益实现好,维护好,发展好,就要完善制度,使维权工作有体制和机制的保障,不要寄希望于一两个开明的领导,主要还是要依靠健全制度。要做到"维护好",就要解决职工群众在工作、生活中遇到的一些突出问题,比如群众需要我们提供法律援助的,工会组织就应该站出来。要做到"发展好",就要使职工群众切实感受到加入工会能够使个人获得更好的发展。

(2000年12月19日在复旦大学工会干部培训活动上的讲话)

谈谈大学捐赠工作

从世界各国高等教育情况来看，大学分公办和民办两种。公办、民办都有世界一流大学。而争取社会捐赠在世界上所有大学里都被视为一项重要工作。捐赠对民办大学而言是生存性的，但公办大学也不忽视。这些年，公办大学获得捐赠的数额也在上升，因为政府公共拨款总归是有限的，而大学的发展需要大量的资金。

从中国市场经济发展的趋势来看，我国有两千多所大学，生均经费和大学发展经费远远不足，现在到处都说大学钱很多，这是媒体的误导，是不负责任的话。当然创建一流不是完全比经费，但没有经费什么事情也做不成。所以，捐赠是为了发展。不能完全躺在国家身上，靠政府公共拨款，还要靠社会各界支持。"民办"可以"公助"，"公办"也可以"民助"。这是世界惯例。因此争取社会捐赠是大学很重要的工作，绝不是额外的、可有可无的。

前几年，为了筹措发展经费，大学自己也搞创收，这样肯定会分散大学培养人才和科研的主要精力。大学争取资金最重要的渠道就是向社会争取捐赠。我们到国外访问，大学校长主要做两件事情，第一筹款，第二聘请人才。国外大学，院系的负责人实际上也都在做这些事，比较厉害的是商学院，不少大学的医学院也很厉害。越是一流大学，得到的社会资助越是多。大家已经非常熟悉了，美国一些私立大学，比如哈佛、耶鲁，捐赠基金动辄上百亿美元。

大学开展捐赠工作也是培养学生报恩、回报社会的品德。实际上也是我们人才培养的题中应有之义。现在不要说起理想教育就一定很玄乎、很高，家庭和社会培养你后，能不能报恩，能不能回报家庭和社会,还是只是想到以自我为中心？这其实是一个很现实的问题。

在复旦的历史上,捐赠起了举足轻重的作用。我们的创办人马相伯毁家兴学,江湾校区的建设是李登辉校长1920年到南洋募集到了75万大洋,1922年动工兴建的,所以我们是民办起家,理所当然捐赠工作要做好。

开展捐赠工作和国家发展的背景、地区都是有关系的。我觉得随着中国国力的增强,捐赠环境会越来越好。美国之所以强大,是因为它的高等教育非常发达。高等教育为什么发达,因为美国社会从政府到民众,支持办大学的氛围非常好。中国正在大发展中,而且会越来越强大,捐赠前景会越来越好。所以越是看未来,越是要发展。人家起步早,我们起步晚,但我们现在势头好,一定不能落后了。

(2010年1月15日在复旦大学捐赠工作会议上的讲话)

大学党建编

  高校各级党组织作为党在高校的执政力量,如何通过加强自身建设,增强对正确办学方向和科学办学规律的把握力,对改革发展的推动力,对广大师生的号召力和凝聚力,从而保障高校长期稳定,事关大局,十分重要。

加强党的建设是
高校发展稳定的根本保证

改革开放以来,特别是迈入 21 世纪以后,我国高等教育事业实现了跨越式的发展。在中央的正确领导下,全国高校连续 20 多年保持总体稳定,一心一意办教育、稳定和谐谋发展的方针深入人心。回顾这段历程,我们深刻体会到,加强党的建设,是高校发展稳定的根本保证。

高校是大基层单位,又是比较特殊的基层单位:人数多,知识层次高,国内外影响大。因此高校发展、改革和维护稳定的任务非常繁重。高校各级党组织作为党在高校的执政力量,如何通过加强自身建设,增强对正确办学方向和科学办学规律的把握力,对改革发展的推动力,对广大师生的号召力和凝聚力,从而保障高校长期稳定,事关大局,十分重要。我们有如下体会:

第一,把握社会主义办学方向,发挥党委领导核心作用。

高校把握办学方向,关键要保证党委在学校各种组织和各项工作中发挥领导核心作用。20 多年来,高校之所以持续保持稳定并实现跨越式发展,最根本的一条就是始终坚持社会主义办学方向不动摇,始终坚持党委领导下的校长负责制不动摇。这是马克思主义党建理论与我国高教事业实际紧密结合的产物。

党委在高校的领导核心作用主要表现为总揽全局、协调各方。总揽全局,就是要把握方向,决定大事,管好干部;协调各方,就是要调动发挥校长和行政班子、各级党组织和广大党员干部、各民主党派、各群众团体和广大教职工的积极性。党委把各种力量组织起来,把各种共识凝聚起来,在平时团结广大群众,在复杂特殊情况时也能控制住局面。党中央号令明确,高校党委执行坚决,稳定队伍忠诚得力,这是高校稳定的基本经验。

坚持社会主义办学方向是一项系统工作,时刻考验着高校党委的执政能力和领导水平。具体指向三个方面。一是把握育人方向。这始终是高校党组织的首要职责。能不能把大学生培养成为决定未来命运的、中国特色的社会主义事业所需要的接班人和建设者,不仅有指导思想问题,更大量的是实践问题。二是把握发展改革方向。要紧紧围绕中央要求,贯彻落实好中央战略部署。要坚持走中国特色办学之路。世界上没有超越国界、普世适用的现代大学制度。我们不能照抄照搬西方,必须坚持中国特色。三是把握意识形态主导权。意识形态领域的安全是最大的国家安全。高校是意识形态领域必争之地,竞争对手来自全世界,学术性、政治性交叉,历来处在风雨最前沿。要把握主导权,必须敏锐觉察一些思潮、动向,把握好引领意识形态和维护学术自由、争鸣的关系,并将主流意识形态通过各种渠道方式影响到广大师生。

第二,抓基层、打基础,锐意创新高校党组织建设。

加强基层党组织建设始终是高校党建的根本任务。实践证明,基层党组织坚强,党员的先锋模范作用发挥得好,高校的发展稳定就有了基本保证。如何抓好基层,打好基础?我们的做法是:

一是优化基层党组织设置。随着高等教育改革与发展,高校原有的教学科研组织方式发生了很大变化,学生管理模式也出现了新情况。高校必须适应新变化、新情况,优化基层党组织设置,扩大党组织覆盖。在实践中我们积极探索在学科团队、课题组、实验室,以及跨院系、跨学科的科研机构中建立党组织;在学生社区、公寓楼、学生社团中建立党组织;并根据重大临时性任务,设立临时党组织。例如去年世博会,我们有5000多名师生(其中有1000多名党员)参加志愿者服务,我们就成立临时党委,将支部建到每一个服务场馆。在高校里真正做到哪里有党员,哪里就有党组织,哪里就有健全的组织生活。

二是创新基层党组织活动方式。要根据不同单位、不同岗位的党组织和党员特点,创新党组织活动内容和方式,开展有特色的党建活动。院系党组织处于承上启下的关键位置。当前,院系党组织最重要的任务就是落实《中国共产党普通高校基层组织工作条例》的要求,进一步坚持和完善党政联席会议制度,坚持民主集中制,健全领导班子的工作和决策机制。

三是激发党员队伍的活力。高校的党员群体层次高、影响大,应该尊重党员的主体地位,让他们的模范带头作用和个人价值得到体现,激发出为党和人民工作的热情。要完善党的组织生活制度,加大在优秀青年教师和优秀学生中发展党员的力度,推进基层党务公开,加强对党员的关心、服务,使党组织真正成为"党员之家"。

第三,坚持育人为本、德育为先,加强和改进大学生思想政治教育。

高校的根本任务是育人,育人必须以德为先。坚持"育人为本,德育为先"的方针,进行大学生思想政治教育就是其中的应有之义。实践证明,大学生思想政治教育越进行得积极有效,大学生的精神面貌就越积极向上,这一群体就越稳定。高校稳定必须要以平时工作为基础。

一是要坚决不断落实中央关于加强大学生思想政治工作的各项要求,形成一个全员育人,全过程育人的良好环境。2004年中央颁布关于进一步加强和改进大学生思想政治教育的16号文件以后,我们狠抓文件的贯彻落实,并结合学校实际,制定了相关政策和措施。重中之重是加强学生思想政治工作队伍建设。历史的经验表明,这是一支党可以信赖的、有战斗力的队伍。加强这支队伍,高校稳定就有保证;削弱这支队伍,必然将增加不稳定因素。与此同时,还要发动广大教师教书育人,教书先育人,将育人的各项要求体现到教学的环节中,以教师正确的价值观潜移默化地影响学生。

二是学生思想政治工作要坚持思想性与有效性相结合。思想性是魂,有效性是体。既要树旗子,有主题,也应不断利用创造新的形式,做到切实可行,有滋有味。

三是坚持解决思想问题与解决实际问题相结合。思想问题的产生，是有其主客观因素的。帮助解决实际问题，也是在做思想工作；解决了思想障碍，具体困难也容易克服。要提高我们的管理水平和服务意识，关注学生个体和特殊群体，将很多不安定因素消解在萌芽状态。

第四，贯彻党的知识分子政策，做好高校知识分子工作。

大学是知识分子集中的地方，知识分子是党和国家宝贵的财富。党在高校中落实"尊重知识、尊重人才"的指导方针，贯彻人才强国战略，究其根本，都是做知识分子的工作。

我们党和知识分子历来有良好的关系，有做知识分子工作的优良传统。在高校中，流传着很多党的干部与知识分子坦诚相见、肝胆相照的佳话。改革开放以后，知识分子爱国报国的基本面没有变，但知识群体内部的价值观变得比较复杂。这就要求我们的工作要不断作新的探索。

一是办学必须全心全意信任、依靠知识分子，调动全体教职工的积极性和创造力，实现民主决策、民主管理、民主监督。二是努力营造一个事业激励人、文化培育人、关心温暖人、各类人才心情舒畅干事业的良好氛围。各级党组织和党的干部都应广交、深交知识分子朋友。当前应当特别重视中青年知识分子的培养。三是引导广大知识分子向实际学习、向人民群众学习，鼓励他们将个人的奋斗与经济社会发展的现实要求紧密结合，与国家富强、民族复兴的历史重任紧密结合，实现自己的理想抱负。四是在意识形态工作中加强对知识分子的教育、引导。我们要本着理解和宽容的精神，团结、教育好知识分子，将广大知识分子紧紧团结在党的周围。

第五，加强骨干队伍建设，为高校党的建设提供坚强保证。

在高校党建格局中，条块工作是"目"，队伍建设是"纲"；纲举目张，抓队伍就是抓落实。辅导员、思政课教师、党务干部是其中三支骨干队伍。他们同样是党的宝贵人才资源。

辅导员是高校教师队伍的重要组成部分，是大学生日常思政教育的骨干力量，也是各级干部的后备力量。近年来，各高校的辅导员队伍得到了健康规范的建设，同时也出现了一些新情况。他们年纪轻、学历高、阅历浅,工作在最基层,经受各种考验。我们应该从政治上、工作上、生活上关心他们,帮助他们解决实际问题,引导他们尽快成长。

思想政治理论课是大学生思政教育的主渠道,体现了社会主义大学的本质要求。思政课教师在引导大学生坚定马克思主义信仰和社会主义信念,增强对改革开放的信心,提高对党和政府的信任等方面发挥了不可替代的作用。近年来,我校涌现了一些教学深入浅出,为学生喜爱的思政课教师。我们还要不断推进教学改革,编写精品教材,推广精彩教学,使思政课成为大学生真心喜欢、终身受益的课程。

建设高素质的党务干部队伍是高校党建工作的战略需要。干部能担重任、经得起风浪考验,党才能在高校稳固执政,党的建设才能顺利推进。高校党建的发展和创新,也迫切需要一大批朝气蓬勃、勇于开拓的党务干部,而且对干部的整体素质提出了很高要求。我们要让每一名党务干部都自觉提高政治水平和党性修养,自觉在能力、作风、品德上锤炼自己,坚持爱岗敬业、实事求是,坚持走群众路线。

高校党建是党的建设新的伟大工程重要组成部分。当前,我国高等教育事业站在了新的历史起点上。高校要提高办学质量、推进教育改革、建设和谐校园、保持长期稳定,不能离开党的坚强领导,必须加强党的建设。我们要居安思危、与时俱进,努力提高党的建设科学化水平,推动高校党建工作再迈上新台阶。

(2011年7月2日在由中组部、中宣部、中央党校、中央文献研究室、中央党史研究室、教育部、中国社会科学院、解放军总政治部联合召开的"纪念建党90周年理论研讨会"上的交流发言)

党的执政能力在高校的体现

党的执政能力在高校应该体现在什么地方？

第一，体现在对正确办学方向和科学办学规律的把握上。

我们的大学是社会主义大学，因此必须全面贯彻党的教育方针，在人才培养工作中，要坚持教育为中国特色社会主义事业服务、为人民服务的方向，坚持教育与生产劳动和社会实践相结合，培养合格建设者和可靠接班人。人才培养的政治方向是第一位的，人才培养的方向要坚持为中国特色社会主义事业服务，为人民服务。如果做不到这一点，我们的办学就没有意义。

我们要用马克思主义的世界观、方法论教育、武装广大师生。不仅要学习经典的马克思主义理论，而且要学习与中国实际相结合的马克思主义理论，尤其要学习当代中国化的马克思主义。不仅要推进新一轮政治理论课教育教学改革，而且在社会科学乃至自然科学的教育教学中也要加强马克思主义世界观、方法论的教育。我们要建立一支马克思主义理论的研究队伍，既有老一辈的学者，也有中年学者，还要发掘培养一批青年马克思主义者。

第二，体现在对学校改革发展的推进上。

"提高党的执政能力，首先要提高党领导发展的能力。"党是先进生产力的代表，提不出发展的方向，不领导发展，党组织就没有发言权。党的工作和党务工作是两个不同的概念，如果我们把党的工作仅仅理解为、自我局限在做好党务工作，而脱离整个事业的发展，还叫什么执政党？高校（包括附属医院）的党组织一定要领导发展，党委要对学校（医院）重大长远发展的问题提出主张，要有发言权。党组织应该成为学校改革发展的发动机。

高校实行党委领导下的校长负责制,党委是全校的领导核心,要发挥总揽全局、协调各方的作用。要认清形势,抓住机遇,提出发展的方向和目标。党组织要想大事,谋全局,善于集中广大师生的智慧,善于提出发展的主张,提出发展的口号。口号是主张的凝练,一个口号就是一面旗帜。党的口号就是党的纲领、路线、方针、政策的集中体现。善于提出口号,党就有号召力。作为一级党委,一定要着眼于学校事业的发展,在每一阶段提出切实可行的奋斗目标,提出一个响亮的口号,这对于凝聚人心,鼓舞士气,带领全校团结奋斗,作用极大。而且经过调查研究,经过集体决策,正确的主张、正确的部署就要牢牢坚持,毫不动摇,不要因为一些不同议论就动摇发展的决心。

要提出正确的发展战略。要加快发展,一定要有正确的发展战略。所谓"战略",用毛主席的话来说,就是"全局的规律的东西"。一着不慎,满盘皆输,战略决策正确,就能把握住关键的棋子,就能在激烈的竞争中"棋高一着,胜人一筹"。学校的发展战略,就是涉及学校发展的阶段、步骤、布局、重点、资源调动、协调各方关系等的全局性重大问题。在全面分析形势的基础上,我们提出了"五大战略",即学科发展战略、人才战略、国际化战略、服务上海战略、品牌战略。

要坚持改革不动摇,以改革促发展,不发展就没有出路。遇到发展的瓶颈口,就要坚持改革。以改革促发展,以改革来理顺体制和机制方面存在的问题。领导班子应当是改革的推动力,党组织要积极推动改革。改革是一个不断深化的过程,我们不能急躁,不能寄希望毕其功于一役,而是要不断改革,滚动推进。改革越是深化,碰到的难点越多,牵一发而动全身。因此,必须集中全校的力量,妥善考虑各方面的关系,注重可操作性,精心设计,平稳推进。

第三,体现在对大学生的影响力上。

大学生生活、成长的环境变了,文化多元,价值判断的标准也趋于多元，要取得他们的信任和认同，不那么容易。要把握大学生的思想脉搏，调动他们的内在需求，有针对性地开展思想教育工作，促进他们形成正确的世界观、人生观、价值观。学生思想政治工作是学校的重要工作，涉及方方面面，一定要调动全体教职员工来做好这项工作。全校教师都要坚持教书与育人相结合，坚持言教与身教相结合，既注重言教，更要注重身教。我们全校都要树立"以学生为本"、"以学生的成长成才为中心"的理念。我们要从学生出发，尊重学生成长发展的规律，尊重学生的个性发展，尊重学生的人格和需求，关心学生，热爱学生，了解学生，理解学生，爱护学生，帮助学生，教育学生，引导学生，相信学生，依靠学生，倾听学生的意见，竭诚为学生服务。

要创造有利于大学生健康成长的环境。要动员全体教师，运用各种方式，为大学生的成长创造良好的文化氛围，使得他们在这种环境中受到潜移默化的影响。

要积极发展优秀大学生入党，培养一批团结在党周围的青年学生骨干。加强高校党员发展工作，提高党员的队伍层次，扩大党内的优秀人才数量，不管是从巩固党的执政地位，还是从发展党领导的中国特色社会主义伟大事业来说，意义都特别重大。

第四，体现在对党员群众的凝聚力上。

党组织的凝聚力，不是空谈出来，而是干出来的。首先，要靠事业来凝聚人。一个单位事业蒸蒸日上，这个单位的党组织就有凝聚力。

其次，要关注并逐步解决不同人群的利益诉求。对这些利益诉求，党组织要认真倾听，有所回应，有针对性地加以解决。要时刻把群众的安危冷暖挂在心上，对群众工作生活遇到的问题，特别是对有特殊困难的群众遇到的实际问题，一定要带着深厚的感情帮助解决，要做到"冬送温暖，夏送清凉"。只有关注不同群体的诉求，关注群众利益，党组织才有凝聚力。

再次，要推进民主办学的进程。民主办学也是凝聚人心的手段。我们始终坚持凡是重大决策一定要经过调查研究，凡是重大部署一定要发动群众。要十分重视发挥教职工代表大会的作用,十分重视发挥校务委员会、学术委员会、学位委员会在学校建设与发展的作用,重视发挥工会、共青团、妇委会等群众团体的作用,重视发挥各民主党派在参与学校重大决策、民主管理和民主监督中的作用。

(2004年11月5日在复旦大学党支部书记培训班上的讲话)

党的先进性和创一流大学

在复旦百年历程中,有共产党人活跃的身影和他们创造的业绩。特别是在建国以后,复旦的党组织和党员在学校的发展中起着核心的作用。

正如胡锦涛同志在庆祝我校百年校庆的贺信中所指出的,复旦大学是由中国人自主创办的第一所高等学校。在一个世纪的办学历程中,学校秉承"博学而笃志,切问而近思"的校训,与民族共命运,与时代同前进,形成了光荣的爱国传统和优良的校风学风。特别是新中国成立以来,在党的领导下,复旦大学逐步发展成为一所在国内外有影响的著名学府,为党和人民培养了一大批优秀人才,为民族振兴和国家教育科学事业发展作出了重要贡献。

新中国成立前,复旦是中国共产党领导的宣传马克思主义的阵地、爱国民主的堡垒。

复旦因怀教育救国的理想而创办,这一发端注定了复旦后来一定成为进步力量汇集的地方。创立伊始,学校就聘请了许多进步教授前来复旦担任教职,这其中就有后来成为中国共产党发起人的陈望道和邵力子。陈望道是《共产党宣言》第一个中文全译本的翻译者,是共产主义小组的发起人之一,曾担任党的上海地方委员会第一任书记。早期的共产党人陈独秀、李大钊、恽代英等都曾来到复旦演讲,宣传马克思主义和进步革命思想,使复旦成为最早宣传马克思主义的阵地之一。

1919年五四运动爆发,复旦学生在上海第一个举起了"五四"的大旗,走在斗争的最前列。复旦是最早成立中共党组织的高校之一。1925年复旦大学成立了第一个党支部。据1926年7月的统计,当时的复旦大学支部有共产党员19名。他们面临着国民党的白色恐怖威胁,尤其是1927年"四·一二"反革命政变以后,党的活动被迫转入地下。但是就在这样险恶的环境下,复旦的共产党员仍然坚持斗争。他们积极团结群众,发动群众,带领群众,不断将民主民族运动推向前进,党的队伍也不断壮大。

抗战爆发后,在党的直接领导下,复旦成为上海学界抗日救亡的中心。先后由我校党员蔡毓聪、席涤尘、夏征农任学术组和文艺组主编的《复旦旬刊》积极宣传马列主义进步思想和反帝抗日的政治主张。复旦师生还创办了《文摘》杂志,摘录、翻译国内外报刊的进步文章,这份杂志最早翻译、刊载了斯诺写的《毛泽东自传》和陕北苏区的情况。

内迁重庆后,光荣的历史在重庆继续发展。1938年上半年,重庆复旦大学建立了第一个党支部。这年秋天,复旦大学上海补习部复课并成立了支部,11月发展为两个支部。

皖南事变后,国民党掀起了第二次反共高潮,重庆复旦大学党支部的党员根据上级指示,大部分撤离。1943年,根据周恩来同志的指示,在中共南方局的领导下,复旦大学成立了"据点"。这种据点没有固定的形式和组织规章,通过一系列秘密或公开的形式,把进步骨干和积极分子组织了起来,"勤学、勤业、勤交友",宣传党的路线、方针和政策,壮大党的队伍和积极分子队伍,团结了大批进步教授。复旦"据点"核心组还创办了一个指导学生活动的报纸《中国学生导报》,重庆北碚的复旦大学也因此成为大后方最为著名的民主堡垒之一。

抗战胜利以后,陈望道在重庆夏坝设立的新闻馆,成为当时最为重要的民主阵地。在"反饥饿、反内战、反迫害"和反对国民党独裁统治的斗争中,据不完全统计,有十多位复旦学子牺牲在敌人的屠刀下,其中绝大多数都是共产党员。

新中国成立后,党组织是复旦的领导核心,广大党员是学校各项事业发展的中坚力量。

在共产党员、上海学联主席、复旦学生张渝民等人的带动下,我校有780名学生响应党的号召,参加南下服务团和西南服务团,抗美援朝战争开始后,复旦约有1100余名师生踊跃报名参军,近300名师生走上了保家卫国的岗位。

50年代初期,全国高等学校院系调整,18所院校的有关系科陆续并入复旦,复旦党组织做了大量深入细致的工作,稳定队伍,团结教职员工,使新进复旦的教职工很好地融入了学校。

以杨西光为书记的复旦党委把一大批优秀党外知识分子吸收到党内来,如苏步青、谢希德等。苏步青常说:"党员专家,首先是党员";"我是党的人,我的一切成绩归功于党!"复旦党委还重点培养青年教师,大胆起用知识分子干部,狠抓科学研究。

"文革"结束后,复旦党委对于推动思想解放,起到了重要作用。我校原党委书记杨西光时任《光明日报》总编辑。1978年5月11日,《光明日报》头版刊发了特约评论员文章《实践是检验真理的唯一标准》,由此引发了一场思想解放运动,改变了中国,更改变了许多人的命运。

1977年,我们的老校长、共产党员苏步青在邓小平主持召开的全国教育工作座谈会上,首先提出恢复高等学校的正常招生考试、恢复研究生招生等问题。

这个时期,复旦党委提出,进行教学调整和改革,实行"综合"、"渗透"和"交叉"六字方针,进行了系科和专业的调整,并重点建设了一批学科。党委还支持校长积极推进国际交流与合作,复旦更进一步地走向了国际舞台。党委还坚决与各种错误思潮作斗争,反对资产阶级自由化,平稳妥善地处理了"八六"学潮及"八九"政治风波对学校的影响,维护了安定团结,保证了学校健康稳定地发展。

1999年,国家正式启动以建设高水平大学为目标的"985工程",复旦大学成为教育部和上海市重点共建的高校;2000年,复旦与上海医科大学强强联合,组建了新的复旦大学,为学校新世纪实现新的腾飞奠定了基础。

党委坚持集体领导、民主决策,坚持党内正常的组织生活,建立健全规章制度,在重大问题决策上是及时的、强有力的。

回顾新中国成立以来党组织在复旦事业发展中的地位和作用,我们深深体会到:在一个社会主义的大学,坚持党的正确领导是何等重要,坚持党委领导下的校长负责制这一领导体制是何等重要。党组织要在大学里发挥领导核心作用,只有依靠自己保持先进性,这就是:先进的思想和正确的决策;严格的组织纪律和执政的能力;还有广大共产党员的先锋模范作用,要"平时看得出、关键时候站得出、危难时候豁得出"。

百年校庆之际,胡锦涛总书记在致我校的贺信中再次提出:"努力把复旦大学建设成为具有世界一流水平的社会主义综合性大学。"将复旦的崇高奋斗目标定位在世界一流大学,这是我们的光荣、我们的骄傲。将我们定位在创建世界一流,又意味着责任,意味着新长征的开始。我们清醒地意识到我们与世界一流大学的差距,很远而且全面,我们客观地看到创一流是一个漫长的过程。然而,复旦人是有志气实现这一志向的。

复旦党组织和党员的先进性问题,就是在这样的背景下提出来的。创建具有世界一流水平的社会主义综合性大学,一定要有先进的党组织的领导和广大共产党员的率先奋斗,没有这样的保证是很难想象的。我们各级党组织要担负起历史的使命,带领全校为实现崇高而宏伟的目标而团结奋斗。党的先进性也就体现在这里。

党的先进性,首先体现在能带领群众前进,推进事业的发展上。党组织应该成为学校改革发展的发动机,党员应该成为改革发展的推动力。要认清形势、抓住机遇,在每一阶段提出切实可行的奋斗目标,凝聚人心,鼓舞士气,带领大家团结奋斗。

党组织的先进性,只有通过全体共产党员的先锋模范作用才能得以实现。我们全体共产党员要做勤奋学习、善于思考的模范,做爱岗敬业、乐于奉献的模范,做开拓创新、争创一流的模范,做心系群众、服务群众的模范,做清正廉洁、文明守法的模范,要成为学习的楷模、事业的中坚、工作的表率、师生的榜样。

(2005年10月5日在复旦大学保持共产党员先进性教育活动动员大会上的党课暨动员报告)

推进马克思主义理论研究

今天,在中国共产党成立 85 周年之际,复旦大学马克思主义研究院正式成立,同时,国内马克思主义研究院(学院)第一届学术年会也在复旦召开。

复旦大学在宣传马克思主义理论、开展马克思主义研究方面有着光荣的传统。复旦的老校长陈望道是《共产党宣言》第一个中文全译本的翻译者。早期的共产党人陈独秀、李大钊等都曾来到复旦演讲,宣传马克思主义和进步革命思想。复旦是最早成立中共党组织的高校之一。复旦学生创办的《复旦旬刊》、《文摘》、《中国学生导报》等刊物和复旦新闻馆都曾积极宣传马克思主义和进步思想。新中国成立后,复旦重组了经济学系,成立了哲学系,连同其他一些院系如新闻学、文艺学,加强了马克思主义理论的研究,并在真理标准问题的讨论中发挥了积极的作用。

多年来,复旦致力于打破现有的学科体系,探索搭建按项目管理、以问题研究为主的马克思主义研究架构。1993 年,学校成立了马克思主义研究中心,汇聚了来自校内相关院系的专家学者,围绕关系当代中国的重大理论与实践问题展开研讨。13 年来,中心每年定期出版《邓小平理论研究(复旦学报增刊)》,并在全国高校中率先开设了邓小平理论课程。

2005 年,我校成为全国第一批获得马克思主义理论一级学科博士学位授予权的单位之一。为适应马克思主义理论学科发展的需要,积极投身于马克思主义理论研究和建设工程建设,我们参照"985 工程"文科创新基地的体例,计划建立体制上虚实结合、人员上专兼结合的马克思主义研究院。研究院成立后,将规划全校的马克思主义研究方向,以项目和课题为纽带,整合全校的马克思主义研究力量,重点建设院系无法兼顾的跨专业二级学科。研究院还将筹建马克思主义学术陈列馆,以新的形式承担马克思主义教育基地的作用。

马克思主义研究院将成为我校推进马克思主义学术研究和发展马克思主义理论学科的重要抓手。在研究方向上,重点开展马克思主义发展史和马克思主义中国化研究,依托有关院系开展马克思主义基本原理、思想政治教育研究和国外马克思主义研究。在研究内容方面,按照"人无我有、人有我强、人强我新"的原则,重点实现马克思主义的经典著作研究与当代前沿问题研究的结合,马克思主义的理论研究与服务中国经济、政治、文化和社会建设的结合,当代中国的马克思主义研究与国外马克思主义研究的结合。在研究队伍方面,要注意发挥联结人文社会科学各院系专家学者的纽带作用,加强与我校有关院系、有关研究基地的合作,加强与校外、国外的联系。在研究与应用方面,要体现高校的特点,注重理论研究和教学实践的紧密结合,促进研究成果向教学转化,为提高马克思主义理论教育教学水平,为马克思主义发挥对哲学社会科学和人文教育的指导作用提供强大的支撑。

马克思主义是我们立党立国的根本指导思想,也是我国哲学社会科学研究的旗帜和灵魂。实施马克思主义理论研究和建设工程是关系党和国家事业发展的战略任务,也是中央加强党的理论建设的重大举措。在"十一五"时期,实施马克思主义理论研究和建设工程,要作为繁荣发展哲学社会科学的基础工程、龙头工程。为马克思主义理论建设和研究工程作贡献,是复旦大学义不容辞的责任。

今后,我们要进一步加强对马克思主义理论的研究。要认真研读马克思主义经典著作,加强对原著的研究,深入研究和准确阐述马克思主义的基本观点,用马克思主义的方法研究马克思主义;要着眼于新的实际,关注现实问题,加强对当代中国马克思主义的研究;要进一步加强国外马克思主义研究,开展比较研究;要大胆借鉴社会科学的方法和成果,不断深化中国共产党党史研究,及时总结我党在新时期的成功经验,探索发挥党史育人功能的有效途径;要发挥多学科的作用,积极参与编写各类教材,用当代马克思主义指导哲学社会科学的教学,把马克思主义中国化的最新理论成果贯彻到哲学社会科学的教学中去;要继续推进思想政治理论课改革,深入推动邓小平理论和"三个代表"重要思想"三进"工作。

(2006年7月1日在复旦大学
马克思主义研究院成立大会上的讲话)

加强大学意识形态工作的几点思考

党的十七大提出,要"主动做好意识形态工作,既尊重差异、包容多样,又有力抵制各种错误和腐朽思想的影响"。

一、意识形态工作的重要阵地

要做一项工作,首先要了解那项工作的内涵。要做意识形态工作,首先要知道什么是意识形态,不然就会有许多自以为是的误解。

意识形态是一个总体性的概念,是一定时期各种社会意识形式的总和,如政治思想、法律思想、道德、哲学、宗教等等。意识形态又总是占统治地位的阶级的价值观念体系。

马克思在意识形态学说上有超越一切资产阶级哲学家的成就。他创造了一个德文词 Ideologie,就叫"意识形态"(马克思《德意志意识形态》,1845)。马克思关于意识形态的代表作有《德意志意识形态》、《资本论》第一卷、《人类学笔记》等。这一学说渗透着马克思历史唯物主义思想的精髓,系统地提出了意识形态相对独立性理论。

我们今天把做好意识形态工作作为党的工作的一部分,最重要的是要遵循马克思所揭示的意识形态作用于社会的规律,促进社会主义的经济、政治、文化、社会建设,具体来说,就是要使社会主义意识形态在社会主义中国占据主导地位,而社会主义核心价值体系是社会主义意识形态的本质体现。

这一过程不是总充满阳光的正面建设过程,我们面临很多挑战,概括起来有三方面:

一是市场经济体制的建立对社会价值观有诸多影响。我国的经济体制由传统的计划体制向社会主义市场体制转变是完全必要的。与此同时应该看到,从计划经济到市场经济不仅是一种经济运行模式的转换,还蕴含着一种价值体系的变迁,自主、自由、公开、平等、竞争、法制等观念逐步渗透到人们的思想观念中,人变得更务实和追求利益,市场经济不会因为加上"社会主义"四个字就能避免负面的影响。

二是社会转型给意识形态带来的诸多变化。我们是历史唯物论者,社会意识形态总决定于社会存在。我国社会处在一个由封闭的、传统的农业社会向开放的、现代的信息社会转型的过程中,千百个城市兴起,数以亿计的劳动大军涌向城市,人群的集聚和流动、阶层的分化、生活习惯乃至文化的交流和冲撞,给社会意识形态带来目不暇接的变化。而手机和电脑网络的普遍使用,又加快了变化的速率。手机和电脑网络的使用,不单纯是技术的革新,而且改变着人们的生活方式、人际关系乃至思想观念。

三是国际各种反华势力凭借资源优势、传播优势,没有一刻停止过向中国进行意识形态渗透,力图把他们的政治思想、价值观念和社会文化强加给中国。在国际社会范围内,意识形态终结论和社会主义怀疑论是同步出现的,西化和非意识形态化也是同时兜售的。

谈到意识形态工作,不少人以为这只与大学有关,只与有文科的大学有关,只与知识分子有关,因此避而远之、漠然置之。其实这是一种误解。如前所说,意识形态具有社会性,它对所有社会人都起着影响作用。马克思告诉我们,人出生之后,不仅呼吸物质的空气,而且也呼吸着精神的空气,这种精神的空气也就是通过教化而接受的意识形态。

当然,大学仍然是党的意识形态工作的重要阵地。因为大学是培养人的机构,是知识生产和传播的场所,也是知识分子最密集的地方。社会主义意识形态一定要在培养人的过程、知识传扬的过程中起主导作用。同时,大学是意识形态斗争的兵家必争之地,各种社会思潮往往以知识为载体通过大学传播到社会,各种社会力量和政治力量也通常会利用大学向社会施加影响。

二、将社会主义核心价值观融入育人的全过程

党的意识形态工作,本质上是建立、倡导社会主义核心价值体系。这项工作在大学,显得尤为重要。因为大学的根本任务是育人,为未来培养可以推动社会前进的各类人才。育人必须把灵魂塑造放在第一位,也就是帮助学生确立正确的世界观、人生观、价值观。大学的教育不能只对学生的第一职业负责,而应对学生的一生负责。如果学生接受、认同、内化社会主义核心价值观,我们就掌握了未来中国社会的意识形态主导权。

习近平同志在高校党建工作会议上提出,要把社会主义核心价值体系融入高等教育和校园文化建设。"融入"两字非常好。融入就是有机地贯穿全过程,融入就是不留痕迹地影响到各方面,真正体现了意识形态的特点、意识形态工作的规律。

在实际工作中不是表面地做,而要真正做到"融入"是非常不容易的,一定要有很大的决心、深入的思考、全盘的考虑以及实施的毅力。

建设好政治理论课,就是巩固社会主义意识形态的主要阵地。政治理论课的设置,是我们党在高校坚持以社会主义意识形态教育学生的标志和根本性措施。它有教学计划(学分)、师资队伍作为保证,近年来又设置了马克思主义学科作为支撑。这是具有中国特色的,必须加以坚持,不能动摇。我们要在改进教学方式、探索教学方法、提高教学质量上做一些工作,注重用好三种教学资源:校内人文社会学科的综合资源,鼓励专业教师参与公共理论课教学;社会资源,请政府领导和学者讲各地改革发展;学生资源,让学生参与教学和实践活动。

强调教书育人,实质上是强调教师应当用正确的价值观影响学生。在大学里,辅导员是学生的知心朋友,扮演着亦师亦友的角色。而许多

专业教师,特别是有着深厚学术造诣、学术声望高的名师,是大学生崇敬的对象。他们是学生思想和价值的引领者。古人早有云:师者,传道授业解惑也。道也好、业也好、惑也好,其实都代表对社会、对人生的看法。教师不仅在课堂的讲授中会渗透着有关价值观的看法,他们的言行举止、举手投足也会传达着某些信息。所以要把教师动员起来,投入到自觉育人的行列。

三、在学术活动中坚持社会主义意识形态的主导地位

能否保持社会主义意识形态在大学里的主导地位,单凭主观愿望是无济于事的,用行政命令也无法维持,关键还是要靠理论和学术的建设和发展。

首先要积极参与中国特色社会主义理论体系的构建。改革开放三十年的成功实践,等待理论工作者去总结升华,中国化的马克思主义等待理论工作者不断创新,中国特色社会主义理论等待理论工作者去阐发播扬。

其次要坚持在马克思主义指导下繁荣学术。以马克思主义指导各学科建设,并不是机械地搬用马克思主义关于该学科的现成结论,更不是"穿靴戴帽"硬贴标签,而是以马克思主义的世界观和方法论指导学术建设,也就是要以辩证唯物主义和历史唯物主义来指导学术发展。因为我们认定这是科学的世界观和方法论。在大学的哲学社会科学研究中,食洋不化的情况是经常有的,更大量的是脱离实际;轻弃传统而侈谈创新,脱离实际而要构架体系;历史虚无主义也发生了,形而上学的观点盛行。所以我们要引导青年理论工作者学习掌握马克思主义的世界观和方法论,面向当代中国和世界,从研究实际问题出发,展开学术活动。当代发展中的中国社会,亿万人民的发展改革实践是马克思主义理论创新的巨大宝库,也是人文社会科学建设繁荣的丰富资源。

这是哲学社会科学工作者的历史机遇。面向中国,面向实际,眼睛向下,我们的哲学社会科学,一定会繁荣起来。

要处理好坚持主导和包容多样、尊重差异的关系。坚持主导是为了把握正确的政治方向,同时还因为大学是育人的地方;而"包容多样、尊重差异"也是大学学术繁荣所必需的。处理这一关系的背后,实质上是处理学术自由和政治方向的关系。学术自由是繁荣学术所必须的条件,包括思想自由、研究自由和探讨交流自由。当然学术自由也不是绝对的自由,它必须受到学术规范的约束。学术和政治既有区别又有联系。学术不等于政治,它是一种探寻规律的科学研究活动,因此学术的问题,应当通过学术的方式加以解决,譬如学术违规应当由学术委员会调查、评判。但学术不会与政治没有联系,有些学术主张会表现为某种政治倾向,有些国家动乱的源头上甚至可以追溯到某些学术主张的极端发展。然而,从学术主张演变到政治倾向再演变到政治主张,进而演变为政治行动,是有着一个过程的,而且并不是一个必然的递进过程。进而说,在思想领域里,从马克思主义到反马克思主义,从社会主义到反社会主义,其间有巨大的空间。所谓包容多样、尊重差异,就是容许这一空间的存在,关键看我们的工作。经过三十年的发展,中国欣欣向荣,各学术领域也是空前繁荣,广大知识分子是拥护党、赞成走社会主义道路的,社会主义意识形态仍然起着主导作用,这是基本面,对此我们要有信心。在大学,保证学术自由当然是有底线的,那就是任何学术活动不能违背宪法所规定的四项基本原则。出现反动思潮和行为,要坚决遏制和批判。在大学还有重要的操作规则,那就是"学术探讨无禁区、课堂教学有纪律",讲座当然包含在课堂范围。即使是学术研讨会也应分层次,有些探讨只能是小范围、不涉外。

习近平同志说得好:"意识形态工作说到底是做人的工作。"如果能理解知识分子对意识形态问题的独特视角,就能团结更多的知识分子,在认同社会主流意识形态的基础上,做好各项学术创新工作。一般说来,知识分子往往都有较强的学术责任感和社会责任感,往往也具有较强的学术批判精神。他们习惯于站在文化或学术的立场上来看待意识形态,以批判的精神进言社会。他们不希望意识形态和政治密切挂钩,他们对其他人的观点持宽容态度。一般说来,知识分子除了具有与民众一样的共同利益诉求外,格外重视学术权利,重视独立思考环境的获得和独立见解的表达。针对这些特点,我们做好意识形态工作要十分谨慎,处理意识形态领域的问题,比如讲坛、出版物中的问题,尽可能从学术的角度去处理;要引导知识分子更多将理想的批判变成现实的研究;特别要着意于宽松的学术环境的营造,要通过开展正常的学术争鸣、实施科学的学术评价机制、执行严格的学术规范等,来创造一个良好的学术生态。知识分子是一个阶层,政治观、价值观各不相同。我们要本着尊重、维护、宽容、大度的精神团结、教育好知识分子,为育人资政、发展学术服务。基本立足点是团结,重在教育和引导,通过我们的工作,将广大知识分子紧紧地团结在党和政府周围。

(2009年2月7日在上海高校党政负责干部会议上的发言)

正确的党史教育不能少

专门就党史工作召开座谈会,在复旦历史上好像还没有过。为什么开这个会,因为我们大学是培养人的。我们是中国共产党领导的社会主义大学,我们培养的是社会主义事业的接班人和建设者,因此我们要让我们的学生了解、懂得中国共产党领导人民奋斗的历史,树立正确的历史观;因为我们是学术重镇,负有科学、正确地研究、撰写历史的重任。

党史工作有着鲜明的时代特征,与党和国家的需要、社会的需要、人民群众的需要是紧密联系在一起的。党史工作研究的是历史,但目的是面向现在,面向将来。历史,如果不联系起来考虑,似乎和人们的日常生活没有关系,但实际上关系很大。胡锦涛同志指出:"只有铭记历史,特别是铭记我们党领导人民创造的中国革命史,才能深刻了解过去,全面把握现在,正确创造未来。"清代著名思想家龚自珍说,"欲知大道,必先为史","灭人之国,必先去其史"。一个政党、一个民族,如果失去了科学历史观,就会失去精神的支柱;我们的学生如果对党的历史不了解,必然会成为别人思想的俘虏。从苏联解体的教训看,针对党史事件和党的领导人的历史活动搞"大揭秘",伪造、篡改甚至造谣生事,给党的历史泼脏水,已经成为乱国灭国的一大手段。党史工作不仅仅是平静书斋里的学术,更是思想斗争最前线的没有硝烟的战争。

当前,我国各个领域、各行各业的骨干大多是新中国成立以后出生的,都没有经历过新民主主义革命时期的艰苦斗争,许多人也没有直接参与新中国成立以后进行的社会主义革命和上世纪五六十年代的大规模社会主义建设,相当一部分人甚至没有经历过"文化大革命",对新中国成立以来我们党取得的成就和历史曲折缺乏亲身感受和直接体验。

我们的学生已经是90后,对于改革开放以来的诸多重大事件往往一知半解。时代在不断飞速前进,一代新人换旧人,这是历史的必然。但历史的教育不能断,要一代教育一代,一代传承一代。

党史工作要坚持实事求是的原则。实事求是地研究和宣传党史,就是要把握党的历史发展的主题和主线、主流和本质,正确对待党在前进道路上经历的失误和曲折。党的历史发展的主题和主线,就是党团结带领全国各族人民,争取民族独立,人民解放;实现国家繁荣富强、人民共同富裕这两大历史任务。有人讲党史,解放前就是路线斗争史,解放后成了中国共产党不断犯错误的历史。这是不对的。解放前28年的历史也是波澜壮阔的,党领导土地革命,领导武装斗争,党自身搞建设,解决了很多难题。解放后我们顺利地进行了社会主义改造,实现基本工业化,为后来改革开放奠定了基础。如果没有前面17年的基础,"文革"十年没有底子去折腾。老一辈无产阶级革命家没有治国经验,都在摸索,但就是在摸索中,"工业七十条"、"高教六十条",规矩都出来了。因为我们有了这些正面的经验可以继承,有了反面的教训,包括"文化大革命"那样的错误可以借鉴,我们才能有改革开放30多年来的新的发展。

实事求是地研究和宣传党的历史,一定要处理好继承和创新的关系,防止从一个极端走向另一个极端。现在的党史研究中,有一种风气,就是爱做翻案文章,认为这才是学术上的创新,才是有所突破。这是不对的。有些传统说法不符合客观实际,可以翻案,但任何事物的发展过程都要符合基本的判断。

对学生的党史教育,是高校思想政治课的重要内容、必修课程,也是中国近现代史课程的核心支撑,一定要上好。我不赞成在课堂上戏说党史,更不能为了取悦学生,热衷一些领袖的秘闻逸事,这些生命力不强。党史教育,还是要回答学生中一些深层次的思想问题,归根到底是对党的领导、社会主义和马克思主义的信念问题。

搞好教学不容易,教学和科研要结合起来。老师要有底气,底气在哪里？就在我们有研究。复旦大学党史课水平高，就在于我们比人家研究得好。我们既要钻研历史问题，也要钻研现实问题，教育我们的学生用辩证唯物主义和历史唯物主义的观点来看待各种社会现象。

(2010年11月25日在复旦大学党史工作座谈会上的讲话)

建党90周年是一件大事。毛泽东曾经说过,"中国产生了共产党,这是开天辟地的大事变";"自从有了中国共产党,中国革命的面貌就焕然一新了"。由半封建半殖民地的中国,变成了民族独立、人民民主的中国;接着开始建设一个社会主义的中国,改革开放以后是一个日益走向强大的中国,这些都离不开中国共产党的领导。

在纪念这个节日的时候,广大大学生党员应该抓紧学习,学习党的历史,学习党的优良传统。现在很多大学生对党史不大熟悉,不大了解,不了解前辈是如何坎坷地奋斗,不了解党为什么能90年立于不败之地,不了解当今中国为什么越来越多的人愿意加入中国共产党。中国共产党是有着90年历史的党,有着62年历史的执政党,这在世界上也是少有的。一路走来,有太多的精神财富值得汲取。我们只有了解过去,懂得现在,才能建设未来。所以我特别主张,党员应该多读一些党史的书籍。最近中央党史出版社出版的《中国共产党历史》,内容很丰富,中华人民共和国成立前后中国共产党做了哪些准备,中国人民政治协商会议是怎样召开的,国旗、国歌是怎样确定的,新中国的大政方针是怎样决定的,国体政体是怎样决定的,又是怎样过渡到人民代表大会制度的,等等,都有详细的阐述。这个过程非常不容易,是继承了中国许多革命先行者的理想,根据中国国情设计出来的,而且被实践证明是行之有效的。中国共产党最讲实事求是,实事求是就是不是从书本出发,不是从观念出发,不是从人的主观意愿出发,而是从实际出发。思想路线搞对了,小到一个单位,大到建设国家,道路才能走对。

现在网上传播的很多关于党史的说法,杂音太多。大学里的人是尊重历史,尊重事实的,觉得这很不对。比如,有人质疑中国共产党的执政是不是有合法性。这是历史选择的结果,是党带领人民奋斗的结果。当然今后党只有忠实代表人民,才能巩固执政的合法性。再比如,在有些人看来,新中国成立以后,党就是在不断地犯错误,他们看不到党带领全国人民取得的历史性进步。要知道,建设一个社会主义中国是开天辟地的,没有先例。我们的前辈在探索社会主义道路的时候,想了很多办法,进行了很多实践,吃了很多苦头,吸收了不少教训,最后才找到了一条比较正确的道路,打下了新中国的工业基础。事非亲历不知难。后人觉得很容易,其实前人探索时遇到今人无法想象的困难。

  青年是代表未来的,所以同学们更愿意畅想未来,不大愿意回顾历史。但这里有个辩证关系,如果历史看得不清楚,看未来就会晃,就会动摇,不知道该遵循一条怎样的路,朝哪个方向走。党的历史已经解决了很多道路上的问题、路线上的问题、方向上的问题。只有通过学习历史,了解过去,未来才会走得更加坚定。

(2011年6月14日在中国共产党
成立90周年前夕和学生党员谈学习党史)

加强和改进思想政治工作

思想政治工作和党建是什么关系？两者相互交叉、渗透，并不矛盾。思想建设是党的建设的重要内容。党内思想政治工作是党的思想建设的一部分，做不好就直接影响党的建设。但高校又是一个培养人才的地方，党的思想建设不能涵盖思想政治工作的全部，思想政治工作还是培养人才的思想政治素质的重要方面和手段。没有有力的党建，思想政治工作就不能顺利进行。江泽民同志在中央思想政治工作会议上强调，党的思想政治工作是经济工作和其他一切工作的生命线，是团结全党和全国各族人民实现党和国家各项任务的中心环节，是我们党和社会主义国家的重要政治优势。对学校来说，思想政治工作是坚持社会主义办学方向，努力贯彻党的教育方针的中心环节。

从学校的改革发展来看，思想政治工作能够起到动员、保证和化解矛盾的作用。要把改革发展的事情办好，必须发动广大群众，发挥大家的积极性和创造力。要把学校改革的措施、发展的进程告诉大家，要使本单位工作的计划让大家知道，将工作中遇到的难点、矛盾告诉大家，作必要的解释，发动大家讨论，虚心向大家学习，一起来为改革发展出主意、想办法。思想政治工作表面上看似乎是虚事，但要有抓手，工作要看得见、摸得着，才会有实效，才会达到虚事实做的境界。

思想政治工作起保证作用，具体怎么把握？我认为就是要把握方向和及时解决问题，还要化解任何可能出现的矛盾。平时思想政治工作做得扎实一点，细致一点，矛盾就相对少一点，但并不是不会出现矛盾。我们党的干部就应该挺身而出，要敢于化解矛盾，要善于解决问题，不要卸肩胛、耍滑头，不要当老好人。这是对群众负责，是帮助群众解决实际困难。我们党政领导要善于在办实事中进行思想教育，通过解决现实问题引导群众提高思想境界。矛盾解决得好,领导的威信提高了,党的威信也就提高了。这就是实实在在的思想政治工作。

思想政治工作围绕中心工作,解决实际问题,最后还要落实到人。研究生和青年教师的思想政治工作是目前的薄弱环节。这两个群体有共性,思想十分活跃,形成了一定的思维方式,针对这两个群体的思想政治工作还需要我们不断加强和改进,探索新的方法途径。对青年教师的思想政治教育重点应放在关心和培养上,把对他们的思想政治工作和关心他们的工作、学习和生活结合起来,政治上提要求,学术上铺台阶,生活上给温暖。研究生的思想政治工作最重要的是抓好教师队伍,尤其是导师队伍,率先垂范,用他们的一言一行来教育学生。

思想政治工作的生命在于贴近实际、不断创新。党的思想政治工作是做人的工作,涉及人们的精神生活,离开了世界形势不断发展变化的实际不行,离开了我国改革开放和现代化建设的实际不行,离开了学校改革、发展和全面素质教育的实际不行,离开了师生员工工作、学习、生活和思想政治状况的实际更不行。

大胆创新,最重要的是要在深入上做文章。创新是紧紧围绕实际工作的,因此必须是内容上的创新。以往,我们的形式创新多于内容创新。思想政治工作要有针对性、有效性,首先应该是内容上有针对性和有效性,然后才谈得上方法和载体的针对性和有效性。

加强思想政治工作,必须建设一支政治强、业务精、纪律严、作风正的专兼职结合的思想政治工作队伍。要研究新情况,探讨新问题,不断提高自身的思想素质和工作能力。各分党委和总支要关心思想政治工作队伍的成长,严格选拔,积极支持他们工作,并作为后备干部来培养。

思想政治工作不仅是党组织的事,行政机构和行政负责人也有义务,全体教师都有责任。我们要建立起党委统一领导,党政各部门和工青妇等群众团体齐抓共管、各司其职的思想政治工作体制。

(2000年7月15日在复旦大学暑期党委常委扩大会上的讲话)

加强基层党组织建设

党的全部战斗力的基础

中国共产党是一个有着严密组织体系的马克思主义政党。列宁曾经指出:"党应当是组织的总和(并且不是什么简单的算术式的总和,而是一个整体)。"这也就是说,党不是一个简单的党员人数相加的松散的联合体,而是通过一定的形式组织起来,并由中央组织、地方组织、基层组织共同构成的,有着严密组织和统一纪律的有机整体。中国共产党就是按照这样的原则组织起来的。这是党的优势所在,也是党的力量所在。在长期的革命斗争中,党正是靠着这种组织优势,打败了强大的敌人,取得了中国革命的胜利;在社会主义建设中,党也是靠着这种组织优势,领导全国人民取得了一个又一个辉煌的成就。

在党的组织体系中,基层党组织是党在社会基层组织中的战斗堡垒,是党的全部工作和战斗力的基础。而党支部则是最基层的一级组织,它是党的组织基础中的基础,是构成党的强大肌体的细胞,它在党的建设中具有极其特殊的地位和不可替代的作用。实践证明,一个单位党支部的战斗堡垒作用和党员的先锋模范作用发挥得越好,这个单位党组织的战斗力就越强,威信就越高,党的先进性就越能体现出来。

基层党组织(包括基层党委、总支和支部)是党执政的代表者,它执行党的纲领、路线、方针、政策。我们能不能胜任,直接关系到党的形象和威信,关系到党的纲领、路线、方针、政策在基层能不能落到实处。基层党组织又是党执政的基础。基层组织越坚强,越有战斗力,党的执政基础就越牢靠,执政地位就越巩固。

(2004年11月5日在复旦大学党支部书记培训班上的讲话)

发挥基层党组织的政治核心作用

一、怎样理解政治核心作用?

高等学校的党组织要发挥政治核心作用,这首先是由高等学校党组织的地位决定的。高等学校基层党组织既有与全国其他单位的党组织一样的共性,也有我们自己的个性。

共性在于我们是执政党的基层组织。就政党而言,执政不执政,大不一样。执政党与非执政党有什么大的区别?首先,执政党责任很重。国家的进步、经济的发展、百姓的生活都要找执政党。这就是老百姓样样事情找党组织的原因,因为你执政么。其次,执政党有权力。执政党有着决定事业发展、资源调配(包括物质资源、人力资源)的权力。正因为执政党有着一定的权力,执政党的干部如果以权谋私的话,很容易走到作风不正,甚至腐败的道路上去。

高校的特殊性在于高校是从事人才培养和精神生产的地方。高等学校和企业单位是不一样的,我们的产品就是人,要不断地培养人,还要不断产生精神产品。这个精神产品既包括自然科学的科研成果,也包括人文社会科学的精神成果。所以人才培养和精神生产更加强调政治性和思想性。过去的老话讲,我们是搞上层建筑的,搞上层建筑政治性更加突出。我们首先要保证人才培养的质量,这个质量是全面素质。全面素质当中,思想政治素质是最重要的灵魂,人才培养的精神面貌如何,道德风貌如何,将直接影响到党和国家事业的长远发展。另外,高校的精神生产对社会的影响极大,一个社会提倡什么样的人文精神、社会精神,和高等学校有很大关系。如果高校也是充满着铜臭,或者是功利主义、实用主义泛滥,或者甚至提倡不健康、不文明的思想道德,可以说这个国家就没救了。所以,高等学校人才培养和精神生产的特殊性,就决定了我们的党组织在学校里必须发挥政治核心作用,相比其他系统的单位更加重要。

政治核心作用究竟体现在什么地方,人家怎么承认你是起到了政治核心作用?

政治上群众能跟你走。在平时,在和平时期,我们作为基层党组织,只要坚决执行中央的路线方针政策,大家政治上就会跟你走。政治上跟你走,并不是我们每一个基层单位自己要去搞一套东西。我们有中央、市委在政治上的坚强领导,作为基层党组织,只要坚决地、毫不含糊地执行中央的路线方针政策,我们在政治上就会站得住,人家就会跟你走。所以,平时的压力似乎不是很大。

即便是执行中央和市委的路线方针政策,也有自觉和不自觉之分。如果我们的政治意识强、政治觉悟高、政治水平高,能够做到深刻理解,就能够做到自觉执行,坚定地执行。坚定和自觉是连在一起的,不自觉就不会坚定。即便在不自觉的情况下,如果纪律性比较强,也会在政治上跟着中央的路线方针政策走,这是底线。中国共产党民主集中制的基本原则是"四个服从",即个人服从组织、少数服从多数、下级组织服从上级组织、全党服从中央。江泽民同志两三年之前讲过四条纪律:政治纪律、组织纪律、经济工作纪律、群众工作纪律。

从自觉方面来讲,作为基层党组织的领导者,政治上能体现核心作用,很重要的一点是要见微知著,善于从政治上看问题,从小事情能够看到大事情。政治上的事情,当然要从政治上来看,而有的事情是在生活中表现出来的,甚至在学术当中表现出来,在国内外交往中表现出来的,我们也要见微知著,善于从政治上发现问题。

根据我们的体会,把握政治方向,平时容易,关键时刻是很不容易的。我们要居安思危,关键时刻一级党组织要头脑清醒,是非明晰,能够挺得出、站得住。做到这一点是非常不容易的,人的思维常常有经验主义倾向,认为我不会怎么怎么样,但历史不会简单重演,考验我们的关键时刻常常是出现在不同的领域、不同的问题上面。我们讲起这个问题,总不免谈到1989年的政治风波,那场风波可以说是"文化大革命"结束后对于全国各级党组织考验最重大的一个历史时刻。因为那是对中国共产党的领导、对马克思主义的主导地位、对改革开放走什么路这样一些基本问题上的考验,是政治上的重大考验。这些基本问题上有正确认识的同志,当时都挺住了、站住了。当时在这些问题上摇了一下的同志,存在模糊认识的同志,当时都没站住。原因就是政治上的认识问题,对党、对党的历史、对改革开放、对社会主义方向的基本估计。政治上起核心作用,不光看平时,也要看关键时刻。

思想上有感召力。我们作为党的一级基层组织,一方面要通过工作来团结人,另外一方面不能完全靠工作来团结人。学校有个倾向,因为要发展,要加快改革开放,各级党组织领导本身投入具体工作的很多,这是正确的,但也要注意党组织在思想上的感召力。求发展也好,厉行改革也好,处理事情也好,或者是解决矛盾也好,一级党组织在思想上要提得出主张来,要有指导思想。思想上有感召力,群众就听你的话;政治上能把握方向,人家就跟你走。当然,在新的历史条件下,还要不断出新思想。

决策上能拿大主意。我们常常感到处理党政关系难,其实我们不在于和行政负责人去抢对某些具体事情的决定权,关键是在一个单位大的发展方面、大的改革方面、处理大的矛盾方面,党组织能出大主意。你出的主意站得高,望得远,高人一筹,别人就会跟你走。

要出大主意,就要想大事。有不少书记原来都是业务干部出身,有个特点就是非常务实,具体、肯干、不讲空话,但是也有缺陷,容易注意自己熟悉的方面,容易注意自己专业的方面,缺少对于全局、对于长远、对于根本问题的考虑。

现在人们在日常生活中对于党政领导的社会刻板印象就是:战争年代,团长带领冲锋,政委作政治动员;改革开放以后,厂长主张改革开放,书记代表保守势力。这是不对的。党组织也要做改革开放的促进派,带领大家齐心协力谋发展,在重大问题上要能拿得出大主意。

团结上能凝聚人心。把广大师生凝聚在党组织周围,跟你走、听你话、照你干,这就是政治核心作用。1996年3月18日,中共中央印发的《中国共产党普通高等学校基层组织工作条例》中,对分党委、总支一级的主要职责写得很明确:(1)保证监督党和国家的方针、政策及学校各项决定在本单位的贯彻执行;(2)参与讨论和决定本单位教学、科研、行政管理工作中的重要事项,支持本单位行政负责人在其职责范围内独立负责地开展工作;(3)加强党组织的思想、组织、作风建设,具体指导党支部的工作;(4)领导本单位的思想政治工作;(5)做好本单位干部的教育和管理工作;(6)领导本单位工会、共青团、学生会等群众组织。

二、怎样发挥好政治核心作用?

首先要善于运用组织优势。一是配好班子。组织优势是中国共产党的一个重大优势。不要忽视这种组织优势,要充分利用这种组织优势。书记干工作千万不要单干,这点每个人都难免。要把工夫花在配好班子上,有再大的困难,也要首先把班子配好。配好班子,就能够发挥组织作用。配班子是很伤脑筋的,配行政班子还要和行政负责人取得协调,两个人要沟通。分歧常常会发生,要想办法沟通。在干部问题上,分党委、总支书记和行政负责人要常交流,不要到发生问题了再交流,那就无法沟通。二是组织队伍。分党委、总支一级,最重要的是抓好支部书记队伍,要选好配强支部书记,发挥好他们的作用。要抓好教职工思想政治工作队伍、宣传工作队伍以及学生工作队伍。学生口的干部容易抓,因为学生口的干部是不断补充的,而且学生口的干部都比较年轻,是学校党政管理干部队伍的重要来源之一,各单位都要重视和加强学生工作队伍建设。

善于运用组织优势,还要注意"三会一课"要正常化、制度化。该开的会要开,有的会谈工作,有的会沟通思想。总之,发挥组织优势,很重要的一条就是,总支书记不要单干。

第二,要善于发扬思想政治工作的优良传统。做党的工作,某种程度上讲,就是做思想政治工作。这个工作是非常神圣的,不是随便哪个人都可以做的。虽然现在有的人觉得做思想政治工作很烦,不愿意做,但实际上是做思想政治工作很难,能做好思想政治工作,说明是很有能力的。大家不要以为资本主义国家不讲思想政治工作,资本主义国家也讲人际沟通,也讲心理咨询,对于做这项工作的人也是很尊重的。资本主义国家还有社区的社会工作者,教会里面有牧师。在人类社会中,善于做人的工作的人都是很伟大的。

思想政治工作范围很大,总体上无非是三句话:第一,宣传动员,宣传群众,动员群众,然后才是组织群众,思想工作要先做铺垫;第二,组织协调,协调也是领导,集体领导的一个方法,就是个别酝酿、会议讨论,个别酝酿就是协调,要花时间个别谈,协调了,就有默契了,事情就好办;第三,化解矛盾,化解矛盾不是说无原则的,还是要坚持一定是非、一定原则,但思想政治工作要跟上去。

第三,要善于处理好党政关系。学校在干部安排上要尽量使各方面互补的同志在一起工作,比如说,有不同的学科背景、不同的经历,甚至于不同的性格,尽量地能够互补。但党政发生矛盾时,书记要把矛盾解决在萌芽之中,不要让它长大。书记比其他同志觉悟高,就高在小的地方能够忍让,能够吃亏,站得比别人高,看得比别人远,能够包容行政负责人的某些缺点。处理好党政关系是一级党组织的职责。班子不团结首先是班长的责任。这是书记的职责所在。

搞好党政关系,既要发挥党组织政治核心作用,又要支持行政负责人独立负责地行使职权。医院和院系不太一样,由于医疗工作的特点决定医院是院长负责制,而学校是党委领导下的校长负责制,医院和学校在处理党政关系问题上有所不同。但总的原则是一样的,要总揽而不包揽,协调而不取代,就是要总揽全局,抓大局,不包揽行政工作,尽量调动行政方面的积极性。现在高校有个情况,有的书记还兼了常务副院长、副系主任,这样做的好处是党务工作和具体工作结合起来做,问题是包揽了太多具体的行政工作,而党的工作、思想政治工作、人的工作、干部工作削弱了。怎么解决这个问题? 要想办法在行政、管理、医疗、教学、科研等各方面工作上,把行政负责人往前推。有重大矛盾不能解决时,党政负责人携手一起解决。不要只是党的负责人去解决,行政负责人不闻不问。"总揽而不包揽"还有一层意思,就是要抓大的,抓重要的,人的问题上要多投入点精力。在干部的任用、考察、提拔、轮岗上多做一点,多和行政负责人沟通。干部问题上,要做到知人善任,要公正、公道、公开,要有一套程序,而且对任用的骨干的优点、缺点,长处、短处,底细都能搞得很清楚。党政关系发生问题以后,要正视,也要采取主动。矛盾太大,无法调和时,要通过组织解决。

第四,要不断探索知识分子工作的特点。党组织发挥政治核心作用,并不意味着群众会自动聚集到你周围。我们的工作对象是知识分子,不少是高级知识分子。我们要了解知识分子,善于做他们的工作。知识分子的特点,总的来讲:(1)知识分子认理。大部分知识分子书生气比较足,但是道理上使他服了,他还是会听的。就怕你没有道理,讲不出多少道理,而行政命令又很生硬,这个时候往往要出问题。所以,知识分子工作特别要以理服人,讲了理就好办,工作也容易做通。(2)知识分子比较讲情。有些工作在"理"讲不通的时候,"情"能讲通。这要靠平时工作的积累,总支书记平时很关心单位里方方面面的人的情况,包括离退休的老同志、生病的同志,还有骨干教师、家庭特别困难的同志等,就是在平时建立了感情,关键时刻能起作用。(3)知识分子个性很强,很尊重自己,而且要求别人尊重自己。当你不尊重他的时候,事情就比较难办了。如果比较尊重他,充分发挥他的作用,工作就好做。知识分子中有不少人是有个性的,我们要尊重他的个性,容忍他的脾气。知识分子有个很大的弱点,就是包容性差,有些人心胸狭隘,不能容人。因此,我们要引导他们学会宽容,学会兼容并包,学会与他人合作共事,带领团队争取大项目,争取出大成果。(4)改革开放以后,知识分子的价值观也变得比较复杂。一定程度上，存在急功近利的思想。由于这种思想的蔓延，在学校的教风学风方面，学术规范、学术道德方面也发生不少问题。知识分子当中不仅要想到中老年，还要想到青年。青年一代知识分子和上一代人成长的环境不大一样，他们对一些问题的看法也不一样。所以说，在知识分子中间树立正确的世界观、人生观、价值观也需引起我们的重视。

不论知识分子有这样那样的缺点，有这样那样的特性，但知识分子还是先进生产力的代表，现在党的方针政策把知识分子看做是工人阶级的一部分，而且是重要的一部分。所以，我们要不断总结做知识分子工作的经验，做好知识分子工作。

第五，书记要充分发挥带头作用。在各个附属医院、院系，一级党组织就是政治核心，书记在其中发挥很重要的作用。因此，对书记的要求是很高的，政治上要坚定，思想上要有远见，要能团结人，工作责任心要强，要有奉献的精神，也要有一定工作能力，还要有个人魅力。当然这是一个培养的过程。我们是历史唯物主义者，既强调集体的作用，强调人民群众是创造世界的动力，但也不否认个人在历史上的作用，这是历史唯物主义的两个方面。所以一个党组织能不能发挥政治核心作用，和书记也有很大关系。

我坚信，我们所选的书记，都是全校共产党员中的优秀分子。当书记的要求，也和其他岗位不一样，有比较特殊的要求。正因为这样，我们在如何发挥基层党组织的政治核心作用方面，书记应该多考虑一点。只要是共产党执政，只要是社会主义大学，党组织在这个方面所起的作用就不会改变。

（2001年10月16日在复旦大学党校总支书记研讨班上的讲话）

青年干部要在意识、能力、
作风、品德上锤炼自己

增强责任意识,树立正确的名利观、荣辱观

责任意识是"总开关",是做好一切工作的前提条件。我们常常说"尽心尽力、尽职尽责",只有尽心,才会尽力,只有尽职,才会尽责,其中有对应关系。一个同志能力有大小,但有了事业心,有了责任意识,能力强的可以把工作做得更好,能力相对弱的可以在实践中不断提高,把工作越做越好。

责任意识来自理想,来自事业心。干部有理想不是坏事。如果批评一个干部理想化,听起来是批评他考虑问题不够实际、操作性不强。我认为,这样的批评应该摆在第二位。如果一个干部连理想都没有,思想上还认为"是你们要我做的",或者"是你们把我推上这个岗位的",他的工作肯定做不好。现在报上批评"三把火"太急功近利,要文火。但是,没有三把火,怎么体现出工作热情?有责任心的同志,不管到哪个岗位都会有责任心。哪怕是很小的事情,他也会想得很周到、很完美。这样的同志,至少能做好一半的工作。如果连这一半也没有,他尽管很务实,但对自己、对工作的要求自然就降低了。

责任意识来自被信任感,来自觉悟。很多同志感到有责任,就是来自被信任感,不能辜负组织和群众的信任。在上任时必须体会到这一点,离任时也要交代这一点。

责任意识来自干部的基本素质。"认真"二字是检查干部责任感强不强的基本标尺。毛主席说:"世界上怕就怕认真二字,共产党就最讲认真。"责任心强的干部,无一不有一个共同的人格特点——认真。我喜欢认真的人,不喜欢马虎的人;喜欢敢于担当的人,不喜欢没有肩膀的人。干部队伍中有些人非常聪明,各方面应付得都很好,但实际上不大负责任。我不认为这样的干部是好干部,不相信他真能干出大事业来。

责任意识和成就是成正比的。越有责任,越能成就;越有成就,就越能担负更大的责任。没有人生来就能担任处级或局级干部,领导干部都是一步一步走过来,一个一个台阶成长起来的。

要正确认识个人与岗位的关系。可以用一句话来概括:"岗位选择个人,个人融入岗位。"把一个干部放在一个岗位上,首先是因为岗位的需要,其次是你个人的素质符合这个岗位的要求。组织把你安排到这个岗位,是经过比较的。作为个人,特别是党员干部,要认识到是岗位需要我上岗,也要自信地看到因为组织需要、群众拥护,组织才选择你。既然上岗,就要把自己融入岗位,爱岗敬业。

要正确认识权力与责任的关系。权力和责任是对等的,也是统一的。给某些岗位一些权力,是因为岗位工作的需要。权力不是给干部个人的。因为岗位需要你行使权力来做事,所以把这个权力交给你。因此,当你行使这个权力的时候,一定要意识到,这是岗位赋予你的权力。给了你权力,也就意味着给了你责任。权力有大有小,有多有少,与责任是对应统一的。

要正确认识岗位上的得和失。部分领导干部中有一种倾向,认为上岗后只有牺牲,没有收获。这不符合事实。能够上岗,担任某一个职位,为你个人带来了资源、带来了机会、带来了社会地位;不过,另一方面,工作上确实要有牺牲和奉献精神,可能要抛开原来的利益关系。例如,原来做教授很自由,现在做的都是为大家服务的事情;原来可以讲的话,现在不能随便讲;原来可以争一争的利益,现在不能争,还要往后退;另外,会影响到业务上的进展等。得和失,如果老站在个人立场上想,是想不明白的;只有站在单位事业的发展与个人发展结合的位置上去想，才会想得明白。

不做"飞鸽牌"，要做"永久牌"。我们的青年干部要全心全意做好本职工作，跑好接力赛，不做"飞鸽牌"。年轻是一种本钱，大有发展的机会和空间，但是具体到眼前，就要做"永久牌"。在岗位上，干一行，安心一行；干一行，学一行；干一行，钻一行。不要把岗位当成晋升台阶、过路驿站。只有安心，才能做成事，做好事，最终获得发展的机会。如果吃着碗里、瞧着锅里、看着案板上，碗里的吃下去也不长肉。

正确认识个人和组织的关系。干部要自觉服从组织调配。我们在干部安排的时候，工作做得很细致，都要谈话，听个人意见。其实，组织上安排干部，个人意见要听，但还有更重要的因素。干部工作总体是一盘棋，每个干部都是一步棋，棋与棋是要联动的。现在有很奇怪的事情，有个别干部会主动找组织部门谈话，提醒组织该提拔他了，暗示要更高的岗位，其实就是要官。但是只知道要官，不知道责任，这个干部的素质是歪的。当然，如果是公开招聘，则另当别论，任何人都可以自荐，这是正常的。

（2006年12月22日在复旦大学
第五期处级干部研讨班总结会上的讲话）

首先要树立正确的名利观。名利观是理想信念的具体反映，什么样的理想信念决定什么样的名利观。我们绝大多数青年干部是好样的，在自身的岗位上兢兢业业、用心工作，但是也是少数干部存在着急躁、轻浮的思想作风，工作中有急功近利的现象，这都表明这些干部的名利观还不正确，自我中心还比较突出。要视个人名利淡如水，视人民利益重如山。古人说，"祸莫大于不知足，咎莫大于欲得"。作为我们学校的优秀青年干部，所要追求的名应该是清廉之名、勤政之名、奉献之名；所要追求的利应该是学校的利益、教师的利益和学生的利益，这是事业发展的思想基础，也是有所作为的精神境界。

其次要树立正确的荣辱观。社会主义荣辱观是在我们从传统社会向现代社会转型时,必须树立的社会价值观和个人人生观,也是青年干部成长发展的基本行为准则。树立社会主义荣辱观教育有助于帮助我们青年干部成为对国家有用的人、受社会欢迎的人和让他人尊敬的人。群众主要是通过自己接触到的干部来评价我们党政管理工作的形象,从而影响其政治上的认同、信仰和取舍。干部的道德影响力是我们的工作获得政治威信的重要因素,我们广大青年干部应当把自觉践行社会主义荣辱观作为一种人格力量来强化,作为一种精神境界来追求,作为一项政治纪律来坚守。

(2006年5月25日在复旦大学青年干部培训班结业仪式上的讲话)

怎么解决人生观的问题,树立崇高的使命感。学校的特点,双肩挑的干部比较多,特别在你们这个年龄段。有的同志教学、科研、管理三副担子一起挑。50岁以后可能会偏重某一个方面。青年干部往往看到精力不够,时间不够的矛盾。碰到时间分配上的矛盾的时候,心里肯定掂量,是往学术方向,还是往管理方向。这是选择,有权衡,有利弊得失。看起来是时间分配,深层次的是关于人生的问题。一个人的人生总要有所追求,这个追求不能完全从利益出发。有的青年教师留校,待遇不高,想到外面去闯。在外面闯的,想着学校里安定。都在权衡,为什么权衡,为利益,可能是房子、职位、面子、收入。利益是社会重要的推动力,不能不讲利益,但是人也不能为利益活着,不能唯利。

人生的追求还是要从长计议,看得远一点。永恒不可能,但是稍微远一点是可以的。一个人的一生如果把自己的一段段经历、奋斗和某一项事业联系起来,还是很有意义的。有的人醉心学术,于是他没日没夜。有些人就是爱院系,就是热爱外科或者内科,就是为复旦作了贡献。领导干部会一茬一茬换,但是事业是永存的。如果这样,就会有一些平常心。不然,我们年轻干部就会在选择中犹豫,在犹豫中失去机会或舞台。一般情况下,个人完全自由选择自己发展道路的情况是没有的。人往往是在社会需要和个人选择中实现人生的意义。

我们做事情,不要期望有什么回报。如果期望有回报,心态就会失衡。我们要全心全意为师生服务。价值就在这里。服务三年,就有三年的价值,服务十年,就有十年的价值。复旦最没有私心的一群人,就是勤勤恳恳为大家服务的一群人,其中相当一部分是管理岗位上的同志。有没有私心,与学术成就没有关系。人生观问题正常解决了,就能树立崇高的使命感,就是把复旦的各个单位搞上去,把整个复旦都搞上去。

大学里有这样的情况,学术受到尊重,管理容易被忽视。这也是合理的,因为这是学术单位。但如果一所大学没有一流的管理,肯定没有一流学术。所以,我们完全应该理直气壮地说,要提高复旦大学的管理水平。我们不仅要培养学术大家,学术骨干,还要培养一流的管理者,一流的干部。

(2007年12月14日在复旦大学副处级干部培训班上的讲话)

增强群众意识,学会在组织中发挥个人的作用

要树立正确的群众观。群众评价高不高是衡量我们工作做得好不好的重要标准,我们的工作成绩不仅要接受实践和历史的检验,归根到底是要接受师生群众的检验。俗话说"金杯银杯不如群众的口碑,金奖银奖不如群众的夸奖",我们每一位青年干部都要牢牢记住"群众利益无小事"这一点,真正为师生群众办实事、谋实利。

树立正确的群众观关键要贯彻群众路线和服务群众利益。贯彻群众路线就是要时时处处倾听群众的呼声,了解群众的需求,调查群众对我们工作的意见和建议,要把群众的智慧凝聚到我们自身的工作思路中来,充分发扬民主作风,把我们的精力和心思放到群众最关心、最需要的事情上来,切忌搭花架子、做表面文章。服务群众利益就是要把增强广大师生员工的幸福感放在首位,寓服务于管理之中,把群众的利益疾苦作为工作的出发点和落脚点,用群众的满意程度来衡量我们工作的成效。

(2006年5月25日在复旦大学青年干部培训班结业仪式上的讲话)

我们要正确对待群众作用和个人作用之间的关系。改革开放以后,强调企业 CEO 或者球队教练的作用,实际是强调了个人对某些事业的决定性作用。这有正确的一面,也会带来负面的影响。马克思主义者、共产党的干部是信奉历史唯物主义的。历史唯物主义的基本观点就是,群众是真正的英雄,只有人民才是创造历史的动力。马克思主义不否认个人在历史上的作用。但是,基本观点是把群众看成推动历史前进的动力,也是一个单位前进的动力。

我们要正确对待集体与个人之间的关系。我们必须相信,个人的智慧和力量都是有限的,集体的智慧和力量永远大于个人。群众中蕴涵着智慧和力量,就看你能不能发掘。毛泽东同志讲得很精辟,当领导干部,讲到底,六个字:出主意,用干部。最聪明的领导,就是出主意,用人。经验总结到底,就这两条;水平高低,也体现这两条。我们强调干部要有实干精神,这是基础。但是到了一定的岗位上,你不能满足于自己苦干、肯干,还有会干的问题。什么东西都捏在自己手里,你就干不好。

(2006 年 12 月 22 日在复旦大学
第五期处级干部研讨班总结会上的讲话)

经过锤炼,才能成为好钢

江泽民同志说:"一名干部特别是领导干部,不经过艰难险阻,是难以担当重任的。这如同开发产品一样,往往要经过多少次反复试验才能投产。"青年干部要经过锤炼,才能成为一块好钢。

要在能力上锤炼自己。俗话讲:"不经一事,不长一智。"一个时期的管理工作是非常好的锻炼能力的机会,尤其是在没有思想准备的情况下,把你放到挑战极大的位置上去。有的同志原来当教授,一下子到处级干部的岗位上来了;有的同志原来搞思想政治工作,一下子到行政岗位上去管理了;有的同志从来也没有做过党的工作,一下子要做总支书记了。有时候,组织上这样使用也是有顾虑的,但主要是看到了青年干部的潜质。我们现在所从事的事业，是前人没有经历过的；我们进行的改革，每前进一步都会碰到体制和机制的问题。所以，干部要破解难题，增长才干，锤炼能力，不要设想老是在一个现成的、自己十分熟悉的岗位上。学校现在推行干部轮岗，将来要改个名字，叫"干部交流"，继续扩大力度。基层单位的同志可以到机关来工作，机关同志也可以到基层单位去工作。交流对干部的培养、成长，作用非常大。

要在作风上锤炼自己。这里我们特别强调实事求是，务实进取。市场经济带来的负面影响是，过于看重眼前效果、眼前利益，较少考虑长远。我们还处于市场经济初级阶段，中国企业比国际大企业要短视得多，一方面实力不够，另一方面眼光也不够。这种影响也蔓延到政府，就是狭隘的政绩观。干部队伍里头的"飞鸽牌"也是一种表现。急功近利是做不好工作的。复旦的校训，就是务实。务实了还要进取，务实不进取，只会埋头干，看不到长远，也没用。年轻的同志都要树立正确的政绩观。不要热衷于创造个人的政绩，而要创造真正促进事业发展的政绩，群众真正得到利益的政绩。干部的工作是由群众来评述，政绩由历史来作出结论。

要在品德上锤炼自己。当了领导干部，群众对你的要求不一样，眼睛都在盯着你。所以，还是两句话，"学高为师，身正为范"。从职位上看，不要把自己看得过高，要有平民作风，要跟群众打成一片；但从要求上说，要意识到自己是领导干部，对自己的要求不能放松。

当干部，不要见荣誉就争。我们要经常这样警示自己：功劳是大家的，苦劳是自己的；荣誉是集体的，责任是自己的。只有这样，才能团结大家，配合你一起工作。有的干部说，当了领导，很多利益在任上时就让掉了、放手了，这个风格很高。有的总支书记，就不在学院里评职称。大部分医院执行党委决议很坚决，院班子领导成员不兼科主任。

（2006 年 12 月 22 日在复旦大学
第五期处级干部研讨班总结会上的讲话）

健全党委工作体制机制，
充分发挥领导核心作用

江泽民总书记指出，"贯彻好'三个代表'要求，必须以改革的精神推进党的建设"，"改革和完善党的领导方式和执政方式、领导体制和工作制度，使党的工作充满活力"。高等学校实行党委领导下的校长负责制。毫无疑问，党委是全校的领导核心。领导核心是否坚强有力，关系到一个学校的事业能否兴旺，意义重大。在实际工作中，如何实现党委的领导核心作用？

一、总揽全局、协调各方是党委发挥领导核心作用的重要原则

《高等教育法》明确规定，高校党委统一领导学校工作，校长全面负责学校的教学、科研和其他行政管理工作。党委在学校的领导核心作用主要表现为总揽全局、协调各方，这是我们加强和改进党对学校工作领导的一条重要指导原则。总揽全局，就是要抓方向、抓方针、管大事、管大局，就是常常说的方向、方针、大事、大局；协调各方，就是要调动和发挥校长、各民主党派、各群众团体和广大教职工的积极性。

党委总揽全局，发挥领导核心作用，首先要把握好方向。把握政治方向，对于学校而言，就是坚持社会主义办学方向。复旦大学是一所在全国高校中有重要影响的学校，也是在上海有着重要影响的一个基层单位。复旦的事往往关系上海乃至全国的大局。因此，我们感到，党委在政治上一定要坚定，要提高政治敏锐性和政治鉴别力，

学会用政治的眼光来看待和分析问题,以讲政治的要求来处理问题。对一些突发事件,要放到政治大背景下去考虑;对个别局部的问题,要注意它的发展趋势;对非政治性的群体情绪和倾向,也要注意它转化为政治问题的可能。把握方向,还有一点很重要,就是把握发展的大方向。作为一级党委,一定要着眼于事业发展,在每一阶段提出切实可行的奋斗目标,凝聚人心,鼓舞士气,带领全校团结奋斗。只有这样,党才会有号召力。

党委总揽全局,发挥领导核心作用,就要统筹全局,设定工作进程。作为一级党委,我们在工作中要尽可能多想大事,少陷入小事,多想难事,少管一点易事,由近及远,由此及彼,把各项工作的关系都想清楚。要站在全局的高度思考:哪些事需要急办,哪些事可以缓办;哪些事需要在先,哪些事可以在后;哪些事在先比较有利,哪些事在后比较妥当,以此来设定工作的进度。

党委总揽全局,发挥领导核心作用,就要抓好大事,以重点突破带动学校的全局发展。这里的关键是要区分什么是"大",什么是"小"。"大事"主要有这么几个方面:一是事关方向的问题,如学校的定位和办学方向等;二是影响全局的问题,如全面推进学分制、后勤服务社会化等;三是涉及大多数群众利益的问题,如职称问题、住房分配制度改革、教职工的待遇等;四是影响未来的问题,如学校的发展规划、校区的拓展等。大事看清楚了,认准了,还要有坚韧性,顶住各种压力,抓住机遇,把大事抓好。

党委总揽全局,发挥领导核心作用,也要注意平衡,统筹兼顾。在工作中,抓住重点,抓住主攻方向,就能够起到提纲挈领的作用。但同时也应该看到,改革是一项系统工程,全校工作是一盘棋,互相关联,互相影响,不能只顾一点,不及其余,或只顾一时,不顾长远。学校内部各单位各有特点,在抓重点时不能忽视非重点,要学会弹钢琴,不搞"一刀切"、简单化,要注意各方的平衡。平衡是相对的,不平衡是绝对的,只有产生新的不平衡,才能前进。但在打破平衡时,还要注意维护平衡。

党委总揽全局,发挥领导核心作用,还要妥善处理改革、发展、稳定的关系。发展是硬道理,学校的一切工作必须着眼于发展,把发展放在首位。我们处在一个充满机遇和挑战的时代,机遇可求不可失。要靠发展来凝聚人心,靠发展来解决长期困扰我们的问题。改革是发展的动力,我们必须因地制宜,大胆创新,抓住机遇,锐意改革,理顺体制和机制。改革总会遇到困难和阻力,但无论如何都不能动摇改革的决心,要心平气和,冷静应对。稳定是大局,稳定是改革发展的前提。在实施各项具体工作时,一定要照顾各方面的承受能力。进行改革要精心设计,谨慎实施,要及时了解干部群众中的思想动态,认真细致地做好思想政治工作,及时化解矛盾,千万不能把各种矛盾积压在一起。正确处理发展、改革、稳定的关系,是党委应该掌握的一门领导艺术。

党委在总揽全局的同时,还必须注意协调各方,调动各方面的积极性。总揽全局和协调各方是不能分开的。总揽全局和协调各方都体现了党委驾驭全局的能力,凝聚各种力量的威望。党委协调各方,首先是要充分发挥校长的作用。党委在学校中的领导核心作用与校长负责制并不矛盾,党委在对学校工作进行统一领导的同时,还要支持校长、副校长按照《高等教育法》的规定积极主动、独立负责地开展工作,保证教学、科研、行政管理等各项任务的完成。党政应该相互配合,相互尊重,齐心协力推进学校事业的发展。

其次,通过民主办学的方式调动各方面积极性。这些年来,我们十分重视发挥教职工代表大会的作用。我们进一步完善了教代会制度,坚持把关系学校发展的重大决策和关系群众切身利益的重大事项向教代会报告,交教代会讨论,保证群众的知情权和参与权。此外,我们还十分重视发挥校务委员会、学术委员会、学位委员会在学校建设与发展的作用,重视发挥工会、共青团、妇委会等群众团体的作用。我们制定了《关于加强校务公开工作的若干意见》,坚持多种形式推进校务公开。

加强统一战线工作,也是协调各方的重要方面。我校是民主党派和无党派人士比较集中的单位,统一战线工作的对象数量多、层次高、影响大。校党委一贯重视加强与各民主党派的合作与协商,坚持召开与民主党派人士的双月座谈会,发挥各民主党派在参与学校重大决策、民主管理和民主监督中的作用。

二、坚持民主集中制是党委发挥领导核心作用的根本保证

民主集中制是我们党的根本组织制度和领导制度。在新的历史时期,江泽民总书记对党委内部议事和决策的基本制度作了高度概括,这就是:集体领导、民主集中、个别酝酿、会议决定。这"十六字方针",既有原则和纪律,又有方法和程序,是民主集中制原则在党委工作中的具体化,对提高党委决策水平和领导水平具有重要的指导意义。我们贯彻"十六字方针",就一定要健全党委会和常委会的工作机制。

要进一步规范和健全会议分工和议事决策制度。制定和健全会议制度和议事规则,是实现民主决策的重要保证。我们制定了学校党政领导班子的议事规则,明确了几个会的职责。党委常委会讨论决定事关学校发展的重大问题,讨论处级以上干部的任免;党委全委会讨论决定涉及学校全局和长远的重大问题;书记办公会处理党务方面的日常事务;校长办公会处理行政方面的日常事务;党政联席会讨论决定需要党政一齐动手做好的工作。事实证明,制定这样的议事规则是必要的、及时的。严格按照工作程序议事,从制度上保证了党政领导班子听取意见更全面,酝酿讨论更充分,决策决定更科学。

要坚持集体领导和个人分工相结合。集体领导和个人负责是相辅相成的,二者不可偏颇。凡是重大决策,必须经集体讨论,作出决定,不允许个人说了算。与此同时,我们也要完善集体领导下的个人分工负

责制,提高工作效率。这里有一个重要的问题,就是要处理好一把手和副手的关系。一把手要站在全局的高度思考问题,提出方向,同时要注意发挥副手的积极性,尤其要注意协调好副手之间无人接口的地方。副手,是实施方面工作的第一线指挥员,不是没有职责,主要是负方面之责。对于某个范围内的事,副手要敢于负责,大胆负责,不要任何事不分轻重缓急,不分巨细,都放到会议上来讨论,或者是让一把手去拍板;对于特别重大的问题,副手要主动提到会议上来讨论,一旦集体作出了决策,副手就要积极组织实施。从高标准来要求,副手也要了解全局,要有当家意识,对于非本人分管的工作,不拍板,但在讨论的时候,要畅所欲言,集思广益。

三、书记带头是党委发挥领导核心作用的关键环节

党在高校处于领导地位。党委能不能真正发挥领导核心作用,有没有号召力,在很大程度上取决于党风,取决于领导班子和领导干部的作风。党员干部作风正,党组织形象就好,就能够有号召力,一个学校就会有希望。党的十五届六中全会要求:"党委书记要成为执行民主集中制原则的表率,胸怀全局,作风民主,多谋善断,知人善任,做好团结协调工作。"

书记要带头加强学习,提高政策理论水平,提高解决实际问题的能力。学习非常重要。如果不勤于学习,不善于学习,就会陷入忙忙碌碌的事务工作,就会缺少"望远镜"和"潜望镜",看不远,看不深。要自觉学习马克思主义理论,坚持理论联系实际,认真思考重大理论和实践问题,不断提高理论修养和政治素养,增强政治意识、大局意识、责任意识。作为党委书记,自己首先在政治上坚定,其他干部群众才不会摇摆;自己首先在政治上敏锐,遇事才能掂得出分量,处理得主动及时。另一方面,还要认真学习世界一流大学的办学理念,努力借鉴兄弟院校

成功的办学经验，不断深化对教育规律的认识，特别是要带领班子的同志，站在一定的高度积极思考关系学校全局和长远发展的关键性、战略性问题，不断提高领导学校改革发展的能力和水平。

要带头坚持群众路线，加强调查研究，转变工作作风。密切联系群众是我们党的优良作风和政治优势。坚持走群众路线，不仅是一种工作方法，而且是一种世界观、人生观、价值观。这些年来，我们始终坚持"凡是重大决策一定要经过调查研究，凡是重大部署一定要发动群众"的原则，建立健全了校领导定点联系基层单位和定期下基层调研的制度，党委每年还选择一两个带有全局性的重大课题，由校领导班子成员带领有关职能部门负责人深入基层开展调研，了解情况，倾听意见。作为党委书记，应该带头走群众路线，深入实际，深入群众，调查研究，了解群众的意见和呼声，关心群众冷暖，时刻把群众的利益放在心上，努力为群众办实事、办好事。

要带头高举团结务实的旗帜，维护班子的整体形象。一个单位、一个部门的事业中，班子的团结起着决定性作用。党委会、常委会、党政领导班子的每一位同志都有维护团结的责任，党委书记的责任更是第一位的。要维护领导班子的团结，首先就要维护党政一把手之间的团结。书记和校长要相互尊重，相互补台，相互沟通，对于重大问题先大体商得一致后再拿到会上去讨论，只有这样才可以在班子里形成畅所欲言、相互理解、相互支持的良好氛围。此外，书记还要在班子中提倡务实的作风，发扬求真务实的精神，一切从学校的实际出发，克服浮躁情绪，坚持讲真话、听真话，坚持办实事、求实效，奋发进取，扎实工作。

要带头遵守法纪党规，继承党的优良作风。党委领导下的校长负责制，不是党委书记领导下的校长负责制。作为党委书记，首先应该摆正自己的位置，要严格按照党的章程和党内法规行事，严格遵守党的纪律，模范地执行党的民主集中制原则，增强民主意识，树立民主作风，实行集体领导，发挥班子整体合力。坚持自重、自省、自励，始终注意讲学习、讲政治、讲正气。继承和发扬党的优良作风,自觉运用批评和自我批评的武器,带动班子经常开展积极健康的思想斗争,坚持真理,修正错误。自觉地抵御各种诱惑,坚持清正廉洁,一身正气。

（2002年6月26日在北京师范大学
举行的"高校党委书记论坛"上的演讲）

健全院系党政联席会议制度

党政联席会议是院系党的工作重要内容,也是这次《中国共产党普通高等学校基层组织工作条例》(以下简称"《条例》")的亮点。

在中国高校,加强党的领导是中国特色,因为我们是执政党。院系一级怎么领导,就是通过党政联席会,这是不用回避的。如果会议不能参加,怎么体现监督保障。执政党如何领导,不是仅仅思想领导,而且是有组织、措施、制度保证的。这个亮点非同小可。院系分党委、总支通过制度设计来履行党组织赋予的使命。党政联席会在院系就是决策机构。重大事项,党政联席会议讨论决定。

《条例》中有两句话,要全面理解和执行:"通过党政联席会议,讨论和决定本单位重要事项;支持本单位行政领导班子和负责人在其职责范围内独立负责地开展工作。"大学是学术机构,院系是教学、科研第一线的实施单位,总归是行政负责人负很多的责任。

我们学校正在推进两级管理,院系这一级党委作用非常重要,很多东西都在摸索。分党委和总支要把握制度设计的方向。把握社会主义办学方向,体现在制度设计的方向上。制度设计是在不同理念下进行的。现在很多场合都是没有定语地讲现代大学制度,定语必须加上,必须是社会主义现代大学制度。江泽民、胡锦涛同志给复旦大学的题词,也都是具有世界一流水平的社会主义综合性大学。

制度设计不能照搬外国,应该从实际出发。为什么设几个委员会,主要是调动广大教职工的积极性,尤其是骨干教师的积极性,也包括教授的积极性,让他们成为学校的主人,参与学校的事务。学术评判很重要的是要听专家教授的。为什么设这几个委员会要清楚,要定位、要讨论,不要急于下结论。教职工代表大会是党领导下的群众组织,老百姓利益问题要教代会讨论。

  这样一些做法,党政联席会议、学术治理机构、教代会都是中国特色。为什么现在这个问题比较突出,因为两级管理,资源多了,问题比较棘手。作为党的干部,恐怕也要逐步学会用制度来管理。因此我们要参与这些制度架构的顶层设计,把党的正确理念贯彻到制度中去。

  制度设计,我觉得从实际出发,不要从是非出发。制度设计有什么是和非呢?关键怎么有利于把事业搞上去。制度可以有实验过程,不是你的理念一定是对的,我的理念一定是错的。关键是有效,管用,老师们接受。共产党领导有很多经验,民主和集中都要掌握好,既要发扬民主又不能绝对民主,既要发动群众、调动群众,又不要做群众的尾巴。要帮助院长习惯在党政联席会下集体决策,不能认为集体决策了自己就没有发言权。院长要尽量讲出好办法,但是程序要走,我们自己也要学会按照制度和程序做工作。

  真知从实践中来,各个院系的学科、历史、工作状态都不同,你们积极试验,怎么合适就怎么来,各个学院可以不一样。还有一点,一定要研究清楚党政联席会议和发扬学术民主的关系。

  怎么开好党政联席会,党政负责人沟通是重要的,不管做了多少年书记都会碰到这个问题,不会一帆风顺。最最难的就是个别酝酿,而个别酝酿最最难的是两个主要负责人的沟通。

(2011年4月28日在复旦大学
分党委书记和党务负责人研讨班座谈会上的讲话)

作风正　人心齐　事业兴

胡锦涛同志指出,党的作风体现党的宗旨,关系党的形象,关系人心向背,关系党和国家的生死存亡。各级领导干部是党和国家的骨干力量,其作风如何,对党和人民事业发展有着极为重要的影响。简要地说,"党风正、民之所向,党风不正、国之所危"。所以,领导干部的作风建设是党的建设的一项战略任务,必须常抓不懈。

领导干部作风建设是党风廉政建设的基础。一个单位,小至院系、医院,大至大学,领导干部作风好,这个单位的党风廉政建设也不会有太大问题。

"潜规则"是以权力崇拜和关系崇拜为核心,在社会上一部分人中间流行的行事规则,等于没有文件的文件、不作规定的规定。这就像是一种政治上的传染病,可以造成"染缸里倒不出白布"的局部小环境,能彻底败坏一个单位的风气。潜规则有很多种表现,如果你不遵守,就说你"政治上不成熟"、"拎不清";如果你按潜规则办事,就会夸你"政治上成熟老练"、"识相"。这些潜规则对党风廉政建设的危害极大,往往把一个长期有着很好风气的单位搞得乌烟瘴气,为官一任,腐败一片,毒害一方,一般干部很难抵御。

作风正则人心齐,人心齐则事业兴。领导干部的作风好坏,不仅关系到个人的工作成绩、名声和荣辱,更关系到单位的事业成败。一个单位的领导班子作风好,风清气正,团结一心,干群关系好,群策群力,事业必然蒸蒸日上;反之,如果这个单位的领导风不清、气不正,干部心不齐,干群不和,事业发展肯定受影响。

党有党风,校有校风。在大学里,党风不正,会污染校风,继而影响教风、学风。"己不正,焉能正人?"复旦的领导干部,都要有为人师表的意识,要率先垂范,主动倡行良好的风气。党风好了,才能抓校风,带教风,促学风;干部作风好了,才有底气去管理教师、教育学生。

联系我校干部队伍的现状,我觉得应该重点倡导以下几方面的好风气:

第一,克己奉公,献身事业。作为领导干部,一定要能够献身事业。在其位,谋其职;谋其职,就要有牺牲、讲奉献,就要克己奉公。"双肩挑"的干部必须正确处理好管理工作和个人业务的关系,在一个时期内要有所侧重。人的精力总是有限的,担任管理工作的时候,必然会在个人业务上有所牺牲。担任公职之后,就要把履行公权放在第一位,把私人权益放在第二位。

第二,心系学生,联系群众。在学校里,最大的群众是学生。学生是学校的基础。学校所有的教职员工,包括领导干部,都要关心学生,而且是从心底里去关爱他们。不仅要关心学生的学习生活,知道他们在做什么,还要关心他们的思想,知道他们在想什么,了解他们的日常喜好,熟悉年轻人的思维和价值观。

第三,深入实际,务实肯干。"天下大事必作于细,古今事业须成于实。"大学是求真务实的地方。在大学里做工作,来不得浮躁,也摆不得花架子。要求真务实,就要树立正确的政绩观。不要创造个人的政绩,而要创造事业真正得到发展的政绩,群众真正得到利益的政绩。工作不是做给领导看的,工作要由群众来评述,政绩要由历史来作结论。

要求真务实,就要有不畏艰难的勇气、不厌其烦的毅力、一抓到底的魄力。有的干部想法很多,思路很好,但放在嘴上。想过了,就算说过了;说过了,就算做过了。我历来不赞成做甩手掌柜的干部。做领导干部要从小事做起,要从事必躬亲开始。试想一个干部如果连办事的经验都没有,连实际情况都不清楚,怎么当领导呢? 自己不动脑,叫下面人代劳,只会念稿子的干部,怎么会抓得起事呢?

要求真务实,还要肯下功夫钻研。研究型大学的干部与一般大学干部的区别，就在于能够用心钻研问题。不能拘泥于忙忙碌碌的事务工作，也不能不动脑筋、一味机械地执行上级命令，要干一行、爱一行、钻一行，进而成为某一行的专家。

第四，民主公道，顾全大局。群众看干部，最关心的是你决策能不能民主、办事能不能秉公。要当好领导干部，就要学会在民主集中制下工作。一个干部要懂得用集体的智慧和力量办好集体的事，不能迷信个人的认识和能力，不能把个人置于组织之上、程序之上、制度之上。

作为领导干部，在任何时候都要顾全大局。顾全大局的前提是能够了解大局、理解全局，牢固树立大局意识。不论部门、条线，还是单位，都只是全校一盘棋上的一颗棋子。领导干部在下棋的时候，既要瞻前顾后，保持工作的连续性，也要左顾右盼，做好协调统筹，兼顾各个方面，平衡好各种关系。

第五，廉洁节俭，作风正派。节俭是民族的传统美德。艰苦奋斗、勤俭节约能够起到砥砺意志、陶冶情操的重要作用，能够形成凝聚人心、战胜困难的强大力量。领导干部还要讲作风正派。干部之间不能拉拉扯扯，要清清白白；上下级之间不能有亲亲疏疏，不能搞裙带关系，"一朝天子一朝臣"的风气不可长。作为领导干部，要有高尚的生活情趣，不能庸俗堕落。知识分子出身的干部，要重视个人操守，言谈举止得体，懂得自尊、自重、自爱。

(2007年4月12日在复旦大学
加强党风廉政建设干部大会上的讲话)

从源头上做好反腐倡廉工作

腐败,有人把它定义为:个人或者小团体为了实现个别利益,利用某些权力,非法占有公共利益的行为。我们应该看到,腐败作为一种社会历史现象,它不是单一因素形成的,古今中外许多社会都有。解放初期,由于革命战争的洗涤,以及共产党革命队伍带来的影响,我们在一段时期里腐败现象是比较少,这一点应该承认。但是,社会生产在不断发展,社会财富在不断增加,社会体制在不断变化,社会文化现象也在不断地交织,在这样的情况下,腐败还不可能完全消失。腐败现象滋生蔓延有很多复杂的因素,如封建社会残余思想的存在、资本主义腐朽思想和生活方式的影响,加上我国还处于社会主义初级阶段,生产力发展水平和科技文化水平还不高,体制转变过程中法制还不完善,而西方敌对势力加紧对我国实施"西化"、"分化"战略,千方百计拉拢、腐蚀一些意志薄弱的干部等。只有这样看,才有助于我们努力从各方面来消除腐败。

当然,消除腐败现象必然要经历一个很长的历史过程。我们要有充分的思想准备,不要寄希望于一蹴而就,也不可能毕其功于一役。中央对于反腐败高度重视,旗帜是鲜明的,态度是坚决的。我们党在党风廉政建设和反腐败斗争方面的经验和认识也越来越丰富,工作的力度也越来越大。有的同志有这样的疑问:为什么越是反腐败,揭发出来的大案要案越来越多,案值也越来越大?我想,这也正应了中国的一句老话:"道高一尺,魔高一丈。"当然,这里的"道"和"魔"要颠倒过来理解,后面的那个"魔"不是反面的,是正面的。也就是说,腐败分子手法越来越隐蔽,而我们反腐败的力度也越来越大,侦破的技术也越来越高超,成果也越来越显著,制度也会越来越完善。

过去,人们都讲学校是"清水衙门",但现在"清水衙门"水也不清了。现在学校面临着一些新情况、新问题,从某种意义上说,为滋生腐败现象提供了可能的条件和环境:一是产学研一体化进程加快,学校产业规模不断壮大;二是医疗卫生事业发展面临着新的历史机遇,附属医院的规模将会扩大,经营额也会有大的增加;三是教育产业迅速发展。这几年大规模的基本建设也比较集中,我们投入的资金很多。我以前多次讲过,不要大楼盖起来了,而干部倒下去了。

反腐倡廉工作是学校加快发展、深化改革的重要政治保证,也是净化环境、健康育人、形成优良校风的重要措施,还是爱护干部、促进干部队伍建设的重要环节。

加强党风廉政建设,必须坚持标本兼治。治标和治本,是反腐败斗争相辅相成、互相促进的两个方面。治标为治本创造前提条件,而只有治本才能巩固和发展治标取得的成果。当前,我们要在继续做好反腐败治标工作的同时,逐步加大治本的力度,从源头上做好预防工作。

第一,加强对党员、干部的教育。教育是做好反腐倡廉工作的基础。反腐倡廉要着眼于大多数,依靠大多数,就必须先抓好面上的教育,通过党内教育构筑拒腐防变的堤防。还要抓紧进行案例教育,利用典型案件的警示作用,提高大家的思想认识,增强反腐倡廉的自觉性。

第二,健全民主监督机制。一是健全各单位党政领导班子内部的监督。按照民主集中制的原则,凡属重大决策、重要干部的任免、重要项目的安排和大额资金的使用,必须经过集体讨论作出决定,坚决不准个人或少数人专断,使领导班子的成员真正做到互相提醒、互相帮助、互相监督,正确行使手中的权力。二是强化群众监督。要运用教代会、校务公开、院务公开、公示制度等方式,确保领导干部在群众的监督下依法行政,防止滥用权力。为了拓宽监督渠道,我们将继续设立"校领导接待日"、校部信访接待室,纪监审计部门也要公开举报电话、电子信箱和举报信箱。

第三,着眼于体制创新。小平同志曾经指出:"制度好可以使坏人无法任意横行,制度不好可以使好人无法充分做好事,甚至会走向反面。"权力过于集中,加之没有必要的制约,就很容易产生腐败,尤其在管人管钱管物的部位。应该对干部的权力在制度上给予一定的制约,要进行体制创新,增加制约条件,从根本上铲除腐败。比如实行财务委派制度、项目招投标制度、离任审计制度,要害岗位的干部适当轮岗。

有的同志对财务"一支笔"不理解,以为就是一支笔,什么事都自己批了算。这是错误的。实行"一支笔"制度,主要是为了规范管理、控制支出、提高效率;但这样"一支笔",不是没有限制的,而是有监督机制和集体领导的制约、在其职责范围内的一支笔。可见,权力过于集中,没有制约,就容易产生腐败;同样,权力过于分散,缺少监管,也容易滋生腐败。对于一个单位来说,我认为财权、人权还是应该适当集中,不能过于分散。我再次强调:机关决不允许搞创收,这是党委常委会早就决定了的。机关搞创收必然腐败。今后,请大家监督,如果机关再有人搞创收,轻则批评,重则处理。

(2001年3月9日在复旦大学加强党风廉政建设干部大会上的讲话)

团结党外人士,做好统一战线工作

第一,坚持大团结大联合。这实际上是统一战线工作的主题。大团结大联合一定要有基础,这就是大目标。有了大目标,才能够大团结大联合。目标越大,团结的面就越广,联合的面就越广,团结和联合的基础就越牢靠。全国统一战线的目标就是实现中华民族伟大复兴,爱国主义和社会主义是统一战线的基础。学校要做好统一战线工作,大目标就是向着世界一流大学迈进。

第二,坚持民主协商、民主监督。这是统一战线工作的一个主要方式,也是处理统一战线内部关系的一条重要原则。民主协商和民主监督实际上是我们民主办校的应有之义。我们党的干部要学会并善于和党外人士共事,调动党外人士的积极性,共同参与民主办校。因为大多数单位还是党的领导干部占多数,所以大家还没有这种体会和紧迫感,但是在少数几个单位民主党派的同志担任领导职务特别是担任行政主要领导职务的时候就碰到了这个问题。我看这种情况还会发展,所以我们要学会同党外人士共事,尤其是学会同行政一把手共事。如果党外人士在业务领域很突出、学术成就很高,有相当群众基础又有一定管理能力的,我看他就可以当行政一把手。我们总支书记要与他配合,支持行政的工作,发挥政治核心与监督保证作用。

第三,坚持求同存异、体谅包容。统一战线是同和异的矛盾统一体。有同无异,就没有必要建立统一战线;有异无同,就建立不起统一战线。只有求同存异,才能建立和发展统一战线,所以统一战线工作的实质就是求同存异。所谓求同,就是要通过正面宣传,积极开展教育、引导、帮助,把统一战线成员的思想认识统一到共同的理想和奋斗目标上来。所谓存异，就是对不同性质的异，要具体分析，区别对待。有不少异，还可以长期共存，比如说，党派的异、信仰的异、民族的异等等，我们就要准备与它长期共存。对于一些无关大局的异，要体谅包容，比如说统一战线成员当中一些人在思想观念上、价值取向上，甚至生活方式上的差异，都得要体谅包容。共产党人心里要很清楚，我们要有非常宽广的胸怀。包容，就是要能包容人家的缺点甚至错误，还要包容人家在我们看来不是那么纯洁的历史。只有包容，才能团结，才能够存异。大家想一下张学良，我觉得张学良是我们统一战线工作中最成功的一个例子。求同存异就是不要以共产党员的标准来要求我们统一战线工作的对象，这是非常要紧的。包容的目的就是为了团结。

关于处理好我们党和民主党派的关系问题，总起来讲还是要贯彻江泽民同志讲的20个字——共产党领导、多党派合作，共产党执政、多党派参政。这个标准我们要牢牢地掌握好，但有些提法要注意。总的来讲，民主党派在高校，参与民主管理、民主监督、民主办学，但是我们不提民主党派在高校里面参政议政，因为高校毕竟不是政府。全国民主党派参政议政，那是通过人大、政协这样一些形式。一方面我们共产党要加强对民主党派的政治领导，另一方面我们也尊重民主党派在宪法和法律范围内的政治自由、组织独立和法律地位的平等，不包办、不代替民主党派内部事务，不向他们下指示，但我们作为诤友可以提提参考意见。

第四，坚持"团结—批评—团结"的公式，帮助统一战线对象开展自我教育。前提是首先要敢于对话，加强沟通。现在往往有这样的情况，行政负责人是民主党派成员，资历深、声望、学术影响都很大，我们共产党的分党委书记、总支书记资历、学术、声望比他们浅，年龄也小，有的甚至是学生辈。年轻的书记也好，资历比较低的书记也好，这都不是障碍，一定要敢于对话，不对话怎么做工作？同时，要加强沟通，平时沟通了，出了事情好批评，平时不沟通，出了事情处理起来就会感到很生硬。团结是我们的出发点和归宿，批评是实现团结的手段。开展批评要按照"不打棍子、不抓辫子、不扣帽子"的原则,不要简单化,要讲道理,但该批评的还是要批评。批评是越坦诚、越当面越好,不要转告批评,转告批评是要出问题的。按照传播学的观点,转告一个人的话要打百分之二十的折扣,对方还会认为你不坦诚。

第五,坚持广交朋友、真诚服务。交朋友关键是心要热,腿要勤,言必信,行必果。心要热就是要想他人之所想、急他人之所急,腿要勤就是有什么事情要经常上上门,言必信、行必果就是说到就要做到。要早一点交朋友,长期培养,这很重要。非党业务骨干年轻的时候你们就要跟他交朋友,等到你年龄大了他年龄也大了,大家就成了长期的朋友。所以朋友要早交,话才好说。

这里特别讲到要加快培养新一代的党外代表人士,这一条特别重要,是我们这次统一战线会议的重中之重。讲到底,衡量我校统一战线工作成绩的重要标志就在这条上面。我们复旦大学的统一战线工作做得怎么样,有没有成绩?我看就是培养了多少位党外的代表性人士,既输送到社会上去,也在学校里继续发挥作用。我们党组织的一级负责人,一定要把非党干部的培养、使用、提拔当做干部工作的一部分。谈到后备干部,应该有两张名单,一张是中共党员的后备干部,另一张就是非党干部的后备力量。从一定意义上讲,党委统战部的很多工作也是在做干部工作,所以我们基层党组织也一定要把非党干部的培养、使用、提拔当成自己工作的一部分。

宗教的问题比较复杂。无神论的共产党人是不赞成宗教的,大家不要忘了马克思的名言,宗教是麻醉人民的鸦片。这句话是很有道理的,马克思主义关于宗教问题有一系列的观点,宗教的问题是一把双刃剑,它可能会对社会起到稳定的作用,但也可能对社会起到破坏的作用,而且是巨大的破坏作用。现在中东那些极端的事件、阿富汗的那些恐怖活动,难道不是宗教发展到极端的例子吗?所以大家对宗教问题不要简单化。另外,在现实社会里面,宗教跟经济、政治、国家、民族是分不开的。学校不允许建教堂,不允许建礼拜堂,但是宗教人士的工作要做好,宗教系还要办好。

最后一点,我们要加强党对统一战线工作的领导,努力构建全党做统一战线工作的格局。具体来讲,要把统一战线工作列入我们党的工作的重要议事日程。我在这里特别强调一点,各级党组织的书记要亲自做统一战线工作,因为统一战线工作是一项特殊的工作,它有很多特殊的对象。学校统一战线工作,校长、书记都要自己做,市里的统一战线工作有好多也是市委领导亲自做的,特别是一些重要人物工作。各部门,无论是党务部门还是行政部门,都要支持和参与统一战线工作。

(2002年7月4日在复旦大学统一战线工作会议上的讲话)

领导意识和领导方法

为"官"一任,造福一方

到了一定的领导岗位,担任一定的领导职务,并不是每一位同志都具备了领导意识。如果在领导意识上达不到一定的要求,今后开展工作就会出现这样那样的问题。

首先要有一种历史的观念。党的干部的调动应该服从于工作,服从于组织。我们每一个人在一个岗位上都不可能是终身制的,这就决定了我们的工作是继往开来的,要有"造福一方"的意识。在一些群众看来,在一定的领导岗位上,你就是官。而我们自己必须摆正自己的位置,要有做"官"的意识,在其位就要为老百姓谋利益,求发展。年轻同志尤其应该这样。

造福一方,就必须正确看待我们手中的权力。在一定的领导岗位,我们的同志或多或少都有一些权力。如果我们的同志不能正确对待,相互攀比谁手中的权力大,就时常会导致领导班子内发生矛盾,出现这样那样的问题。掌握一定的权力是为工作服务的,只有拥有了一定的调集资源的能力,才能够真正做到为官一任,造福一方。因此,适当地"抓权",争取有利的资源是合理、合法的,但要注意不能抓到别人的口袋里去了。当然,也有的同志说你这是"本位"。"抓权"为什么?"本位"是什么?我认为,对于这样的有责任心的干部还是应该鼓励的,在领导方法上还可以商量。

(2001年6月10日在复旦大学附属医院处级干部高级培训班上的讲话)

要有正确的权力观、政绩观,不要有权力欲。权力是党和人民给的,不是个人争来的;权力是用来为党和人民工作的,不是用来为自己谋利的。

权力由职务决定,职务决定权力范围。任职不要权是不对的,那就是不想做事,不想负责任,伸手向组织要超越范围的权也是不对的。

要正确理解"大权独揽、小权分散",这只是民主集中的一个比喻,用好手中权,一定要发挥集体的作用。过于相信自己,将权都捏在自己手里,是愚蠢的。

争权夺利闹矛盾,根本原因在于为个人,处心积虑耍权术,更不是共产党人的作风。不要去创造什么个人的政绩,要创造事业真发展、人民得实利的政绩。政绩是群众评说的,不是领导说了算的,不是荣誉称号盖得住的;政绩是经受实践检验的,历史会作出结论。

为个人造政绩,是官员急功近利的根本原因,是各种形式主义花架子存在的根本原因。有个人主义的政绩观,就不可能有科学的发展观。有长远的眼光,考虑可持续发展,一定是摒弃了个人的打算和想法的。给子孙留空间、留土地,少给子孙留困难。"前人栽树,后人乘凉"是必然的。我们享受了先贤的惠泽,也一定要给子孙留下遗产。

(2005年10月11日在复旦大学保持共产党员先进性教育活动期间所写的学习札记)

要有事业心,不要有虚荣心

或是由于经历的原因,或是由于年龄的原因,我们的一些干部是缺乏事业心的,总想着自己在任时间不多,没有必要过分投入,只要求稳就足够了。因为这样,没有什么风险,不会犯大的错误,自己的位子也就能保得住。如此没有事业心的领导干部,工作是不能到位的,也成就不了什么大事。另一方面,有事业心是好事,但也不能过头,不能有虚荣心。现实生活中,我们的一些干部也是有事业心的,但是他总想着要留下一点"政绩",为此就在工作中掺杂水分,大作表面文章。老百姓对于这种现象是深恶痛绝的。我们的干部工作一定要"实",要看到自己是站在前人肩膀上的,要为后人考虑工作的可持续发展。

(2001年6月10日在复旦大学
附属医院处级干部高级培训班上的讲话)

心中一定要有群众

作为领导干部,一定要了解下情,了解群众的想法,关心群众的疾苦。群众有什么困难,就会来找你。当专家和当领导干部不一样的,专家当领导要完成角色转换。作为专家,主要是业务上能够带动一个梯队,能够发表有影响的见解。而当领导干部需要培养经验,需要有一定的眼光。专家进入领导班子要完成角色转换,可以保留专家的身份,但要培养领导意识;可以有专家的眼光,但不能有专家的脾气。

(2001年6月10日在复旦大学
附属医院处级干部高级培训班上的讲话)

要有正确的得失观

做领导干部是要作出牺牲的,如牺牲个人的业务、休息娱乐,甚至部分天伦之乐。但有的党员过多地渲染了这一点,变成向组织要价的筹码,在大学里,有不少党员因此不愿意做公共管理工作,更不愿意做党的工作。

担任领导工作是党组织给了成长的机会、施展才华的舞台,因此而受到的教育,得到的磨炼,增加的阅历和经验,分析问题、解决问题的能力,要比一般党员多。这是得,而不是失。

不能否认,担任领导工作也会给个人带来资源,比如社会地位的承认、个人价值的体现、社会关系的增加、支配资源权力的赋予等等。这也是得,不是失。

正确的得失观应从党员应尽的义务去考虑,就能正确对待。

是否服从组织安排调配就是对党员得失观的现实考验(自己的经历)。服从,是一个党员的基本觉悟,螺丝钉的观念没有过时。现在新党员这一观念淡薄了,必须加强教育。

(2005年10月11日在复旦大学保持共产党员先进性教育活动期间所写的学习札记)

抓班子　抓方向

学校的工作,千头万绪。作为"班长",党委书记的首要职责就是要抓好领导班子自身建设。领导班子是学校事业发展的领头羊。它是否坚强有力,是否团结务实,是否有开拓创新精神,直接关系到学校各项工作的成败。

如果说抓班子是抓关键的话,那么抓方向就是抓根本,这是党委书记的重要职责。抓方向首先要抓政治方向。作为学校党委书记,自己首先在政治上要坚定,其他干部才不会摇摆。自己首先在政治上要敏锐,遇事才能掂得出分量,处理得主动及时。突发问题要放到政治大背景下去考虑,个别的局部的问题要注意它的发展趋势;对非政治性的群体情绪和倾向,也要注意它转化为政治问题的可能。同时,要经常把自己的想法、看法和班子成员沟通,经常提醒中层干部。

抓方向还要把握发展的大方向。作为一个党委书记,在每一个阶段一定要促进领导班子提出一个能调动起全校积极性的奋斗方向,这个方向当然是学习中央和市委文件的精神后,联系本单位实际思考提出来的,当然是集中了领导班子成员的智慧,经过调查研究,加以总结,提出来的。

(2001年6月27日在上海市教育系统"今天怎样做书记"专题研讨暨征文颁奖会上的发言)

出主意　出思路

要处理好党政关系。高校党委是全校的领导核心,既要对学校工作进行统一领导,又要支持校长独立负责地行使职权。在工作中,我体会到,党委主要是抓方向、抓班子、抓队伍,行政主要是抓发展、抓改革、抓业务,党政相互配合,相互尊重。书记在带领党委发挥核心作用时,主要在于多出主意、多出思路,少代替行政去插手操作。"不要荒了自己的田,种了别人的地。"

要处理好一把手和副手的关系。一把手和副手是不一样的。一把手是全面负责,把握全局,协调各方。把握全局,就是要站在全局的高度思考问题,提出方向;协调各方就是要发挥各方面的积极性,尤其要注意边缘地带,即副手之间无人接口的地方。比如一个问题冒出来,在不明确界限的地方,一把手就要出面来协调。副手,是实施方面工作的第一线指挥员,不是没有职责,主要是负方面之责。工作中,我们时常碰到这样的问题,副手把自己的工作交给一把手去表态。在他看,这是一种尊重;在我看,就不要轻易代替他判断决定问题,否则弊多利少。当然,特别重大的问题,一把手可以帮忙出出主意,但副手一定要有担负方面职责的积极性和责任心。从高标准来要求,副手也要了解全局,要有当家意识,对于非本人分管的工作,不拍板,但在讨论的时候,要七嘴八舌,畅所欲言,集思广益。

(2001年6月27日在上海市
教育系统"今天怎样做书记"专题研讨暨征文颁奖会上的发言)

学　会　经　营

经营是一种领导理念。我们要学会经营学校,学会经营医院。医院是事业单位企业经营,资源如何配置,服务怎么销售,医院一天都离不开经营。首先是要有投入产出的意识。这一点学校同志的观念比较差,用起钱来不心疼。二是在争取资源时要有运用品牌的谋略。"复旦"的名字去年已经进行了注册。我们几个附属医院的品牌都很好,既不要滥用,也不要舍不得用。三是医院是产业,要把公益性和营利性相结合。请注意,这里是"营利性",而非"赢利性"。医院要把经济效益和社会效益相结合,走产业经营的道路(不是产业化)。四是适应经营的理念,管理层的结构要适当变动,领导班子中应该有既懂医学又懂管理的同志。

(2001年6月10日在复旦大学
附属医院处级干部高级培训班上的讲话)

"抓事"和"抓人"

事业兴旺,归根到底取决于人。领导班子不能只"抓事"不"抓人",不能在"抓事"的时候把人丢掉了。"抓人"要注意两点。一是着眼于调动人的积极性,尤其是要调动骨干的积极性。还要高度重视中青年队伍的建设,要着眼于未来,早动手,抓落实。二是要着眼于在本单位创造良好的人文氛围,抓好精神文明建设,用精神把大家凝聚起来。一个单位的品牌是怎么形成的?多半是社会对其人文精神的认可,这种人文精神丢不得,要继续发扬光大。

(2001年6月10日在复旦大学
附属医院处级干部高级培训班上的讲话)